Jiang Jieshi
and
Wang Jingwei

蒋介石

与

汪精卫

陈瑞云 孟 忻 —— 著

团结出版社

图书在版编目（ＣＩＰ）数据

　　蒋介石与汪精卫 / 陈瑞云，孟忻著. — 北京 ：团
结出版社，2018.1（2020.4 重印）
　　ISBN 978-7-5126-5770-0

　　Ⅰ．①蒋… Ⅱ．①陈… ②孟… Ⅲ．①蒋介石（
1887-1975）－生平事迹②汪精卫（1883-1944）－生平事迹
　Ⅳ．①K827=7②K827=6

　　中国版本图书馆 CIP 数据核字(2017)第 279196 号

出　版：团结出版社
　　　　（北京市东城区东皇城根南街 84 号　邮编：100006）
电　话：(010) 65228880　65244790　（出版社）
　　　　（010) 65238766　85113874　65133603（发行部）
　　　　（010) 65133603（邮购）
网　址：http://www.tjpress.com
E-mail：zb65244790@vip.163.com
　　　　fx65133603@163.com（发行部邮购）
经　销：全国新华书店
印　装：三河市东方印刷有限公司

开　本：170mm×240mm　　　16 开
印　张：16.75
字　数：250 千字
版　次：2018 年 1 月　第 1 版
印　次：2020 年 4 月　第 2 次印刷

书　号：978-7-5126-5770-0
定　价：48.00 元

目录
Contents

1

一　国民党元老
与"后起之秀"

孙中山在领导反对清政府的革命中，建立革命党（兴中会—同盟会—中华革命党—国民党—中国国民党），以"驱逐鞑虏，恢复中华，创立民国，平均地权"为宗旨，奉行民族、民权、民生的"三民主义"。孙中山要求不论党的领袖、党员，都必须忠于主义，奉行主义，任何人不得争权夺利，谋求高官厚禄。

孙中山在世的时候，尤其是 1924 年国民党改组后，国民党内高层次的分歧、斗争，多出于主张不同，至少没有人公开与孙中山争领袖地位。以孙中山的历史地位和功绩、威望，其为中国国民党最高领袖，全党公认，党章规定，无人能与之相争。

孙中山去世后，国民党中夺取最高领导权之争日益明显，1927 年 4 月以后则进而在国民党内形成政治的或政治军事相结合的派别，你争我夺，唇枪舌剑，甚至不惜诉诸武力。蒋介石是这场争夺战中主要的一方，汪精卫则常常属于他的一个对立方，有时又是他的合作者，合作中又有斗争。蒋汪二人分而合，合而分，在中国政治舞台上较量了近二十年。

孙中山逝世前和逝世时，蒋介石和汪精卫在国民党中的地位差别很大，可以说尚不属于同一层次。汪精卫是国民党元老，是孙中山所依靠的国民党中央重要领导人之一。蒋介石还没进入国民党中央委员会，是具有军事专长的干部。但蒋介石的攀升相当神速。

汪精卫——孙中山麾下的"三杰"之一

1925 年 3 月 12 日，孙中山逝世，国民党顿时失去重心，论资排辈，党内有几位能列到前排，即：胡汉民、汪精卫、廖仲恺。他们是孙中山的膀臂。但孙中山威望之高，地位之重，在人们心目中不但无人能比，甚至无相接近者，他们当中没有一个人能填补孙中山走后留下的空位。因而，孙中山逝世后，在党政军中均采取了委员会合议制，也就是集体领导制度。在以后的时间里，他们当中哪一位能成为国民党内的一把手，还很难说，只能说有资格，有希望，如果争夺党魁的话，他们可称对手。而蒋介石，在当时还不是他们当中的一个，也就是说，他还没有资格争夺国民党的最高领导地位，还不是他们的对手。不妨比较一下：

胡汉民（1879—1936年），国民党元老，1905年在东京加入同盟会，任执行部书记长、《民报》编辑主任，从此追随孙中山，奔走于海内外。辛亥革命后，被举为广东都督。孙中山归国，随行到南京。中华民国南京临时政府成立，任临时大总统府秘书长、广东都督兼民政长、同盟会广东支部长。参加讨袁、护法斗争，任非常大总统府总参议、

国民党元老之一——胡汉民

大本营秘书长、文官长兼政务处长、广东省省长。广州陆海军大元帅大本营建立，任大本营总参议。国民党改组，任筹备员。中国国民党第一次全国代表大会召开时，孙中山指定胡汉民、汪精卫、林森、谢持、李大钊为大会主席团成员。会上，胡汉民当选为中央执行委员会委员，任上海执行部组织部长，并为中央常务委员、中央政治委员会委员、中央军事委员会委员、广东省省长，兼大本营秘书长。总之，是孙中山的左右手。

尤其值得注意的是，胡汉民几度代理孙中山主持工作：1924年5月，孙中山移居白云山养病，将胡汉民由上海召回，代理大本营事务；9月，第二次直奉战争爆发，孙中山决定督师北伐，命胡汉民代行大元帅职权；10月23日，直系军阀冯玉祥倒戈，发动北京政变，孙中山应北方之请，决定北上解决国是，仍由胡汉民以大本营总参议留守广州，代行大元帅职权，并代理中政会主席及军事委员会主席。此外，胡汉民的理论水平非他人能比，是国民党早期理论家之一。

国民党元老之一——廖仲恺

廖仲恺（1877—1925 年），国民党元老，孙中山在世时，没有胡汉民的高位，孙中山逝世后不及汪精卫升得迅猛。但他早年在日本留学期间即追随孙中山从事革命活动，1904 年奉孙中山之命回天津筹设机关。1905 年加入中国同盟会，任执行部外事部干事，曾在日本、天津、吉林等地从事革命活动。武昌起义后，任广东省军政府总参议兼理财政。辛亥革命失败后，随孙中山奔走国内外，从事反袁及护法斗争。曾任广州护法政府财政部次长、广东省财政厅长、《建议》杂志编辑。1922 年 6 月，陈炯明叛变，他被囚于广州。获释不久，受孙中山之托，与苏俄代表越飞赴日本东京商讨联俄联共等问题。广州陆海军大元帅大本营成立后，任财政部长、广东省省长、大本营参议。受孙中山委托，与胡汉民等筹划改组国民党。中国国民党第一次全国代表大会上被选为中央执行委员，并为常务委员、中政会委员。与蒋介石一起筹办陆军军官学校于黄埔，任该校党代表。廖仲恺是国民党人中最接近工农、受工农爱戴的领导人，先后担任过国民党工人部部长、农民部部长及省港大罢工委员会顾问等领导工农运动的职务。他二十余年如一日，与孙中山患难与共，甘苦同尝，不遗余力，是国民党中孙中山最忠实的战友和同志。

汪精卫(1883—1944 年)，国民党元老，

留学日本时期的汪精卫

资历和胡汉民、廖仲恺相当。1905 年参加成立同盟会的筹备工作，为会章起草人之一。同盟会成立后，主持最初设的三部（执行、评议、司法）之一的评议部，任评议长。《民报》创刊后，汪精卫和陈天华、章炳麟、胡汉民、朱执信、宋教仁为主要撰稿人，与改良派进行论战，鼓吹革命和共和。汪精卫的笔才、口才和组织才能都有超人之处。1906 年在日本法政大学毕业以后，随孙中山赴南洋吉隆坡、越南河内等地，秘密设立同盟会分会一百多处。曾在新加坡出版《中兴日报》，他与胡汉民也是主要撰稿人。孙中山被日本政府驱逐出境后，准备再发动革命起义，为了筹集经费，汪精卫在南洋各地会见同志，报告军事，劝募军需。孙中山对他的工作成绩很满意。固然，推翻腐败无能的清政府是那时的潮流所向，海内外华人一致赞成，因而南洋华侨仗义疏财；汪精卫联络组织、宣传鼓动之功，亦不可忽视。胡汉民有一段记录当时工作情况的文字：

> 先生（按：孙中山）乃使同志刊行"中兴报"，以与保皇机关报之"南洋总汇报"对垒，革命保皇之论战，几若在日本之所为。然敌人较梁启超脆弱已甚，余与精卫只以余事应之，惟行文须至浅显，俾一般华侨认识耳。保皇派在星洲不敌，则急由美洲请徐勤至。徐亦庸陋，非劲敌，稿数续，不能终篇，托他故去。保皇军既墨，华侨乃渐趋于革命旗帜下。余前此未尝闻精卫演说，在星洲始知其有演说天才，出词气动容貌，听者任其擒纵，余二十年未见有工演说过于精卫者。

得到胡汉民的赞誉，说明汪精卫的演说天才实在令人无法挑剔。汪精卫充满革命激情的慷慨陈词，吸引着听众，每场演讲，听众争先到场，他尚未登台，全场即无虚席。他登上讲台，满堂鸦雀无声，每讲到精彩之处，便掌声如雷而起，听众的热情也随之被唤起。汪精卫因此博得喝彩。

汪精卫还有一项刺杀摄政王的"英雄"行为。暗杀，不是解决社会变革的良方，并非孙中山的主张。然而，革命党人在一段时间竟大兴暗杀之风。清政府官员，上自摄政王，下至地方文官武将，遇刺事件不断。那些行刺的革命志士，不成功而成仁者颇不鲜见。清朝的贪官污吏实在是不杀不解心头之恨。可是，即使把他们杀尽，不推翻封建专制主义制度，也解决不了社会的根本问题。共产党员吴玉章，当年追随孙中山，1905年参加同盟会，是同盟会专司暗杀组织的成员。他回忆说："我们怀着满腔的热忱，不惜牺牲个人的性命去惩罚那些昏庸残暴的清朝官吏，哪里知道暗杀了统治阶级的个别人物并不能推翻反动阶级的政治统治，尤其是不能动摇它的社会基础呢。"岂不如割韭菜，去一茬又生一茬，何况，那封建官僚群，搜刮民脂民膏，喂养着一大批卫士，戒备森严，完成一桩暗杀，极其艰难；用革命者生命做赌注，实在得不偿失。那些勇士，当他们决心去做暗杀活动时，竟满怀壮志，大义凛然，其精神又不能不令人肃然起敬。当汪精卫"决心与虏酋拼命"时，孙中山、黄兴、胡汉民等纷纷劝阻，均无效。汪精卫对劝阻同志的回答慷慨激昂，催人泪下。他在《致南洋同志书》中说：今者将赴北京，此行无论事之成否，皆必无生还之望，愿诸同志协力，巩固现在之基础，努力将来之进行，则革命之成功，有如明晨旭日之必东升。那时，"弟虽流血于菜市街头，犹张目以望革命军之入都门也"。胡汉民劝汪精卫不要因暗杀之举而牺牲人才，伤了国民党的元气。汪精卫不这样想，而认为"凡为党死，死得其正"，回信说，求人才为了用，比如做饭，薪尽饭熟，"若吝薪则何由有饭乎？"他说革命党人用途有二：一为薪，二为釜，薪投于火，化为灰烬，而釜受煎熬，二者成饭以供众生之饱食。他临入京行刺前，破指血书给胡汉民："我今为薪，兄当为釜。"很有视死如归的气概。

1909年冬，汪精卫与黄复生、喻培伦等入京，在琉璃厂火神庙夹道（今太平桥）组织秘密机关，并设守真照相馆打掩护，第二年开业。初拟炸庆亲王奕劻，但庆亲王侍从如云，戒备森严，不得下手。载洵、载涛从欧洲考察军事回来，汪精卫等携铁壶盛炸药到车站，准备炸这两位皇叔。但下车的人流中戴红顶花翎的人很多，汪精卫因辨别不清攻击对象，炸药未出手。又探悉摄政王载沣每天上朝必经鼓楼大街，打算隐蔽楼前短墙内，掷铁罐炸死摄政王一行。因鼓楼大街修马路，摄政王改变行走路线，事不果。最后选定行动地点为摄政王府附近、什刹海旁边的银锭桥（一说甘水桥）。此处三面环水，仅一面有居民，非常幽僻，为摄政王出入必经之地。桥北有阴沟，计划把装有炸药的铁罐置于桥下，人藏于阴沟，伺摄政王过桥时，以电机发火引爆轰炸。黄、喻负责埋药,汪引放电机。1910年3月31日夜,黄、喻到桥下挖坑,次日夜,将铁罐埋在坑中。因电线长度不足,第三天添购,夜12时再去敷设,被人发现,未及完成即离去。清廷根据铁罐线索侦察到守真照相馆,先后逮捕黄、汪及罗世勋三人,汪、黄被判永远监禁,罗监禁十年。辛亥革命后,清政府开放党禁,赦免不同政见者,汪精卫与黄复生、罗世勋同被释放。刺杀摄政王这件事,汪精卫虽然没为革命立下功绩,却也是一笔资本。

1912年身为迎袁专使的汪精卫(前排左一)

孙中山临终时,表示担心,对汪精卫说:"我看你们真是危险的。我如果死了,敌人是一定便来软化你们。如果不被软化,敌人一定是要加害你们。如果要避去敌人的危害,就是一定要被人软化。"这,也许是分析斗争形势,也许就是指汪精卫们。不论如何,他放心不下。如果是针对的汪精卫,那也是有道理的。因为他谋刺摄政王不成,入狱后,被袁世凯软化,在辛亥革命后的南北议和中,以及袁世凯篡权后,他对革命是消极的,促退的,若即若离的,甚至曾帮袁世凯的忙,而拆孙中山的台。孙中山本不赞成议和,认为革命目的不达到,无议和可言。汪对孙中山施加压力,说:"你不赞成议和,难道是舍不得总统吗?"

不过,中国国民党改组后,汪精卫在党内的地位依然很高。1924年1月,中国国民党召开第一次全国代表大会时，孙中山指定汪精卫为主席团成员之一，并参加大会宣言的起草工作，会上当选为中央执行委员，并为常务委员兼任国民党中央上海执行部常务委员，后曾兼任中央实业部部长、中央宣传部部长。7 月，成立国民党中央政治委员会，汪为成员之一。此时，汪精卫的言论行动很拥护国民党改组和联俄、联共、扶助农工政策。虽然没有胡汉民那种"代理"之重托，也处在孙中山左膀右臂地位。孙中山组织反直三角联盟时，派胡汉民联络段祺瑞，汪精卫联络张作霖。孙中山北上，汪随从任中文秘书。孙中山病重在京开政治委员会会议，时委员分散各地，只汪精卫一人随侍，便加派于右任、吴敬恒、李煜瀛、陈友仁、李大钊五人为委员。中政会决定请孙中山立遗嘱，并决定由汪精卫起草。汪精卫担任了这位伟人遗嘱的起草人和签字的主持者。这笔资本也不算小。

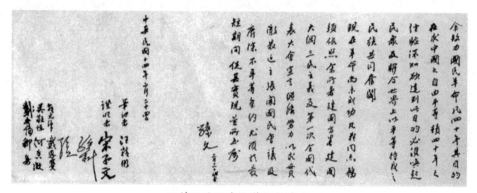

汪精卫为孙中山草拟的遗嘱

孙中山去世后，国民党中央的领导体制有所调整。原先，国民党第一次全国代表大会决定中央领导体制采取委员会制，同时保留总理制。总理制系因孙中山的历史功绩与地位而定。孙中山逝世后，不再实行总理制，取单纯委员会合议制。国民党一届中央执行委员会常务委员三人，二届增至九人，由中央执行委员互选产生，不设主席。国民党中央政治委员会，设主席一人，初为胡汉民，不久改由汪精卫担任。1925 年 7 月 1 日，将大元帅府改组，成立国民政府，采取委员会制，设主席一人，为汪精卫。国民政府设军事委员会，主席也是汪精卫。

孙中山去世时，胡汉民正代理大元帅和中政会主席、军委会主席。从国民政府成立开始，情况发生变化，汪精卫任国民政府主席，兼军事委员会主席，后又任中政会主席。胡汉民仅是国民政府常委、中央执行委员会委员、中政会委员、军委会委员。廖仲恺为中央常务委员会委员，还是中政会常委、国民政府委员、军委会委员。这中间的变化是汪精卫地位突出，胡汉民地位下降。原因主要是国民党改组后，汪精卫对"三大政策"比较积极，威信提高，而胡汉民正好相反。

蒋介石——孙中山的不太稳定的军事助手

　　蒋介石（1887—1975年）出生晚于孙中山二十一年、廖仲恺十年、胡汉民八年、汪精卫四年。孙中山已开始结交会党，论救国之策时，蒋介石还没出世。孙中山创立兴中会开始领导革命斗争时，蒋介石还是一个顽童，经常把母亲王采玉气得落泪。蒋介石加入同盟会是1908年。同盟会才成立三年，时间不算长，但已经发动萍（乡）、浏（阳）、醴（陵）起义，黄冈起义，惠州七女湖起义，安庆起义，绍兴起义，钦州起义，镇南关起义等一系列革命武装斗争。当时他正在清政府设于日本的振武学校学习，入会后做事不多，

1924年，孙中山与时任黄埔军校校长的蒋介石合影

仅在学生中负责一般联络宣传。胡、廖、汪参加孙中山领导的革命活动和加入同盟会虽比蒋介石早不了太久，却一开始就是组织中的领导骨干。可见，蒋介石和他们比，其资历、地位均差不小的层级。

蒋介石也有值得夸耀的历史，不妨举上几例：

辛亥革命爆发时，他正在日本新潟县高田野炮兵第十三联队实习，为士官候补生。他的入盟介绍人陈其美在上海任中部同盟会庶务部长，准备策应武昌首义，在上海发动起义。蒋介石接到了陈其美催促回国参加革命的急电。他向师团长长冈外史请假，长冈说："你们这些留学生是清政府陆军部委托我们管理的，没有清政府的许可，你们不能擅自归国。"向清政府请假将是什么结果他很清楚，绝不能做，于是去找联队长飞松宽吾请假。联队长准假了，可是他的权限很小，最多只能有准四十八小时假的权力。他对蒋介石说："如果你在四十八小时内不归队，就要被当作逃兵，宪兵就要缉查你！"蒋介石充分利用这四十八小时，和张群、陈星枢一起，从高田乘火车到东京，从同盟会浙江省支部领到回国的路费，脱掉军装，换上日本和服，以避开日本宪兵的缉查。为了留下清白的记录，他们把自己的军服和军刀从东京用邮包寄回高田野炮兵联队，然后，登上归国的船。为此，他被开除学籍。他是为了参加革命受处分，很值得。蒋介石回国后，立即去见陈其美。上海和杭州正计划发动起义。陈其美交给他三千元钱和百名先锋敢死队，命他带去杭州参加起义。他把敢死队分成五个小队，枪支不够，每队只有十支手枪，其余的用土炸弹。11月4日深夜，他接到起义军司令部的命令，率先锋敢死队，由望江门进城，攻打浙江巡抚衙门。敢死队员个个奋不顾身，直冲巡抚大堂。清兵投降，巡抚曾韫被活捉。次日，起义军占领杭州。蒋介石回到上海，陈其美当上沪军都督，蒋介石任二师（师长黄郛）第五团团长。

可是，蒋介石刚刚露点头，就在1912年1月14日受陈其美之命，暗杀了光复会的创建者和领导人陶成章。陶成章长期在苏、浙、皖、闽、赣发动革命，名望颇高，浙江军政府成立后，被选为省参议会议员。浙江革命党人并有拥戴他为浙江都督之议。有人以陶与孙中山不睦为杀陶行为辩护，完全不能成立。陈其美之所以下此毒手，纯粹出于独占江浙的野心，而视陶为政敌之故。此事引起革命党人一致愤慨和反对，浙江都督府悬赏缉拿凶手。孙中山指示陈其美定要缉拿凶手归案。陈其美以令蒋介石出国深造为名，使之逃遁日本，此后数年无声无息。中华革命党成立后，蒋介石跟着陈其美追随孙中山活动，也没轰动起来。

蒋介石的优长在军事。孙中山身边缺乏军事人才，护法运动期间，受西南军阀排挤，认识到南北军阀是"一丘之貉"，想组织自己的军队。他曾以八千人编成"援闽粤军"，后发展为两个军。其总司令陈炯明，参谋长邓仲元，第二军军长许崇智，都是孙中山寄予希望的将领。蒋介石曾任这支军队的二支队司令、二军参谋长、二军前敌总指挥。孙中山、陈炯明、邓仲元、许崇智对他都很器重。但蒋介石一直对粤军中职务持消极和自由主义态度，任意辞职或不辞而别，往往要陈炯明乃至孙中山劝请。蒋介石不仅不听劝，反而抱怨受人排挤，是"为他人作嫁衣裳"。但他对孙中山不这样说，而说辞职之由是陈炯明纵容部下诋毁孙先生。嘴上这样说，好像是维护孙中山，可行动上，不论孙中山如何困难，如何急需用人，催促他到军中做事，都请不动他。他只顾出入上海交易所，或游览山水名胜；或不时往军中写信建议，指手画脚一番。

然而，关键时刻，蒋介石居然又来到孙中山身边。1922年6月16日凌晨3时，陈炯明叛变，炮轰广州的孙中山总统府。孙中山在黑夜中，冲出叛军的枪林弹雨，登上楚豫舰，召集各舰长，议决讨伐叛军之计；23日迁永丰舰，讨伐叛军。6月18日，孙中山发急电给蒋介石："事紧急，盼速来。"过了几天，6月25日，蒋介石从上海启程赴广州，29日登上永丰舰，至8月9日，共四十天，不离孙中山左右，与孙中山患难与共，并临危受命，任海上指挥，全权参与对叛军作战，护侍孙中山。8月9日，蒋与汪精卫等陪同孙中山离开广州，经香港转上海。

事后，蒋介石写《孙大总统广州蒙难记》，怒斥陈炯明"必欲置其十余年父事师事之长上于死地"的伤天害理行为。在斥责怒骂之字里行间，表白他对孙中山的忠心。

这件事给孙中山的印象颇好。孙中山在《孙大总统广州蒙难记》序中说：

　　陈逆之变，介石赴难来粤，入舰日侍予侧，而筹策多中，乐与予及海军将士共死生，兹纪殆为实录。

随后，孙中山将入闽各军改编为东路讨贼军，任命蒋介石为总司令部参谋长。

当然，蒋介石不会放过对这段历史的宣扬和夸耀。直到后来在庐山训练时，还用它启发部下要忠于领袖。其中有这样一段话：

> 我自从跟随国父革命以来，无时无地，不抱着与国父同生死的决心。这种对上官的一片赤忱，始终如一。民国十一年六月十六日，国父被陈炯明谋叛，迫登永丰军舰，那时我远在上海，听到国父蒙难的消息，自己觉得领袖统帅蒙难被困，是我部下最大的耻辱；如果我们是有良心血性的部下，至少都要与领袖上官去同生死；所以我在二十三日就到了广州，终能平安寻着国父，登永丰舰来和敌人奋斗；前后有五十余日，最后终能达到死中求生的目的。

《蒋介石传》的作者董显光，对这件事在孙中山心目中的地位和在蒋介石一生中的影响评价很高，他说：

> 在这炮舰上和国父相处的时日，划成蒋总统生涯的转捩点。在过去十年间，他曾为革命作重要的、却不很显著的表演。国父在许久以前也重视这位青年属员的才干；但惟有在患难相处的时日中，更使国父自觉前此还未能充分认识这位矢忠而富有训练的军人所具的才能，与其所作实际的判断。从此以后，蒋总统在革命集团中的地位较从前远为重要。他以流星的速度而兴起，不仅使其自身成为中国的主要人物，并以其声誉传遍于全球。

不论如何，蒋介石在孙中山蒙难时，登上永丰舰与之同生死，共患难，是功劳，也是资本。

不过，即使此事之后，直至孙中山逝世的 1925 年，蒋介石在国民党中的地位和威望，仍远不及汪精卫、廖仲恺、胡汉民及其他领导人。

应当说，陈炯明事件之后，孙中山不只更信任而且更需要蒋介石。陈炯明叛变不久，同一年的 2 月 23 日，邓仲元被陈炯明指使刺客暗杀，孙中山可以倚重的军事将领益少。而且，孙中山着手改组国民党，消灭陈炯明，重建广东根据地，军事上需要有人能担重任。孙中山和汪精卫、廖仲恺等一再要求蒋介石到上海工作。孙中山在一封致蒋介石的信中说："日来变局愈速，非兄来沪同谋不可。"恳切到这种程度，也没感动蒋介石，他不是去游山玩水，就是抱病不归。如果蒋介石当真不想过问政事，倒也好理解，偏偏千呼百唤不出来的同时，不断写信提各种建议，军事的，党的，表现他有见解，有计谋，给人一种待价而沽的感觉。孙中山既不给他党政重要权力，又不让他在军事上担任独当一面的责任，而以高级参谋用之。10月18日，组建讨贼军，以许崇智为东路总司令，蒋介石为参谋长，讨伐陈炯明。1923年3月2日，在广州成立大元帅大本营（大元帅府），任蒋介石为行营参谋长。很显然，孙中山了解蒋介石的优长，也掌握他的弱点和他在党中、军中的威信程度。不管蒋介石领袖欲多么强烈，还是无法超越实际去抬高他的地位。

在和革命利益能够结合，或者不违背革命利益的时候，孙中山尽量满足蒋介石的个人要求。蒋介石早就有赴苏俄考察、了解其胜利原因的愿望。孙中山在苏联和中共帮助下改组中国国民党时，决定派代表团赴苏联考察，蒋介石得到消息，要求前往，否则"只有消极独善，以求自全"。孙中山应允，由国民党人蒋介石、王登云、沈定一和共产党人张太雷，组成"孙逸仙博士代表团"，于1923年8月至同年12月，到苏联考察政治、党务和军事。孙中山准备用蒋介石主办军校。

1924年1月24日，中国国民党第一次全国代表大会正在进行，

蒋介石1920年代初在广州

孙中山委派蒋介石为陆军军官学校筹备委员会委员长，邓演达、王柏龄等七人为筹备委员。该校校址设在广州黄埔岛上，故简称黄埔军校。黄埔建军是一项重要任务，是国民党建立自己军队的开始，这所军校成为国民革命军的摇篮。对于蒋介石来说，孙中山的委派不仅是一项光荣任务，而且是他一生中登上国民党最高层的起点和基础。

蒋介石不满意的，也是蒋介石和汪精卫等差着一个等级的，是他在党政中枢机构没有地位。国民党第一次全国代表大会代表一百六十五人，其中有指派的，有推选的，蒋介石非代表；大会选出中央执行委员会委员二十四人，胡汉民、汪精卫、张静江、廖仲恺、李烈钧、居正、戴季陶等均在其中，蒋介石不仅不是中央委员，连候补委员也不是。中央党政部长级及其以上职务他都不沾边。仅在国民党中央军事委员会成立时，蒋介石任九委员之一。该时军委会是中央党部下面一个部委级机构。为此，蒋介石离开广州，不筹办军校的事，在给孙中山信函中，表白陈炯明叛变时，与之同生死共患难之功劳，明显流露出对孙中山没重用他，并实行联俄联共政策的不满。孙中山不会忘记永丰舰上那段历史，而且向来以宽厚、诚恳的态度和蒋介石相处，不介意他的此类举动。蒋介石不归，一面由廖仲恺代理蒋介石委员之职，主持军校筹备工作；一面不断函电、派人请蒋介石回广东上任。军校筹办就绪，投考学生已集中千余人于广州，招考新生工作就要开始了，蒋介石还无踪影。3月18日，廖仲恺电国民党上海执行部胡汉民，请转蒋介石，要他立即答复，是否回粤。很显然，如果实在不上任，只得另做安排了。蒋介石这才电复："必来粤。"4月26日，蒋介石到黄埔军校办公，5月3日，孙中山任命他为黄埔军校校长。1924年6月16日，黄埔军校正式开学，孙中山任总理，蒋介石任校长，廖仲恺任党代表。孙中山对蒋介石够得上仁至义尽。由于蒋介石的表演已非一日，且越来越露骨，孙中山不会不察觉其内心世界的秘密。孙中山向来主张国民党员要注意党德，不要谋求做大官，发大财，而要立志牺牲，做大事，所以孙中山始终在使用"恩人"蒋介石时掌握分寸，以党的利益为原则。到孙中山去世时，蒋介石仅是国民党中央党部下属军事委员会的委员之一，其工作情绪稳定下来才为时不到一年。

蒋介石以"流星的速度"兴起

这种政治格局没有维持多久，蒋介石的地位以"流星的速度"上升，达到"后来居上"的地步。

请看他上升的轨迹：

1926年1月，中国国民党召开第二次全国代表大会，蒋介石当选中央执行委员，并为常务委员、中政会委员。

2月1日，任国民革命军总监。

同年4月16日，任军事委员会主席。

6月5日，任国民革命军总司令。

6月11日，任国民党中央组织部部长。

6月29日，任国民政府委员。

7月4日，任国民党中央军人部部长。

同日任国民党中央常务委员会主席。

7月13日，任中央政治会议（由中央政治委员会与中央常务委员会合开的会议）主席。

至此，蒋介石已身兼党、军最高领导职务。只剩下一个国民政府主席，因汪精卫外出，由谭延闿代理。但这并不妨碍蒋介石掌握政府大权，因为《国民革命军总司令部组织大纲》中规定，国民革命军总司令统辖国民政府下之陆、海、空各军；对于国民政府与中国国民党在军事上须完全负责。北伐出征动员令下达后，凡国民政府所属军民财政各部机关，均须受总司令之指挥，秉承其

活跃在民国政治舞台上的国民党元老级人物谭延闿

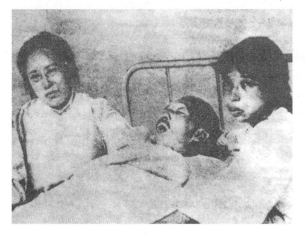

廖仲恺遗容

意旨办理各事。这样，到1926年7月，蒋介石已完全掌握国民党党政军的最高权力，成为凌驾于所有领导人之上的最高领导者。而汪精卫却被挤出去，游荡于异国他乡。这种局面的形成，距孙中山逝世仅一年多，距国民政府建立正好一年。

很显然，蒋介石从后进位置跃居首位，必须压倒一批人。当时蒋介石论德，论才，论功，均达不到如此地步。然而，历史的发展，常出人意料，形势瞬息万变。孙中山去世时，蒋介石与汪精卫地位悬殊还很大，为时不久，蒋介石便以汪精卫的对手出现在政坛上。这期间，发生了廖仲恺被刺案，出现了西山会议派，还取得了东征的胜利。它们给蒋介石提供了机会，蒋介石充分利用了这些机会，一步一步地实现自我发展企求。

先是1925年8月20日上午，国民党内德高望重的领导人廖仲恺，在中央党部大门前遇刺身亡。这是帝国主义和国民党右派联合广东反革命势力进攻革命派的罪恶活动。

这一事件，给国民党和国民革命造成了巨大损失，而在汪精卫和蒋介石面前，却出现了一种提高地位、攫取权力的机遇。国民党重要领导人被刺，理所当然要追查。出事当天，国民党中央决定由汪精卫、许崇智、蒋介石三人组织特别委员会，鲍罗廷为顾问，授以政治、军事及警察一切全权，应付时局。其下设检察委员会，清查廖案。24日，蒋介石兼任广州卫戍司令，26日，经军委会决议，编组国民革命军，蒋介石任第一军军长。他以卫戍司令名义，宣布广州全市戒严，以第一军部下分布市区警戒，控制广州市，并派军队进省城捉拿凶手……蒋介石表现出特别的悲愤之情，要为廖党代表报仇，骂国民党右派是反革命，是甘心投靠帝国主义、为虎作伥的群小。他的表现给人们留下良好的印象，被誉为"左派军人"。

而胡汉民则涉嫌廖案被逐。因为廖案追查所得情况，是国民党右派要倒廖。他们在胡汉民家开了几次"倒廖会议"，并接受香港当局二百万元贿赂。倒廖派有人主张暗杀廖仲恺，有人反对暗杀，最后取暗杀手段，由胡汉民的堂弟胡毅生一伙主使凶手去做。胡汉民知情不报，并有参与之嫌。

事发当天，胡汉民到医院去看廖仲恺，其时廖已由伤致死。第二天胡见到汪精卫，询问："对于廖案进行，有无头绪？"汪不答。胡暗示与共产党有关。第三天胡到中央党部廖仲恺灵柩旁，廖夫人何香凝悲痛地坐在灵旁，胡上前慰勉。何说："今天接到一个消息，说刺廖先生是毅生主使的。"胡去见汪，问："仲恺这件案有端绪吗？"汪不答。胡于是分析廖被刺原因：（一）军阀制造；（二）同志反共，疑仲恺亲共，愤激至极而为之；（三）自相疑忌。汪仍不答。胡又见蒋介石，重述上述分析，蒋介石说："很是，我也这么想。"第六天，即 25 日清晨，黄埔军校来人到胡汉民家搜胡毅生。胡毅生从自家逃遁，不在胡汉民家，搜而未获。胡汉民派人问汪："究竟是怎么一回事？"因系蒋介石手下人搜捕，故陈璧君打电话问蒋介石。蒋为此派人带信给胡汉民："此事与先生无涉，仅毅生有嫌疑，故派人搜捕。"带信人并将胡带到蒋介石处，然后转送黄埔。其间，陈璧君为照顾胡汉民，往来奔走。汪精卫等曾前去看望胡汉民。最后，蒋介石通知胡汉民："鲍先生的意思，希望胡先生到俄国去一趟，休息休息。"鲍罗廷见胡，非常客气地表示苏联欢迎胡汉民，说一般人怀疑胡与廖案有关，事实不存在。不过因此也不宜留在广东，不如到苏俄走走，考察考察。胡汉民接受这种安排，9 月 23 日去了苏联。

总之，胡汉民所接触到的人，都用不同方式表示没有追查他的意思，只是让他离开。有趣的是事后，特别委员会的三个人都向胡汉民说了一番话：

许崇智说：当时特别委员会成立之后，鲍罗廷力主兴大狱，更说非"排胡"不可。精卫脸红红的，介石则主张镇压军队，怕军队有毛病。我不答应，我说，不能这样随你们干，要是这样干，我就走了。

汪精卫说：特别委员会成立后，我竭力主张不能把胡先生牵涉在里面。因为我相信胡先生断不会做这种残杀同志的事。但汝为（许崇智）有"报复"

之意，以为非"排胡"不可，我当时是最反对汝为这样主张的。

蒋介石则说：仲恺的案发生，我实在救了胡先生的命。要是胡先生当时不住在黄埔，早发生意外了。鲍罗廷、精卫、汝为都主张趁机"除胡"，我大反对，才邀胡先生到黄埔去。

意思是一个，都向胡汉民讨好，表明排胡的是别人，不是自己。

不论如何，胡汉民必须离开。廖仲恺被杀，胡汉民辞职赴苏联，国民党内被称为孙中山麾下的"三杰"少了两个，汪精卫在国民党中的地位自然是最高的了。而且，廖仲恺死后，国民革命军总党代表一职归了汪精卫，他有条件把手伸到国民革命军的各部队中去。

不过，蒋介石和汪精卫合作办廖案，也不能没有所得。这时，他在党、政府中无要职，军职为：军委会委员、黄埔军校校长、国民革命军第一军军长、广州市卫戍司令、长洲要塞司令。在军事方面，还有一位资格比他老的许崇智。借办廖案之机，蒋介石把许崇智赶出了广州。

许崇智（1887—1965 年），和蒋介石一样，以军事为专长，早年在日本学军事，毕业后归国任军职，武昌起义时举兵响应，被推为闽军总司令。

参加同盟会早于蒋介石，为 1905 年。二次革命后去日本，加入中华革命党，职务、地位高于蒋介石，任军务部部长兼中华革命军福建司令长官。护法战争期间，任军政府参军长署理陆军总长。孙中山任非常大总统时，许任粤军第二军军长，陈炯明叛变后，任讨贼军东路总司令兼第二军军长，蒋介石为他手下的参谋长。大元帅大本营成立之后，任粤军总司令，兼滇粤桂联军前敌副指挥。1924 年当选为国民党中央候补监察委员。国民政府成立后，任国民政府委员、常务委员、军事

许崇智

委员会委员兼军事部部长，并兼广东省政府主席和军事厅厅长。

许崇智和蒋介石是结拜兄弟，但貌合神离。孙中山在世时，二人已经有摩擦之事发生。国民政府成立之后，蒋介石曾向军事委员会提出统一军事、统一财政的建议，意在集权于军委会，而削弱许崇智的实权。此时，许崇智指挥着三个师的兵力，而蒋介石完全控制的只有一个师，无力取代许崇智，只能集权于军委会以制许。这样，看上去是加重汪精卫的领导权，但汪精卫不直接掌握军队，军委会权力再大，对汪精卫来说也仅是过路财神而已，最终还是对蒋介石有利。汪精卫支持了蒋介石的建议，军委会予以通过，然而，许崇智不执行，蒋介石拿他没有办法。

处理廖案的过程中，蒋介石实现了梦寐以求的目标——倒许。许崇智虽是特别委员会成员之一，但在查办廖案时，很快就处于被动地位。汪精卫、蒋介石在右派刺杀对象名单之中；而许崇智却被查出是倒廖的主要右派成员之一，收买刺廖凶手的人员中有许崇智的部下。许崇智不能不成为被审查对象。蒋介石趁机派兵监视了许崇智。9月20日，蒋介石派黄埔学生，以突然袭击的方式，将许部军队缴械，编入他统领的国民革命军第一军，并令许崇智去职离开广州。蒋介石早就想走的一步棋，在办理廖案中实现，为他此后的高升铺平了道路。未几，第二次东征开始，蒋介石被任命为东征军总指挥，取代了许崇智的军事指挥地位。蒋介石成了国民党内首屈一指的掌握军事实权的人物。尽管在党、政府的中央领导机关，蒋介石远不及汪精卫，就是最高军事机关国民政府军事委员会，汪精卫也在蒋介石之上。不过，最重要的是军事实权，是军队的指挥权、控制权，这些在蒋介石之手，而不在汪精卫之手。在战乱中的中国，有军就有权，无军，权是空的。

1925 年 9 月出任东征军总指挥的蒋介石

在 1926 年 1 月 1 日至 20 日国民党

召开的第二次全国代表大会上，蒋介石当选为国民党中央执行委员会委员，并为常务委员会委员，从此进入国民党中央领导层，有了中央领导成员的身份，有了在最高决定机关的发言权，有了和汪精卫就党国大事对话的资格。蒋介石之所以当选，主要原因有两个：

一是蒋介石此时曾是"左翼的有力支持者"。国民党右派反对国民党第一次全国代表大会通过的"三大政策"，刺杀了廖仲恺，未能达到反苏、反共的目的，且受到打击，他们不甘心，于1925年11月23日至次年1月4日，集聚于北京西山碧云寺孙中山灵前开会，自称国民党一届四中全会，史称"西山会议"，与会者被称为"西山会议派"。西山会议通过一系列反共、反"三大政策"的决议案和宣言，诸如：取消共产派在本党之党籍案、顾问鲍罗廷解雇案、开除汪精卫党籍（六个月）案、开除中央执行委员之共产派谭平山等案、取消政治委员会案、总理逝世后关于反对共产派被开除者应分别恢复党籍案、决定此后本党对于俄国之态度案……自国民党改组就出现的左右两派的矛盾斗争，此时达到了白热化程度。蒋介石对"三大政策"，本来既有拥护的表示，也有反对的言论，实际上拥护是有保留的。他主张接受苏俄援助，但不视为朋友；采用苏军经验，而不以联俄为然；攻击"新势力"（国民党左派和共产党），要孙中山深信旧系统。但在办理廖案过程中和其后一

西山会议会场

段时间，蒋介石的政治态度变了。他俨然成了"左派"，是与右派势不两立的"三大政策"的拥护者和保卫者。请看：

1925 年 12 月 25 日，针对西山会议派，蒋介石发表《忠告海内外各党部同志书》，谴责西山会议派"驱除异己、发舒私愤""阻挠国民革命之大业"，是反总理，反本党，反革命。随后又有一系列反击右派言论。右派反对和攻击共产党，蒋介石则说：国民党同志对共产党同志，尤其不可有反对，因为我们晓得，"反共产"这口号，是帝国主义者用来中伤我们的。如果我们也跟着唱"反共产"的口号，这不是中了帝国主义者的毒计么？

右派反对联共政策。蒋介石说：共产党之加入本党，为总理所特许，第一次全国代表大会所议决。总理已明言民生主义即是共产主义。"容纳"共产党，才是真正的国民党。本党改组前，总理几经郑重考虑，而后毅然决定；改组至今两载，成绩俱在，我们不可违背。否则，就无论如何信仰三民主义也是假的。因为总理"容纳"共产党加入本党，是要团结革命分子，如果我们反对这个主张，就是要拆散革命团体，岂不是革命党的罪人？

右派反对联俄。蒋介石说：今日的中国革命已成为世界革命之一部分，中国革命成功，则世界革命为之促进，亦世界革命成功。联合世界上以平等待我之民族，写在总理遗嘱中。联合苏俄是联合世界革命派，打倒帝国主义。苏俄同志帮助中国独立之国民革命，其诚意十分明显。

右派说鲍罗廷包办中国革命，

戴季陶

应予解雇。蒋介石以亲身体会说：据黄埔经验，没有包办之事发生，鲍罗廷遇事都和我们商量；鲍罗廷是总理特请的，不能解雇。并进而论证：苏俄同志不来指导我们，恐怕国民革命军至今还不能产生。我们今天能够消灭叛逆，大半可以说是苏俄同志本其民族的精神、国际的实力，与其革命的使命，起来以至诚与本党合作，帮助我们中国效力所致。他与西山会议派的反"包办"针锋相对，说：叫革命先进国的苏俄来帮我们中国革命，我们是愿意接受的，是应该接受的。如果苏俄同意愿意指挥我们革命，我们亦愿意受他们的指挥，不仅不足为耻，而且同列于革命党员的地位，是人生最大的意义。我们接受革命先进国同志的指导就是接受总理的指导，就是实行总理的遗嘱。

反对"三大政策"的戴季陶主义出现，蒋介石亦出面批评。甚至"三二〇"事件发生后，西山会议派发电奖勉蒋介石，也骗得蒋介石一顿骂。蒋介石说：中山舰一案，全系个人局部问题，已由中正个人完全负责，呈明政府，自请处分在案。西山会议派希图破坏本党，摧残革命，"其煽惑挑拨之伎俩，已图穷匕见"。此种托庇于帝国主义势力范围之下行动，不自愧其为帝国主义者之工具，竟敢不法通电，视中正为傀儡，殊堪痛心。他声言：要以西山会议派为本党的罪人，是全体党员的仇敌，这仇敌，比什么仇敌都厉害。

蒋介石内心想的什么？有人说：蒋介石左边拿着国民党，右边拿着共产党，来做中国革命领袖的迷梦。有人说：当时共产国际和苏联的代表、共产党、国民党左派在国民革命中起着重要作用，蒋介石看到，要发展自己的权力必须向左派靠拢，因而这段时间在左右逢源中左的口号叫得响一些。不论如何，在事实上，蒋介石的表现确实得到了赏识，否则，在国民党左派占优势、以坚持孙中山手定"三大政策"为宗旨的国民党第二次全国代表大会上，蒋介石进入中央执行委员会，是不会受到与会代表认可的。

二是蒋介石在东征等军事指挥活动中有功劳。蒋介石从东征前线回来，出席国民党第二次全国代表大会，并代表军事委员会向大会做了军事报告。东征的胜利，巩固了广东革命根据地，是一件大喜事。蒋介石是东征指挥官，被视为"东征英雄"或英雄的代表。蒋介石报告完毕，全场欢呼，有人动

议：请全体代表起立向蒋同志致敬，并勉其始终为党为国奋斗。再联想他那

些左派言论，在不少人的心目中，他是一位最革命的军事将领，怎能不投他一票呢。他以二百四十八票的优势当选为国民党中央执行委员，仅比汪精卫少一票，也只与满票差一票。

　　对蒋介石来说，这是一个转折，一个台阶，上得去，便有新戏好演。汪精卫不会料到有什么不测，因为他俩还在合作中。而且，蒋介石非常努力地支持他。也是在 1925 年 12 月 25 日的《忠告海内外各党部同志书》中，他驳斥西山会议派对汪精卫的攻击，他说：关于汪精卫同志，上海《民国日报》加之罪者凡三，"盖无一而非任意捏造"。上海《民国日报》说：共产党加入本党

蒋介石与汪精卫

为了消灭本党，汪精卫对共产党挑拨离间和排除本党同志的主张，一一实行。蒋介石说：这是诬蔑。共产党为国民革命来加入本党，如果那样做岂不是自杀！上海《民国日报》说：汪精卫在痛悼廖仲恺时说过的一句话（革命的反帝国主义的向左去，不革命的不反帝国主义的向右去）背叛了孙中山。蒋介石说：汪精卫是为了警勉同志革命。上海《民国日报》记者已经向右去，"立于反革命地位"，所以才怨别人分左右。如果说汪精卫分左右不当的话，乃是其不如直接分革命与反革命。上海《民国日报》说：汪精卫先不主张讨刘、杨，而后"乃攘人之功"。蒋介石说：本人亲自参加是役，敢切实声明，汪精卫自京回粤，先到汕头，讨伐刘、杨先得其赞同；恰恰是今日反汪最力之人，真有在讨刘、杨时避居香港者。革命本非求功，

而谓其攘人之功，不知指的是什么。然后，蒋介石有一段叹息的话："呜呼，赤化也，共产也，俄人掌握政权也，帝国主义与军阀之所以诬陷我者，今岂将一一出于同志之口耶？"蒋介石当选为国民党中央执行委员和常务委员，与此时蒋汪的合作不无关系。

二 初次合作：
一个党里不能
有两个领袖

从孙中山逝世到 1926 年春天，蒋汪之间是一种合作关系，汪精卫提携蒋介石并借助于蒋介石的军事；蒋介石利用汪精卫的领导地位和支持，发展自己，并对汪精卫有所帮助，还不曾见到蒋、汪之间有什么严重不睦。在办理廖案、许案、西山会议派案过程中，两人配合默契，彼此支持，互相利用，各有所得。汪精卫在国民党党、政、军的地位已达"最高"，蒋介石进入了中枢机关。

这种合作关系还能继续吗？蒋介石有了和汪精卫分庭抗礼的资格，他还能安于做汪精卫的下级吗？一个党里"不能有两个领袖""党的领袖只有总理一人""我可以做总理真正的一个信徒"。蒋介石的这种论调，表明他与汪的分手，是不可避免的。

蒋介石一箭双雕，汪精卫抱病出走

1926 年 3 月 20 日，蒋介石制造中山舰事件，一箭双雕：打击共产党，挤走汪精卫。

事情发生之前，汪精卫对自己的地位很自信。他的表现是左派，共产国际和苏联的代表、合作者共产党、国民党内的革命派对他没有异议。他资历深，有"过五关斩六将"的历史，又是孙中山遗嘱的起草人……这些资本，他独有，谁也无法与之相比。汪精卫躺在历史的功劳簿上，悠然自得。

1926 年 3 月 20 日，一件意外的事情发生了。

汪精卫躺在楼上厅里一张帆布床上，面色苍白，夫人陈璧君和曾仲鸣夫人方君璧在旁照顾用药。他在病中，3 月 19 日即已请假不到国民政府办公。自 20 日早晨起，陆续有人来报告说：外面戒严；苏联顾问的公馆和省港罢工委员会被包围，两处卫队枪械被收缴；海军局长兼中山舰舰长李之龙被扣，海军局和中山舰被占；国民革命第一军党代表无论是否共产党，已于昨日下午全体免职，概行看管；蒋介石占据广州东门外造币厂的旧址做司令部……。他疑惑不解。而谭延闿、朱培德又受蒋介石之托，转呈一封蒋介石给汪精卫的亲笔信，信中说共产党图谋暴乱，不得不紧急处置，请求主席原谅云云。

汪精卫接受不了这个现实，愤慨地说："我是国府主席，又是军事委员会主席，介石这样举动，事前一点也不通知我，这不是造反吗？"他激动得从床上坐了起来，一阵头晕又倒下去。

谭、朱说："我看介石是有点神经病，这人在我们看来，平常就有神经病的，我看我们

汪精卫（左）与秘书曾仲鸣（右）

还得再走一趟，问问他想什么和要什么再说。"

怀疑蒋介石有神经病，不无道理。事前，人们从外表看上去，蒋介石和共产党合作得好好的，和汪精卫的交情也不浅，何以突然做出这类显然与共产党为敌、对汪主席不敬之事？！当然，这是政治上的翻云覆雨，蒋介石并没有神经病。

汪精卫仍很激动，不顾身体有病，站起来穿长裤，要和谭、朱同去造币厂。长裤还没穿好，又晕倒在床上。陈璧君焦急地劝阻："你身体这样是不能去的。"

汪精卫说："好！等你们回来再说罢，我在党内有我的地位和历史，并不是蒋介石能反掉的！"

蒋介石制造出这么大一个事件，如何自圆其说？矛头对着谁？

22日，他对苏联驻广州领事馆代表说："对人不对俄。"要求苏联军事顾问季山嘉回国；鲍罗廷速归广州。同日，开中央政治委员会会议，决议令季山嘉离粤回国；撤出第二师各级党代表；查办"不轨"军官。因为汪精卫是中政会主席，他卧床不起，所以会议在汪精卫家里开，汪精卫躺在床上，大家围床而坐。据参加会议的陈公博观察，那天蒋介石的表情不很坦然，"他

本来平时就不大说话，那天更少说话，似乎有点倔强，也似乎有点愧怍。"会后，25日，蒋介石对军委会有一个呈文，说是：18日中山舰擅自驶抵黄埔军校前，伪称奉校长命令来守候；19日该舰又于深夜开回省城，无故升火达旦。为防其扰乱政府，采取紧急处理措施：扣海军局代理局长李之龙严讯，派军队于广州附近戒严。由于事起仓促，来不及报告，不得已而临机处理，专擅之罪不敢辞，自请从严处分。

可是，共产党阴谋暴乱、中山舰无故升火之类，都是谎言，蒋介石心里最明白不过。中山舰开赴黄埔，有3月18日军校驻省办事处公函；其19日回省城广州，经电话请示蒋介石得准。李之龙是共产党员、中山舰舰长、海军局代理局长，被扣受审时，将军校驻省办事处公函及全部事实摆在会审公堂，真相大白。既不是共产党暴乱，也不是李之龙反叛。蒋介石事后又声明："我绝不承认三月十八那天的事件，共产党有什么阴谋在内。"我可以明白宣布："三月二十日的事件，完全与共产党团是没有关系的！"不仅如此，他还声明：要维护共产主义，"所以我说反共产主义，就是反三民主义的口号"；并非包围俄国顾问住所，"乃因部下误会，致有妨俄顾问出入，此亦余所深致不安者"；更绝无摧残省港罢工运动之理，而是追究中山舰行动，"扎兵于罢工委员会门前，致碍及会中人员交通"，谣言由此而起。

既然共产党没有阴谋和叛乱，受制裁者该是无事生非的人，而不应当是被诬陷者。却不然，蒋介石撤销了国民革命第一军党代表，并迫使共产党员退出第一军。汪精卫对蒋介石的内心活动了如指掌。他说蒋介石虽然知道不存在共产党要反叛的事实，但想借此裁抑苏俄顾问及共产党人的势力增长，"所以就这样的干下去了。"

以共产党阴谋叛乱为理由，制造一个中山舰事件，这个理由站不住了，还有别的理由吗？还有，但不能公布。蒋介石说：这事"要等我死了之后，才可以发表"。因为它"太离奇、太复杂"了。"今天还有我不忍说的话。这只有我个人知道。"这神秘的内幕到底是什么呢？内幕人物是谁呢？

没过多久，有的人猜到了。谭延闿说："什么共产党，这是介石反对汪先生罢了。"北伐开始后，蒋介石对邓演达、陈铭枢、陈公博等分别透露，是汪精卫要杀他。他对陈公博谈这件事的情形是这样的：

那是 1926 年 8 月，北伐军围攻武昌的时候。一天，奉命办理湖北财政的陈公博，去蒋介石的住处武昌李家桥，在一列火车上，他向蒋介石报告和请示。之后，蒋介石和陈公博谈起中山舰事件时汪精卫的问题，说：

"汪先生要谋害我，你不知道吗？汪先生是国民政府主席，是军事委员会主席，他对我不满意，免我职好了，杀我也好了，不应该用阴谋害我。"

陈公博感到骇然，问："他怎样阴谋害蒋先生呢？"

蒋介石说："他要我参观俄国来广东的船，打算就在船上扣留我直送海参崴。"

陈公博说不知道有这样的事。

蒋介石说："自然你们不知道，他有俄国顾问和他的老婆便够了。"

提起汪精卫的老婆陈璧君，蒋介石亦惧亦气。陈璧君在国民党内的地位不一般。她早年参加同盟会。1917 年孙中山揭旗护法时，汪精卫被召回国。陈璧君随后结束了在法国的学业，回国参加反军阀斗争。为了继续革命，孙中山在共产党帮助下改组国民党，陈璧君和汪精卫双双投身其中。孙中山为了筹集革命经费，派出身于华侨家庭的陈璧君出洋向华侨募捐。她去美洲，用半年时间，奔波于几个

汪精卫与妻子陈璧君

国家，集得捐款三十万元，充作创办黄埔军校的经费。中国国民党第一次全国代表大会当选为中央监察委员。论资历，论才能，陈璧君都不比蒋介石差。她对蒋介石的有些举动很看不上眼。汪精卫当上国民政府主席和军委会主席之后一段时间，蒋介石很想和汪精卫靠得紧些，密切些，曾给汪精卫送了一个帖子，愿结为把兄弟。一天，汪精卫写信给蒋介石，开头写"介弟"二字，陈璧君看了大发雷霆，说汪精卫："你愿意做他把兄，可是我不愿意做他的把嫂。"汪精卫不得不把那信撕了重写，再不敢在陈璧君面前称蒋介石为"介

弟"。蒋介石看得出陈璧君不得意他，怀恨在心，便一股脑儿把她也编织到这神秘莫测的"汪精卫要杀蒋介石"的故事里来。

蒋介石已经离世，至今，我们还没见到那个只有他"个人知道"、当时"不忍说"、要到死后才发表的"事实"。在蒋介石著《苏俄在中国》一书中，对于苏俄、共产党、汪精卫等的攻击没有任何顾忌，任意地说。关于"三二〇"事件，该书说汪精卫、共产党、苏俄代表合谋要在船上扣押他，然后送往苏联。这些话，和他对陈公博等人说的基本是一个意思。

事件之后不久，就查明、蒋介石也公开宣布，"三二〇"事件并不存在什么共产党的阴谋叛乱。那么，汪精卫到底是不是要谋害蒋介石呢？如果回答是否定的，蒋介石为什么如此说，如此做？让下列事实回答：

"三二〇"事件发生之后，汪精卫怒不可遏，22日开过中政会之后，23日，便以患晕眩症向中常会请假治疗，不见客，接着又自行辞职，即汪精卫所说："兄弟自动辞职离开广州。"5月11日，汪精卫离粤赴港，6月中旬到法国巴黎。事发和事后，汪精卫所愤愤不平的是蒋介石这么大的举动竟连招呼也不打。直到他旅居国外之后，与人通信提起此事还难以抑制内心的气愤，说："三月二十日之事，事前中央执行委员会、政治委员会没有知道。我那时是政治委员会主席，我的责任应该怎样？三月二十日，第二师团党代表以下都被拘留，我是国民革命军总党代表，我的责任应该怎样？我这时候以为不问这事情做得错与不错，而这件事情做法不能说是不错。我只责己而不责人，我以为皆我不能尽职所致，所以引咎辞职。"汪精卫对蒋介石的指责没有错，蒋介石制造"三二〇"事件，不论从政治上说或从组织纪律上说，其过错都难以推卸，理应受到处分。汪精卫如果有谋害蒋介石之心，正好是个好机会，何不借机除蒋，反而自责出走呢？

1927年4月，汪精卫回到武汉，陈公博当面质问有无要谋害蒋介石之事。汪精卫"愕然了半天"，反问："公博，你信不信？"

"三二〇"事件中，蒋汪间关系的实质，在蒋介石的另一举动中暴露出来。汪精卫辞职出国后，海内外国民党人拥汪呼声高昂，请汪复职函电如雪片般飞来。蒋介石对此甚是反感，设法打听汪在欧洲的住址，托李石曾阻止汪回国，并愤然声言："我以为党政军只能有一个领袖，不能有两个领袖。

如果大家要汪先生回来，我便走开。如果大家要我不走，汪先生便不能回来。"应当说，这才是实话。

蒋介石在"三二〇"事件后，到处演说、做报告。他说："党的领袖只有总理一人，本校长以总理的精神为精神，以总理的意志为意志，我可以做总理真正的一个信徒，这话只有我能说，亦只有我敢说，这是不用客气的。"

汪精卫走后，蒋介石取代了汪军委会主席的位置。以解决国共合作中出现的问题为名，蒋介石向国民党中央提出"整理党务案"，排斥、限制共产党员在国民党内的领导职务，规定：共产党员在国民党省、市、中央党部任执行委员者，不得超过各该党部执行委员总数三分之一；共产党员不得担任国民党中央部长。5月15日至22日，国民党召开二届二中全会，通过了蒋介石的"整理党务案"，并选举蒋介石的盟兄张静江为中央常务委员会主席。会后，共产党人辞去在国民党担任的部长职务。而蒋介石的官衔接二连三地增加，当上国民党中央组织部长、军人部长、国民政府委员、国民革命军总司令。7月4日至6日，国民党中央召开临时全体会议，张静江以足病辞国民党中央常务委员会主席职，会议选蒋介石担任。至此，蒋介石成了国民党党、政、军的最高领袖。

蒋介石电催汪精卫回国"清共"

时隔不久，蒋介石的态度又变了。从1926年12月以后，他接连发电催促汪精卫回国。翌年2月的一封电报竟说汪精卫再不回来，他也要走了。以致汪精卫看了"十分难过"，不能不回来。

这又是为什么呢？从蒋介石这方面说，是形势有变化，他需要汪精卫回来。1926年7月，国民革命军正式出师北伐，进军顺利，势如破竹，军民振奋，工农大众配合北伐，掀起革命高潮。国民革命、北伐战争，本是国共两党和广大人民共同努力进行的壮丽事业，但国民党中一部分人总是对合作者共产党的发展怀着恐惧乃至敌视心理，主张和共产党分家。到了北伐战争打下半个天下，夺取全国统治权胜利在望的时候，他们更迫不及待地把共产党赶走，独享其成。国民革命军总司令蒋介石成了分共、反共的总代表。国民党里不赞成他的主张和行为的人，也被他视为与共产党人一样不能容忍的敌人。

1927年春天，武汉国民党中央和国民政府，对个人军事权力日益膨胀、向工农举刀、与中央分庭抗礼的蒋介石，开始采取限制措施。武汉地区人民拥护武汉国民政府，反蒋热情一天天高涨。蒋介石在南昌擅自改变中央迁都武汉原议，要迁都南昌，与武汉方面闹得不可开交时，听人之劝去了一趟武汉。那里的恢复党权运动、反对军事独裁的标语口号，显然是针对蒋介石的。他与最高顾问鲍罗廷辩论了一番，鲍罗廷对他说："你想众人都不说话是不可以的。我告诉你一个故事罢，古时西方有一个国王，极讨厌各大臣说话。有一天，他对着各大臣说：'你们说话太多了，我不喜欢。'各大臣说：'只有狗是不会说话的，陛下要我们不说话，只有找狗去。'"蒋介石认为鲍罗廷污辱了他，要赶走鲍罗廷。蒋介石决定"分共"，和武汉分家，另立门户。他想起了汪精卫。如果说他先前的迎汪复职表示曾经是敷衍舆论，非出自真心的话，那么后来也许由假意变为了真心。

汪精卫毕竟在国民党内有地位，有威望，有影响，是首任国民政府主席。武汉方面热烈迎汪，如果汪去了武汉，势必成为那里的砝码，对蒋介石的"分家"活动只能增加麻烦；若能把汪精卫拉过来，当一个空头的领袖，宣告武汉政府非法，岂不更"名正言顺"？

蒋汪有过合作的经历，那是在孙中山逝世后至中山舰事件前。两人的分手，有右派暗中挑拨的因素。据邹鲁事后透露，西山会议派当时觉得对广州没有办法，便竭力拆散广州的联合，设法使蒋介石和共产党、汪精卫分家。从广州内部策应这个计划的是伍朝枢。有一天，伍朝枢请蒋介石周围的人吃饭，席间说：昨夜我们请俄国领事吃饭，他告诉我蒋先生将于最近去莫斯科，蒋先生打算什么时间起程？这话很快传进蒋介石的耳朵。蒋介石怀疑共产党或汪精卫要挤走他。为了证实他的猜测，向汪精卫做了试探，假意说要去莫斯科做短期休息，并可多学些军事知识。汪精卫先不同意，后经蒋介石再次请求，便答应了。蒋介石要陈璧君同去，陈的兴趣非常高，办行李，制皮大衣，然后天天催蒋介石动身。汪精卫的批准，陈璧君的催促，使蒋介石更加心疑，认定汪精卫急着赶他走。恰巧俄国有一条船来，请蒋介石参观，蒋介石拉汪精卫同去，汪精卫因参观过，不欲同去，蒋介石以为这条船要在他参观时扣留他，并送他去海参崴，于是决定反共反汪，制造了中山舰事件。事实证明，蒋介石制造中山舰事件，已有既定目标：打击共产党，挤走汪精卫。西山会议派的挑拨，充其量是个导火索，不是根本原因。

汪精卫不会看不透要他回来的这个小伎俩，但他急于回来，正等着有个下台阶的机会。得知西山会议派有意挑拨他和蒋介石关系这回事，他自欺欺人地说："当时我们二人是一道奋斗的，他们欲把我们二人分开，所以决定联一打一的策略，三月二十日便是此种策略的成功！兄弟知道将来蒋同志必然明了的，故自动辞职离开广州。"照汪精卫的说法，这时蒋介石"明了"了汪精卫不曾要害他，解除了误会，又请他回来。

从汪精卫方面说，他回来的理由很多。不仅蒋介石请他回来，革命的国民党人和共产党人认为他是拥护孙中山的联俄、联共、扶助农工三大政策的，也对他寄予希望，拥汪复职呼声一直很高。淳朴善良的人们忘记了——也许根本没在意汪本质上是个什么人。这个以牺牲自我的精神去暗杀摄政王的英雄，也曾经被袁世凯软化过。

在广州，还有一桩小事，也暴露过汪的不诚实：

1925 年 7 月成立国民政府时，酝酿国民政府主席人选，支持汪精卫的呼声最高。但汪精卫再三辞谢，尤其是陈璧君，非常反对他去负担那种大任。给人的印象，汪精卫不愿意当国民政府主席。广州国民政府领导体制实行委员会合议制，主席由委员互选产生，选上，不便推掉，选不上，谁也无法把一个人强加给委员会。7 月 1 日这天，在广州的十一名国民政府委员举行第一次会议，投票选举国民政府主席。最后，监票人伍朝枢高声报告选举结果："发出选举票十一张，收回选举票十一张，选举汪兆铭的十一票。"他迟疑了一下，重复报告一遍："发出选举票十一张，收回选举票十一张，选举汪兆铭的十一张。"汪精卫可以投自己一票，只是事先他一再推辞，和他投的这一票对不上号，令人对他产生怀疑，这两个动作总有一个是假的，表明此人不真诚。

如果说，这是小事一桩，那么汪精卫和蒋介石密谋反共就不能不引起人们的注意了。不论如何，汪精卫在哀悼廖仲恺时喊向左向右，和他当时的实际表现还合拍，而1927年4月11日他又挥笔写"革命的往左边来，不革命的快走开去"的时候则不然。前不久，他已经和蒋介石密谋分共了。

事情是这样的：1927年4月初，汪精卫在"迎汪复职"的声浪中由法国经莫斯科回国。先到上海，那是1927年4月1日。既然各方面都"欢迎"他复职，他也不能怠慢任何一方。他使出八面玲珑的伎俩，向武汉国民党中央执行委员会，向各党部各同志，向蒋介石，分别发出通电，"以满腔的热诚"致"革命的敬礼"，请示应如何工作……表示他同他们都很亲密，很真挚，很愿合作，又谦虚谨慎。

汪精卫到上海后，与蒋介石、吴稚晖、蔡元培、李石曾等见面。蒋介石等提出两件事，要汪精卫赞成，一是赶走鲍罗廷，一是分共。这两件必须坚决做，马上做。从4月1日至5日，一直密谋此事。汪精卫认为改组国民党的精神、政策，即联俄联共，为总理手定，不可轻言更改；事关重大，党的纪律不可不守，应按组织程序解决，被吴稚晖骂为"狗不如""滚蛋"。吴稚晖并预言汪精卫终有一天会向他"相对痛哭"。汪精卫提议，把国民党中央和国民政府由武汉迁到南京，在南京开国民党四中全会，以新的决议来改变旧决议；会议怎样决定，"兄弟无不服从"。如不由会议决定，恐分共不成，反致陷党于粉碎糜烂。汪精卫自请去武汉疏通。蒋介石等同意开会解决，但不赞成汪精卫去武汉，说去了要受包围的，先把共产党消灭了再说。蒋并通电拥护"汪主席"统一党权，一切军政、民政、财政、外交，都必须在"汪主席指导之下，完全统一于中央，中正统率全军而服从之"。

汪精卫又和陈独秀交谈，并发表一个联合宣言，表示国共还要合作下去。共产党不满意这个宣言，认为它为蒋介石的反革命行为打掩护，起了麻痹革命人民的作用。蒋介石等人更为反对，说汪精卫"勾结共产党"，甚至有人主张将汪精卫软禁起来。汪精卫于汪陈联合宣言发表的第二天（4月6日）晚上，登江丸号轮船，悄然去武汉。

4月10日，汪精卫到武汉。由于蒋介石自这年春天起就已经向共产党员、革命工农群众开刀，并发展个人势力，与国民党中央分庭抗礼，两湖地区民众反蒋气氛甚浓。武汉大街小巷贴着"打倒蒋介石""拥护三大政策"的标语。汪精卫到武汉的第二天，给《中央副刊》的题词，又明晃晃地写上和前面那句话内容相同的口号：中国国民革命到了一个严重的时期了，"革命的往左边来，不革命的快走开去"。同一天，他在武汉市民欢迎大会上讲演，重申"三大政策"：第一，是联合世界上革命的民众，共同反对帝国主义，这就是联俄政策；第二，是联合国内一切革命分子，来反对帝国主义，这就是联共政策；第三，要把全国最大多数最受压迫分子唤起来做革命的领导者，这就是农工政策。要使革命胜利，一定要按这三条大道走。汪精卫这次回武汉后还常说："反共即是反革命"。汪精卫的言行，博得共产党人、革命的国民党人和武汉地区人民的拥护和称赞，谁也拿不出理由不把他视为左派领袖。

1927 年 4 月 12 日，蒋介石在上海发动反革命政变，对共产党和工人、市民进行大屠杀。其举措之凶狠、残酷，令人发指。昨天还是蒋介石"最亲爱的、最有望的同志"，何以今天成了不共戴天的仇敌？！蒋介石不敢也无法讲真话，和制造中山舰事件一样，心里想的和口上说的不一样。"四一二"前几天，吴稚晖向西山会议派说：蒋介石决定清共了，不管汪精卫如何和缓，

"四一二"白色恐怖笼罩下的上海一瞥

共产党如何退让，他也决不迟疑。但实际虽是清党，对外面还要说联共联俄；清共虽然是西山会议派先觉，统须请出来办事，但对外面还要说是打倒西山会议派，请能原谅。为此，邹鲁与吴稚晖辩论了三四个钟头。邹鲁认为清共应公开行事。他批评蒋介石在上海清党的时候，竟不敢言反共，偏说是工人与工人冲突，军警出来弹压；还说对于联共政策是不变的。

这时，汪精卫在武汉，一面高喊着"反共即是反革命"，一面做着反共的事。4月16日发出铣电，斥责蒋介石拟提出反共产口号，以博得帝国主义军阀及一般反革命者之同情；不听劝告，竟于上海屠杀工人，丧心病狂，自绝于党，自绝于民众。可是，他自4月中旬起也在武汉进行"分共"：第一阶段，不便提出分共问题，而进行所谓"裁制共产党徒违反本党主义政策之言论行动"，自4月中旬至5月中旬，决定在湖南、湖北、江西等省组织特别委员会，检查各级党部、各级政府机关、各种民众团体之一切言论行动。第二阶段，是汪精卫所说和共产党"和平分离"。汪精卫假惺惺地说"保护共产党人之身体自由"，但实际上是暴力相加。5月17日，唐生智部夏斗寅发出反共通电，进攻汉口；5月21日，许克祥在长沙捕杀共产党和工农群众，汪精卫采取妥协态度；6月6日，汪精卫赴郑州，令出师河南北伐的唐生智率部"回镇武汉"，镇压共产党。第三阶段，叫作"严厉驱共"，即"七一五"反革命政变，武汉地区开始了对共产党员、革命群众的大逮捕、大屠杀。

汪精卫反共比蒋介石晚，比西山会议派、胡汉民更晚。蒋介石用电报把汪精卫从法国催回来，是让他反共，这一点他做到了。汪精卫回国时，原以为发电催他回国的人都会奉他为正统领袖，由他代表中央，所以一手拉着上海的蒋介石等人，一只脚迈进武汉国民党中央党部，满以为分共要等他召集中央会议，堂而皇之地做出决议，打着继承总理遗训的旗号，把共产党赶走。他大错而特错了。不等到他预定的四中全会会期：1927年4月12日，蒋介石先下手在上海屠杀共产党。汪精卫怒气冲天，在铣电里骂蒋介石等反抗中央，违背中央之命令。岂不知，蒋介石不要他代表中央；实际上，要他反共的时候，心目中早已另有中央了。

汪精卫紧追慢赶，步西山会议派、胡汉民、蒋介石的后尘反共，和革命的国民党人及共产党分家。然而，上海、南京的反共先锋们，嫌他行动过迟，不承认他是领袖。

三派走到一块儿，谁为主？

到了1927年秋天，反共，成了西山会议派、蒋介石派、汪精卫派即沪、宁、汉三派的共同点，携手有了政治基础，合作是必然趋势。然而，三派之间，昔日的矛盾犹在，今日的争夺滋生，事情仍然相当复杂。最要紧的还是不能有两个领袖，更不能有三个、四个。谁为主？都想着"我"为主。可话又不能明说，绕着弯子辩论，可以绕出许多支支叉叉，热点是比功，以反共为荣，争反共之功。

上海的西山会议派，以反共先觉自居，说什么当初是为了挽救党国而开会，早就深信国民党不把共产党清出去，必将被共产党清出来，本党终归要合在一块，所以忍辱奋斗。

他们两面开弓，批评蒋介石不早觉悟，中山舰事件后，不接受西山会议派的奖勉，反而大骂一顿；与共产党弄成一气，开什么联席会议；蒋介石左边拿着国民党，右边拿着共产党，来做中国革命领袖的迷梦；武汉开二届三中全会，蒋介石容许，直到"打倒蒋介石"的口号普遍了两湖，蒋介石才恍然大悟，各地清党的进行也预备成熟了，蒋介石到了上海、南京，才开始决心清起党来。这觉悟晚于西山会议之后两年多。不只这样，蒋介石在上海、南京反共，那是应了西山会议派的预见，"西山会议的主张，总算见诸实事了。"但蒋介石等人觉悟之后，做事不光明正大，4月在上海清党的时候，不敢公开亮出反共旗帜，偏说是工人与工人冲突，军警出来弹压，而联共联俄政策是不变的。其对西山会议派，一面在清党前派吴稚晖来说要清党，承认西山会议派先觉，准备统统请出来工作；另一面对外还要说打倒西山会议派。在弹压共产党的同时，发出查封环龙路44号西山会议派的中央党部的文电。

西山会议派批评汪精卫跟着共产党当"左派"，本着"反共产就是反革命"的主旨，是要拼命用国民党中央党部和国民政府的力量打击西山会议派。而西山会议派在 1927 年 4 月召开的三次临时会议，通过一个《宣布汪精卫罪状》，决议开除汪精卫党籍六个月，促其自新。汪精卫怙恶不悛，变本加厉，又与陈独秀发表国共两党合作宣言，是卖党、卖国之罪，愿与国人共弃之。

蒋介石一派反共不及西山会议派早，只得奉其为"先觉"。但还有比"先觉"更重要的功劳。他们手中有强大的武力，一个上海"四一二"血案，把国民革命阵营分为两半，其对革命阵营的破坏和影响远远超过西山会议派。

蒋介石等人还把分裂国民党，在南京另立中央作为一大功劳。他们说，南京方面没分裂党，是依汪精卫定的时间，要在 4 月 15 日开国民党四中全会，所以 14 日开了预备会，15 日因武汉方面的中央执行委员没到会，改开谈话会，后又开中政会，决定在南京建立国民政府。4 月 18 日南京国民政府正式建立。蒋介石在建都南京阅兵典礼训话时说：

> 总理除给我们定下三民主义之外，还有一个政策，是总理革命四十年来念念不忘的终于没有达到的，这是什么呢？就是定都南京的政策。

现在由"真正的总理信徒"实现了，它的意义是继续总理的革命精神。自清朝统治建立以来，已有三次建都南京，第一次是太平天国，没有成功；第二次是民国元年南京临时政府，不久被袁世凯盗窃去了；现在国民政府建都南京是第三次，"一定可以成功的"。这个成功将是历史性的。

汪精卫以国民党、国民政府的正统自居。国民革命以广东为出发点发动，国民党在广州改组，他当时是孙中山的助手，国民党第一次全国代表大会宣言的起草人。汪精卫夸耀说，孙中山指定四个第一次全国代表大会宣言起草人，一是胡汉民，一是廖仲恺，一是戴季陶，一是他，四人商量后，由他起草。国民政府在广州成立，汪精卫是第一任主席。国民党中央执行委员会、国民政府迁到武汉，他回国以武汉方面为正统，武汉方面仍奉他为国民党、国民政府的领袖。他以复职名义去武汉工作，与时任广州国民政府主席相接。

正因为有这种"正统"的关系，汪精卫很自信，以为政治上的变动要从中央即武汉方面做起，由他带着那里的国民党中央党部、国民政府迁到南京，宣布建都南京，开正式的国民党中央会议，决定分共问题。在他看来，蒋介石不等他到南京主持开会，抢先在上海发动政变，在南京另行成立国民党中央党部和国民政府，是违背党统、党纪的。

　　然而，毕竟在反共这个大行动上，汪精卫迟了，迟于西山会议派，迟于蒋介石。汪精卫对于反共迟缓是认账的，并表示"预备向第四次中央执行委员会议请求处分"。但迟有迟的原因和作用。汪精卫辩解说：

　　　　党内分共，武汉为最难，亦为最迟。及至最难的部分，已得到最后的解决，分共便成为党内一致的主张了。

　　迟和难有关，因为难，要汪精卫到武汉后立即反共便做不到，只好"在四面夹攻中奋斗"。经过"很艰苦""最为危险"的奋斗，完成了分共，问题也最后解决，党内在反共方面也一致了。换言之，反共是汪精卫最后完成的，这份"功劳"并不比"先觉"们小。

　　三派都认为自己有资本，有"功劳"，都极力把它变成权力和地位，于是有一段宁、沪、汉夺帅印的文攻武斗。主要对手还是蒋、汪，即宁、汉两方。汪精卫主动提出以反共为条件，与宁、沪合作，但遭到拒绝和攻击，对方说他是跟着共产党跑的罪魁祸首，对国民党分裂负有罪责。武汉方面并不示弱，抨击蒋介石"目中无党""军事独裁""挟持党军""进而挟持党部"，并打出反共讨蒋旗帜，挥师东征。蒋介石的地位并不稳固，在国民党反共各派中，反蒋者不只武汉汪精卫一派。北伐开始后留守广东的李济深、黄绍竑早在汪精卫从欧洲回到上海时，就到上海向汪精卫建议：分共，并让蒋介石下野。汪精卫为了表示对蒋介石制造中山舰事件的宽大，没有同意蒋介石下野之议。还有，南京方面，桂系本是蒋介石"四一二"政变的合作伙伴，可是事后，蒋介石竟拟以之为异己除掉，招致桂系李宗仁、白崇禧和拒绝执行灭桂计划的何应钦的联合"逼宫"。他们首先和武汉政府东征江右军总指挥程潜取得妥协，相约停止敌对行动。当蒋介石要桂系与武汉军队作战时，白崇禧公然表示拒绝。蒋介石察觉出内部的危机，以退为进，提出需要"休息一下"，被称为长衫佬的吴稚晖等人虽然极力挽留，而白崇禧、何应钦、李烈钧等却表示赞成蒋介石休息，蒋介石只好下野，1927年8月13日离宁赴沪，14日在上海发表下野宣言，辞去国民革命军总司令职务，回宁波奉化老家去了。支持蒋介石的胡汉民、吴稚晖、李石曾、张静江、蔡元培等，也跟着辞职离宁。蒋介石暂时当不成反共各派的领袖。

汪精卫的处境和蒋介石在实质上没有什么两样。"正统领袖"是他自诩的。蒋介石下野后，宁方本要求汪精卫也下野，只因受北洋政府方面孙传芳的军事压迫，急于同武汉方面妥协，求其出兵支援，以解燃眉之急，而迎汪精卫、谭延闿到南京办公。汪精卫没有自知之明，于8月19日用武汉党政名义发表联合声明，摆出一副正统国民党中央的架势，批评蒋介石在南京另立中央党部和国民政府，陷党于分裂，宣布即日迁都南京，仍主张召开二届四中全会解决党内问题。8月24日，武汉方面的谭延闿、孙科前往南京。但宁方在龙潭大捷打败北洋政府军队，解除了严重的军事威胁之后，转过头来又对付汪精卫。他们拉谭延闿、孙科和程潜，孤立汪精卫和唐生智。9月6日，汪精卫到南京，得到的回答与他的追求相反。自行下野的南京方面的头面人物胡汉民，反对开二届四中全会，拒绝与汪精卫合作。汪精卫低三下四地去上海与胡汉民会面，胡汉民闭门谢客。在宁汉商谈合作的过程中，上海的西山会议派，以沪方参加进来，与宁、汉对等地讨论中央的组织问题，总的精神是三方同主党政，不承认武汉方面是什么正统。宁、沪方面，并以汪精卫反共过迟，要求其引咎辞职。原武汉方面的人到了南京后，也不买汪精卫的账。这种尴尬局面使汪精卫也不得不自责"防范共产党过于迟缓，请求处分"，于9月13日通电下野。汪精卫也当不成反共各派的领袖。

二届四中全会开不成，经孙科提议，于1927年9月16日成立一个临时性的国民党各派统一的中央机构——中央特别委员会（简称特委会），代行中央执监委员会职权，改组国民政府，筹备第三次全国代表大会。它由宁、汉、沪的代表人物以及实力派冯玉祥、阎锡山等组成。蒋介石、汪精卫、胡汉民三巨头，都列入委员名单之内。它实际是沪方的西山会议派，宁方的桂系，汉方的谭延闿、孙科等人的联合体。它的作用是打破了汪精卫的"正统"，也剥夺了蒋介石的优势。正因如此，蒋、汪、胡都不予闻其事。国民党的中央执行委员会是党的全国代表大会选举产生的，非全国代表大会无权取消；成立特委会取代中央执行委员会职权，等于取消了中央执行委员会。而且特委会是几派代表组成，并非历届或某届中央执行委员组成。这样做，不合国民党的法统和组织原则，给反对者以口实。这一切，注定了特委会必然短命的结局。

蒋介石东山再起，汪精卫远涉重洋

陈洁如

蒋介石、汪精卫一先一后，在八、九两个月份的同一天下野。他们谁也不甘寂寞，各自筹划未来，寻求时机创造东山再起的各项条件。

蒋介石利用"在野"的这段时间，去日本住了一个多月，做了两件事：

一是确定和宋美龄的婚事。蒋介石在 1901 年，十四岁时，与毛福梅结婚，生一子蒋经国。毛氏是一位贤妻良母式的农村妇女，比蒋介石大五岁，没有文化，一直留在奉化溪口掌理家务。蒋介石不满意这个旧式婚姻，后在上海滩纳侧室姚怡诚。姚没生子女，收养蒋纬国为子。1921 年，蒋介石有了第三夫人陈洁如，陈收一养女，名蒋瑶光。在此之后，蒋又有了和宋美龄的婚事。

1922 年 12 月初的一天，蒋介石在孙中山上海莫里哀路的住宅结识宋美龄。当时，宋子文在那里举办一个基督教晚会。蒋介石见到宋美龄，当

宋氏三姐妹：大姐宋霭龄（坐者）、二姐
宋庆龄（后左）、小妹宋美龄（后右）

即为之倾倒。没出一个月，就请孙先生做媒，要娶宋美龄为妻。美龄的二姐、孙中山的夫人宋庆龄不同意把亲爱的小妹嫁给蒋介石，孙先生只好劝蒋介石再等一等。蒋介石一等就是五年。这段时间他与宋美龄书信往还，并于孙中山在世时又两次提出前请，每次得到的答复都是再等一等。除了宋庆龄外，反对这桩婚事的还有美龄的大哥宋子文。有一次谭延闿到上海，去宋家拜访宋老太，宋美龄先出现在客厅，向谭延闿诉苦："三哥，我爱介石你是知道的，我要嫁他，而子文不赞成。子文订婚何尝征得我们的同意，今天我要嫁人，他倒要干涉我，你说是不是岂有此理？"而宋老太不赞成蒋介石成为她的女婿是这门婚事的最大障碍。她得知蒋介石要娶她的小女儿为妻，就极力采取回避态度，尽可能不同蒋介石见面，后去了日本。但宋美龄的大姐宋霭龄支持并撮合小妹做蒋夫人。

1927年3月，蒋介石以北伐军总司令的身份抵达上海，耀武扬威，俨然成了英雄。到南京，成立国民政府后，蒋介石休假十天，决定到镇江焦山去休息，想请宋美龄同去游赏，派人送信给宋霭龄。这位大姐非常高兴地答应了，并于5月15日早上，亲自把小妹送上"蒋总司令"坐过的花车。花车挂在开往南京的特别快车的车头后面。下午3点，火车到镇江车站，蒋介石已等候在站台上。十天时间，转眼即逝，蒋介石回南京，宋美龄回上海。宋老太远在日本，无法知道女儿们的活动。

1927年8月，蒋介石下野回到溪口老家，以"举世所弃之下野武人"的身份，给宋美龄寄去一封情书，写道：

　　余今无意政治活动，惟念生平倾慕之人，厥惟女士。前在粤时，曾使人向令兄姊处示意，均未得要领。当时或因政治关系，顾余今退而为山野之人矣，举世所弃，万念灰绝，曩日之百对战疆，叱咤自喜，迄今思之，所谓功业宛如幻梦。独对女士才华容德，恋恋终不能忘，但不知此举世所弃之下野武人，女士视之，谓如何耳？

　　蒋介石从宋美龄那里得到的回答总是美好的："凯旋"甚敬慕，"下野"更同情。宋美龄向朋友透露了她将与蒋介石结婚的决定。9月16日，宋霭龄在家中召开记者招待会，她将蒋介石和宋美龄介绍给记者们，宣布："蒋总司令即将与我的三妹结婚。"

　　可是，宋夫人尚未批准宋美龄的婚事，于是9月28日蒋介石和张群等东渡日本，去长崎请求宋夫人批准他与宋美龄结婚。但宋夫人不想见蒋介石，事先飞离长崎。在宋霭龄的劝说下，宋夫人终于在10月3日给女儿的求婚者一次见面的机会。蒋介石赴日前与毛福梅办了离婚手续，与姚怡诚也宣告仳离，对陈洁如，蒋介石说让她赴美国研究政治学和公共行政，将来为政府效力。陈洁如到美国后才得知被抛弃。后来在1928年春，蒋介石派人与陈洽谈了离婚条件，正式办理离婚手续。蒋介石见到宋夫人出示了与毛离婚的证件，声明已没有妻室，并表示愿意根据宋夫人的要求研究《圣经》，信奉基督教。宋夫人经过这番审查和面试，终于批准了蒋介石与她的三女儿结婚。蒋介石住在宋夫人隔壁房间，据旅社老板娘说，蒋介石由宋夫人那里回到自己的房间，兴奋地对老板娘说："成功了！成功了！婚约成功了！"蒋介石回到上海后，于1927年12月1日与宋美龄举行了最显赫、最隆重的结婚典礼。

宋老夫人

　　这桩婚事对蒋介石的政治生涯有不可估量的作用。宋氏家族非同一般。宋美龄的父亲宋耀如是上海拥有五六十万两白银财富的出版商和企业家、孙中山的密友，真诚地支持过革命事业。宋美龄的长兄宋子文是金融界的名流，国民政府的财政部长；大姐宋霭龄嫁给山西的富商孔祥熙；二姐宋庆龄是一代伟人孙中山的夫人。蒋宋婚事使蒋介石与这个中国的华贵家族连在一起，随之而来的是社会地位提高，声名远扬。宋子文是上海拥有强大工商业权力并和上海资本家有密切关系的人物。他的倾向直接影响着蒋介石和上海一带资本家的关系。换言之，关系到蒋介石政治活动的财政来源。蒋介石和宋子文之间有过分歧和不睦。宋子文是广州及武汉国民政府财政部长，蒋介石和武汉国民政府分家时，宋子文作为劝阻宁汉分裂的代表到上海，他不同意上海银行家付给蒋介石借款，蒋介石于是剥夺了他财政部长的权力。蒋介石与宋美龄成婚，宋子文成了大舅哥，昔日的怨恨很容易消除，从而取得谅解和合作。在蒋介石重新上台后，宋子文又当上南京国民政府的财政部长，帮助蒋介石理财，使蒋介石得到上海大银行家和商界人士的支持。宋美龄不是平凡女辈，在内政外交方面对蒋介石的帮助是任何机构也代替不了的。

　　二是进行对外政治活动，争取洋人的支持。1927年10月13日，蒋介石到东京，发表宣言，宣扬中日联合之必要。接着拜谒日本黑龙会首领头山满。头山满看到蒋介石对日本表示亲密，并坚决反共，觉得彼此颇有共识。他把蒋介石安排在邻居川野长城家住。蒋介石离别的时候，亲笔写下"亲如一家"的条幅，留在住所。蒋介石还拜访了日本政界官员、社会名流。10月25日，出席出渊外务次长举行的招待会，11月5日，同日本首相田中义一、陆军大臣向川义则、参谋总长金井范三、参谋次长南次郎等举行密谈。蒋介石向田中请教，田中表示支持蒋介石反共，要蒋介石先巩固南方，不要立即北伐。田中表示：日本绝不援助张作霖，只求维护"满洲"治安。蒋介石感谢田中的"指教"，表示只要日本支持他，则"满蒙问题容易解决"。最后双方达成如下谅解：（一）日本承认反共反苏的国民革命之成功，承认中国的统一；（二）中国承认日本在"满洲"的特殊地位和权益。东北，成了蒋介石付给日本的"酬金"。

不仅对日本如此亲切，蒋介石公开宣布，准备接受任何强国的援助。在日本期间，他还和美国驻日本特使谈判，并形成一份密约，主要内容为：（一）美国支持蒋介石在中国建立政府，统一中国；（二）美国在华权益，蒋介石为首的政府应尽力保障并助其发展；（三）中国政府承认日本在东北的特殊权益及包括西原借款等在内的日本在华其他权益。

蒋介石在日本的这一系列活动，大大增加了他重返国民政府的资本。11月10日，蒋介石踌躇满志地从日本返回上海。蒋介石有军事实力，宣告"下野"，并未获得正式批准；即使获准，实力犹在，所以尽可去忙一些看起来是个人生活、交往、游历之事，通过这些活动拓宽领域。当他从日本回到上海的时候，人们看到，蒋介石除原有的军事优势而外，又增加了在外交上、财政来源上、国内政治地位上的优势，统一国民党各派的领袖非蒋莫属了。

而汪精卫呢，他也在国内忙碌了一阵子，效果很可悲。他曾表示同意成立特委会，西山会议派的邹鲁、谢持等公布特委会成立经过时，说明汪精卫与大家意见一致，并参加了筹备，起草宣言，亲笔提出武汉方面特委委员、

蒋介石第一次下野后访日，与日本黑龙会首领头山满在东京合影

候补委员名单。特委会成立时，汪精卫发一电，宣布：破碎之党，归于完整；他引退了。后来他来了个一百八十度大转弯，反对并拒绝参加特委会，其理由是陈公博提供的。陈公博对汪精卫说：特委会违反国民党的法统，如果第二次全国代表大会的代表或中央执行委员、中央监察委员质问或弹劾特委会违法，无法回答；特别是蒋介石，倘其以此为号召，"那么我们必定立刻塌台"。汪精卫"恍然大悟"。

汪精卫比不上蒋介石，没有雄厚的军事实力做基础，必须依靠一个实力派。他先返回武汉，依靠原武汉的军事将领唐生智，在那里成立了武汉政治分会，以唐生智、顾孟余、陈公博为常任委员，掌握湖南、湖北、安徽三省地盘，与南京特委会对立。汪精卫则上庐山"休养"。南京方面以桂系为主，打着统一的旗号，于1927年10月20日开始讨唐，唐生智很快战败，撤回湖南，11月15日南京军队占领武汉。

依靠唐生智为台柱子的汪精卫，在南京决定讨唐的第二天，即10月21日，南下广州，依靠又一个实力派张发奎。

张发奎原是武汉国民政府国民革命军第二方面军总指挥。第二方面军在北伐战争中打过不少漂亮仗。军中共产党人率领的队伍，如叶挺等部，英勇善战，在北伐中战功卓著。"七一五"后，张发奎想把军队带到广东去。广东是李济深、黄绍竑的地盘，他们同意他去那里。但第二方面军贺龙、叶挺部会合朱德部，在共产党领导下，举行八一南昌起义。第二方面军第四军长黄琪翔带领下的部队去了广东，张发奎离开部队，也去了广东。先到那里的陈公博和张发奎、李济深商量，决定请汪精卫回广州主持党国大计。10月7日，在广州开迎汪回粤大会，李济深、张发奎联名请汪回粤。汪精卫于21日动身，27日到广州。这时，先后到广东的国民党中央执监委员和候补执监委员共十人：汪精卫、陈公博、甘乃光、顾孟余、何香凝、王法勤、王乐平、陈树人、潘云超、朱霁青。他们被南京方面称为粤方中央委员。30日，在粤的国民党中央执监委员开会，会后通电：拟在广州开四中全会，要求各委员齐集广州。11月1日又开会，决议：国民党中央执行委员会常务委员会，应从速在广州执行职务，作为最高机关；在广州设国民政府；由常委会召开四中全会，解决一切争端。由此，广州出现了与南京对立的中央。

粤方汪精卫等的旗号，是反对违反国民党法统的南京特委会。11月5日，汪精卫在广州中山大学发表演说，讲武汉分共经过的同时，号召用肃清共产党的精神来推翻南京特委会。他说：

譬如一个人腹内有病，不能不用剖腹的手术，剖腹之后至少要卧床两三星期才能起来。可是如不割去即死，割才可以生！国民党到了五六月间，不能不分共，也和人腹内有病，不能不开割一样。开割后之暂时虚弱，是必然的现象，是须培补元气，便能回复健康。所不幸的，国民党于剖腹以后，健康未复，便发一场大热，这个热症，就是南京的特别委员会……我们如今须要推翻南京特别委员会，才能不辜负当时的分共。试想，如果说不要党纪，如何能以党治国，如何能以党治军……现在割后之热症，不能不以全副精神去治好他。今天报告完后，希望大家下一个最大的决心，在最短时期以内，治好这割后的热症，即是推翻南京特别委员会！大家在党的主义下、党的纪律下、党的组织下实行三民主义！我们既然能用开割的手段，来肃清共产党，必然能用肃清共产党的精神，来推翻南京特别委员会。

他主张召开二届四中全会，恢复中央执行委员会和中央监察委员会。汪精卫一派把广州作为反对南京特委会的基地。这一点和李济深有分歧，李济深倾向于南京方面的李宗仁、白崇禧，所以不反对特委会。再者，张发奎和第四军到广州后，大有反客为主的气势，李济深不能不防备。双方明合暗斗。汪精卫和张发奎遂密谋驱逐李济深。

蒋介石也反对特委会，去日本后，派人与汪精卫商谈合作。宋子文从日本到广州，说如果能驱逐李济深，蒋介石回国后将到广州来，重办黄埔军校，练兵，与汪精卫合作建立中央。陈公博回忆说："张向华（张发奎）既想驱李，而蒋先生又要求驱李，于是驱李遂为既定的政策。"

驱李选在汪精卫和李济深去上海开四中全会预备会的机会。由于粤方提出开四中全会，宁方经过一番争论，最后表示同意，但地点要在南京。汪派也做了让步，建议先在粤或沪开预备会。11月9日，宁方答复同意，地点定在上海。11月16日，汪精卫、李济深双双赴沪。驱李按计划行事，当天深夜，由第四军军长黄琪翔出面，会同五军军长李福林、新编第二师师长薛岳，宣布戒严，派军队包围并搜查李济深、黄绍竑住宅，将桂军驻广州部队缴械。广州街头贴满了"打倒黄绍竑""欢送李济深""反对南京特委会""拥护汪精卫"之类的标语。黄绍竑逃往香港，桂系驻粤军撤向广西。汪派夺取了广东统治权，张发奎任广州军委会主席，顾孟余任广州政治分会主席，陈公博代理广东省政府主席。

李济深到上海后，得知广州有变，方知中了汪精卫的调虎离山之计，火冒三丈。加之，粤军把桂军赶出广州后，双方在梧州、肇庆相持，广州市内空虚，共产党利用这一良机，于1927年12月11日举行了广州起义。李济深和宁、沪各派把这件事的责任加给汪精卫，一致攻击汪精卫联合共产党在广州策动武装叛变。12月14日，南京政府下令解除张发奎、黄琪翔、朱晖日的职务，派缪培南任第四军军长。16日，南京国民政府下令查办汪精卫、顾孟余、陈公博等人，上海当局派兵搜查了他们的住所，监视他们的行动。白崇禧甚至找到杜月笙，要求用绑票的方式加害汪精卫。杜月笙让他去问法国领事，法领又让他找杜月笙。这样推来推去，汪精卫才幸免于难。白崇禧仍不死心，准备暗杀汪精卫。后桂军重占广州，特立了一个"共祸纪念碑"，用以记录汪精卫、陈公博、张发奎、黄琪翔"勾结"共产党、"焚杀"广州的行为。直到广州非常会议时，在汪精卫到广州前，才连夜拆掉这座碑。

北伐时期任国民革命军总参谋长、黄埔军校副校长兼广东省省长的李济深

蒋介石先暗中与汪派联合驱李。广州起义失败后，桂军反攻广州。宋子文派人送函，要求把广州的中央银行迁往北江。陈公博等人分发中央银行库存款时，还给蒋介石留了五十万元现银，作为总司令复职的军费（后被李济深扣留）。这说明驱李时，蒋介石和汪派的关系相当密切。但蒋介石没公开出面，驱李最后输了，并不失蒋介石的本钱。而且，镇压了广州起义后，南京政府授李济深全权整顿粤局时，李济深组织他手下的粤军和桂军攻打第四军，蒋介石还资助李济深三十万元军费。第四军经过苦战，不能取胜，遵从蒋介石的意见，败退江西，蒋介石把它保护起来，不让李济深消灭。这样。交战双方都感谢蒋介石，至少不把蒋介石视为敌对一方。

蒋介石对汪精卫的保护也很高明，很有利。他和汪精卫在反特委会方面目标一致。蒋介石回上海后，立即请汪由粤到沪，讨论党政统一问题，亦即开二届四中全会预备会。11月11日，汪精卫在广州黄埔军校发表演说，表示愿与蒋介石合作。汪精卫到上海后，因广州事变受到各方面攻击，曾举行记者招待会，说明张发奎、黄琪翔的行动是反特委会，因为黄绍竑接受特委会命令，要张、黄出兵湖南打唐生智，张、黄反对，才发生武装冲突。二届四中全会预备会于12月3日召开，李济深提出广州事变问题，向汪精卫开火，蒋介石袒护汪精卫，建议此案留待四中全会讨论。汪精卫则在会上提议请蒋介石复总司令职。南京特委会公开反汪，和李济深合唱，不公开反蒋。李宗仁在汪精卫拥蒋复职后，也表示拥蒋复职，并声称汪精卫拥蒋非出于真心，反复无常。预备会决议蒋介石复国民革命军总司令职，并决定1928年1月在南京开四中全会，推蒋介石负责筹备工作。

特委会取消已不成问题。预备会对特委会存废问题进行了讨论，决定四中全会开会之日取消。1927年12月28日，特委会宣告结束。但反特委会最激烈的汪精卫，除舍去老本外，什么也没得到。尽管蒋介石表示同他合作，并在李济深、李宗仁、吴稚晖等联合、连续、猛烈向他开炮的时刻，尽力予以掩护，然而，当共产党在广州起义，反汪派指斥汪精卫是共产党，白崇禧要谋害汪精卫的时候，蒋介石便劝汪精卫，安全起见，暂时出洋。法国领事也劝汪精卫离开。汪精卫无奈于12月16日离沪，经香港偕同黄琪翔赴欧洲。

最后胜利者是蒋介石。1928年1月2日，国民政府电邀蒋介石入京，复任国民革命军总司令。4日，蒋介石由沪抵宁，正式复职。6日，特委会机关由谭延闿等接收。7日，国民党中央常务委员会通电恢复办公，11日中央政治会议恢复。2月2日，在蒋介石主持下，二届四中全会开幕。

国民党二届四中全会，统一了国民党反共各派，半年之久的内部争斗告一段落。这次会议进一步肯定了各派联合的政治基础，用党的正式中央全会的决议，明文取消中国国民党第一次全国代表大会制定的纲领和政策，重新审查以往的决议案，凡与联俄联共政策有关的决议案，一律作废；凡因反对"三大政策"被开除党籍的决议，一律无效；凡共产党的理论、方法、机关、运动，均予铲除。党员重新登记；将原中央执行委员和候补委员、原中央监察委员和候补委员中的共产党员，开除党籍，撤销职务。各派联合，权力分配各有所得。中央执行委员会五人：蒋介石、谭延闿、戴季陶、丁惟汾、于右任，并留四个名额补选时用；国民政府主席谭延闿；军事委员会主席蒋介石；中政会主席蒋介石。在外地设四个政治分会：广州政治分会主席李济深，武汉政治分会主席李宗仁，开封政治分会主席冯玉祥，太原政治分会主席阎锡山。

蒋介石没能独占一切高位和权力，但党、军的实权在握。虽在党、政、军领导人名单中有各派人物列名，但在中央任事的，均不足以与蒋介石抗争。当时国民党内的三巨头，汪精卫、胡汉民两人，均不在国内，蒋介

周恩来同国民政府军事委员会政治部副部长、第三党（后改称中国农工民主党）领导人黄琪翔在武汉合影

石一人独掌大权。

胡汉民出走，和蒋介石不肯处罚汪精卫一派有关。反汪精卫各派屡次要求处分汪精卫等人。汪精卫离开后，1927 年 12 月 31 日，国民党监察委员邓泽如、古应芬等仍不肯放过，送上查办汪派提案，蒋介石仍采取拖延不办的态度。因此，胡汉民非常不满，拒绝参加二届四中全会，以出洋考察为名，于 1928 年 1 月 25 日离开上海。

西山会议派实力不强，又无二届中央委员，故极力主张开第三次全国代表大会，以争得一席之地，未成。关键时刻，发生一桩对西山会议派非常不利的事件：1927 年 11 月 22 日，南京各界举行庆祝讨唐（生智）胜利大会，通过《打倒西山会议派》《取消特别委员会》等议案。中央党务学校代表（训育主任）谷正纲演说，高呼打倒西山会议派、打倒特委会，台下党务学校学生应声而和。会后游行，至复成桥，军警开枪，打死二人，伤七十五人。上海、南京等地国民党组织带头，掀起反对制造"一一·二二"惨案运动，西山会议派的特委会委员被指控为制造血案的主使者。蒋介石声言：此案如何处理，为革命生死问题，不能坐视，如无正当办法，虽诉之革命手段，亦在所不惜。西山会议派并非血案制造者，但被置于众人审判地位，十分被动，反共先进之先进的气焰也就不那么高了，在二届四中全会后的国民政府中，只有无足轻重的席位。

张作霖

　　二届四中全会后，蒋介石联合冯玉祥、李宗仁、阎锡山北伐张作霖。1928 年 6 月，打败张作霖后，宣布国民党实行训政。10 月，组建五院制国民政府。胡汉民回国，与蒋介石重新合作，当立法院长。蒋介石当上国民政府主席，1930 年又兼任行政院长，权力、职位堪称国民党中第一人。

三 汪精卫三次
武装反蒋

　　蒋介石联合李宗仁、阎锡山、冯玉祥打败了张作霖之后，一心谋划所谓军令、政令统一，要削弱李、阎、冯的政治军事实力，排除异己，引起各地方实力派的反对。因而，接二连三出现蒋介石与地方实力派之间的战争，被称为国民党新军阀混战。没有武装力量的国民党政治派别为汪精卫派、西山会议派、胡汉民派等，也先后参与其中，从不同角度反蒋。1930年、1931年，分别出现两次反蒋大联合。汪精卫时而一派单干，时而与其他武装的、非武装的派别携手，从1928年至1931年底，一直置身于反蒋战线上，三次联合地方实力派以武力反蒋。其结果，和反对特委会一样，一无所得。

改组派与国民党"三全大会"

　　1929年3月15日至28日，国民党在南京召开了第三次全国代表大会（以下简称"三全大会"）。3月19日，大会通过一项处分汪精卫、陈公博、甘乃光、顾孟余案：陈公博、甘乃光被永远开除党籍；顾孟余被开除党籍三年；汪精卫由大会以书面警告。处分他们的理由是"迹近纵袒弄兵，酿成广州共变"。认为上述四员"情节较重"，给予处分。其余何香凝等粤方委员免予处分。

　　此提案由国民党中央监察委员在共产党举行广州起义后提出，1928年1月7日，国民党中常会临时会议议准，留请第三次全国代表大会处分。大会开会时，汪精卫在国外，所谓粤派委员均未出席会议。

　　处分汪精卫等人，从外表上看，是结一年以前的旧账。观其内幕，也可以说是新账旧账一起算。新账是汪派的"改组同志会"——改组派。

　　1928年2月，蒋介石主持召开国民党二届四中全会后，同年8月，又开了二届五中全会。这两次全会产生的中央党、政、军官员中，汪精卫一派列名，虽然所处地位一般。二届五中全会前夕，吴稚晖曾反对汪精卫一派人员参加全会，公然撰文指责汪、陈、甘、顾四人，皆与1927年12月11日至13日共产党领导的广州起义有关，谓四中全会已决定，他们四人须候第三次全国代表大会表决他们的委员资格。陈公博反驳说，四中全会档案无此记载。交锋几个回合之后，蒋介石发表谈话，谓：广州事变陈公博应负责任。但并未采取组织处理手段。的确，两次中央全会都没有处分汪精卫一派的决议。以上四人的中央执行委员、中央政治会议委员职务，陈璧君的中央监察委员职务不变。二届四中全会仍推举汪精卫为国民政府委员、军事委员会委员。

不过，汪派又有新的反蒋活动。1928年初，在国内的汪派陈公博等人，纷纷集中到上海，以法租界为基地，反对以蒋介石为首的南京国民党中央。陈公博在《贡献》杂志上发表《国民革命的危机和我们的错误》一文，从国民党自身寻找国民革命失败的原因，主张改组国民党。1928年夏，陈公博办《革命评论》，顾孟余办《前进》等刊物，与南京方面论战。蒋介石、吴稚晖指责陈公博等，要其对广州事变负责。陈公博则批评南京政府的内政外交，认为济南事件处理软弱、屈辱；南京政权专制、腐败；主张改组国民党。同时办陆军大学，被青年人恭维为"黄埔第二"，和南京唱对台戏。

改组国民党的主张，付诸组织行动，便有"中国国民党改组同志会"在上海成立。人们熟知的"改组派"，就是这个改组同志会的别名。陈公博说："改组派实在不是我们当日自己的称呼，我们只是'改组同志会'，而没有什么改组派，'改组派'三个字第一次出世的时候，还是蒋介石先生在北伐完成时，北上在北京党部欢迎会上骂出来的。"蒋介石那次到北京是1928年7月，这之前，改组派已形成。它的领导骨干是国民党二届中央执行委员和监察委员中的汪派分子，有陈公博、顾孟余、王法勤、王乐平、白云梯、朱霁青、潘云超、郭春涛等。用陈公博的话说："改组同志会的上级机关是所谓'粤方委员'"。改组派以陈公博的改组国民党主张为纲领。

这个改组同志会的主张和活动是反蒋反南京政权的。其第一次代表大会宣言中分析南京国民党性质时说：今日国民党已被军阀、官僚、政客、买办、劣绅、土豪所侵蚀盘踞、盗劫、把持，孙总理的三民主义，已被他们所篡改；第一、二次全国代表大会的纲领已被他们唾弃，本党的革命分子被视为仇敌。

结论是："今日南京的中央已成为一切反动势力的大本营"，是"几个互相矛盾的封建军阀集团"和依附于封建军阀的官僚、政客、买办、土劣的集合体。骂蒋介石是"开倒车的领袖"。

根据这种分析，他们主张必须恢复1924年改组精神，"重新改组中国国民党"，奉行孙中山的三民主义，继承第一、二次全国代表大会的纲领，恢复农工政策，确定农工小资产阶级的联合战线；努力铲除一切新旧军阀，反对帝国主义。这些主张是中国革命所必需的。问题在于改组派的领导集团并不实行，坚持国民党1924年改组精神和第一、二次代表大会的纲领，都要实行"三大政策"，而改组派已经公开反共了。

尽管改组派坚持反共立场和主张，但其改组国民党的主张和理由，显然矛头是针对南京国民党和蒋介石的。正因如此，改组派有相当大的市场。1927年大革命失败后，社会上、国民党内，反对蒋介石背叛国民革命，而又不愿跟着共产党走，不知道上哪里找出路，在政治上处于苦闷彷徨的知识分子，为数众多。他们留恋国共合作的国民革命，赞成国民党第一次、第二次全国代表大会的纲领和政策。改组派的主张冠冕堂皇，对他们很有吸引力。他们便集合在改组派的旗帜下。一时间改组派组织发展很快，在全国大陆各地和香港，在国外的日本、法国、新加坡、越南等国，都建立了组织，全盛时期成员达万余人。而且，改组派在国民党内相当有力量，凡南京国民党有组织的地方，几乎都有改组派的组织；改组派的地方组织负责人，几乎都是南京国民党地方组织的负责人。如此下去，国民党真的要被改组成汪派的国民党了。对南京国民党何止是一般反对，简直要取而代之了。

蒋介石、汪精卫、胡汉民是国民党的"三巨头"，三个人三条心。1927年"四一二"后，蒋介石联胡反汪。蒋介石从日本回来后，又联合汪精卫反特委会。之后汪、胡都出了国，蒋介石主持南京中枢，甚是得意。偏偏汪精卫自立门户要改组国民党。

而奉胡汉民、孙科为领袖的一派，在1928年2月组成"再造派"。他们拥护蒋介石反共，但反对蒋介石的独裁和屠杀政策，要"再造"国民党。在这种情况下，蒋介石如果单枪匹马，左右开弓，同时与汪派、胡派所有人为敌，必然处于不利地位。他尽力不把汪与改组派、胡与再造派扯到一起，骂改组派的时候，故意说汪精卫不知道改组派的事，是顾孟余和陈公博干的。这是一种策略，当时的情况，对蒋介石来说，可谓相当严峻，汪、胡不回国还好，若回国公然支持哪一派，会给蒋介石增加更大的麻烦。

胡汉民和孙科等人因为是出国"考察"，不能在国外久住，于1928年9月回国。听说胡汉民要回来，蒋介石很紧张，他料想胡汉民回来会对他"动兵"，所以马上做应变准备，令刘峙："把你的军队预备好，等命令。"让人转告唐生智的旧部刘铁夫："秘密到天津塘沽把白健生（崇禧）的军队抢过来。如果可以把健生捉住，便杀了他。"出乎蒋介石意料，胡汉民这次回来，非但不用兵，而且一踏上中国领土就表态支持蒋介石的统一。随后，帮助蒋介石组建一个五院制的国民政府，给蒋介石上尊号：主席。蒋介石和胡汉民携手合作了。联胡必反汪，这是不能含糊的。胡汉民决不同汪精卫合作，也决不容汪派的"改组国民党"的喧闹声起作用。还有，当年胡汉民拒绝出席国民党二届四中全会的原因之一，就是蒋介石拖延对汪派的处分。蒋介石不能再因袒护汪精卫惹怒胡汉民。何况汪派的主张与活动对蒋介石的统治已经构成了威胁。这些交织在一起的背景，使蒋介石对汪精卫一派不再手软，强行停止其刊物，封闭其陆军大学，并劝诱陈公博出洋，还让宋子文送去旅费。

改组派的活动和汪精卫有没有关系，蒋介石心知肚明，国民党其他要员也清楚。当然，其内部具体的联系很难详知。汪精卫虽远在法国巴黎，并非不闻国内政事。汪派要人在国内办刊物，办大学，筹建组织，向南京政府开炮的时候，陈公博和汪精卫保持着国际电讯联系。胡汉民要回国，蒋介石紧张地准备作战等情况，陈公博当天就给巴黎的汪精卫拍了电报。蒋胡合作后，汪精卫电召陈公博去巴黎，商议今后计划。1929年1月24日，也就是国民党第三次全国代表大会之前，陈公博离开上海。这时，他已经得知"三全大会"前后蒋介石要打桂系。3月1日，陈公博到法国马赛，汪精卫派曾仲鸣前往迎接，并告诉陈公博一则新闻，说接到国内电讯，李济深应蒋介石之请，到南京调停蒋桂矛盾，被蒋幽禁汤山。去上海请李济深入京的吴稚晖，觉得对不起这位朋友，在蒋介石面前碰壁而死。这则消息前半段均属实。但吴稚晖并没死。这则消息传递之快，足以说明，向汪精卫报告情况，请示机宜的不只陈公博。法国有改组同志会分会，人选是汪精卫打电报给上海总部备案的；1931年1月，改组派解散是汪精卫决定和宣布的。总之，改组派是汪精卫手下的一个政治组织，汪精卫也直接过问其事，利用它的活动达到自己的政治目的，这一点没有疑问。大量的具体组织工作，汪精卫不直接做，也不公然担任领导者职务，并不影响他对这个派别的领导作用。有人说汪精卫是改组派的"精神领袖"也许分寸更适当些。但汪精卫对外发表谈话时总是说，对改组同志会，他只是同情，本人不是改组会成员。汪精卫这样做，一方面还是以全党正统领袖自居，想当国民党的头，不肯公开当一个派别的头；另一方面，也是汪精卫为人处世的一贯手法，既对其控制、支配，又不承认是领袖；既用其做事，又不承担责任。这样，进可攻，退可守，其中带着浓厚的投机取巧色彩。汪精卫也很有狡兔三窟的本事，他依靠的不只改组派，还有其他一些亲信人员。不一定有什么长期固定组织，也就不受某组织巩固与否的影响，同样也给进攻、退守留有余地。

改组派对国民党第三次全国代表大会一开始就持否定和反对态度。这次大会从根本上否定了国民党第一、二次全国代表大会制定的反帝反封建纲领和联俄、联共、扶助农工三大政策；追认二届五中全会通过的《训政纲领》，并进一步规定了训政时期由国民党独掌国家统治权，剥夺人民民主权利的制度和措施。其政治上倒退是应当反对的。但改组派对这次大会的攻击点不在这里，他们和其他反蒋派主要是反对蒋介石排除异己和对全国代表大会的一手包办。

代表大会代表的产生方法，是蒋介石煞费苦心设计出来的。它是控制大会的关键，也是招致矛盾尖锐化的根由。国民党中常会规定"三全大会"代表不用选举方式产生，一律采取圈定（由地方党部加倍提出名单，由中央组织部圈定）与指派（由国民党中央指派）。由于各地党部强烈反对，国民党中常会对代表产生办法做了修改，除圈定、指派之外，施舍了一部分直接选举的代表名额。最后，产生代表四百零六名。其中选举者八十一名，圈定者一百零八名，指派者一百四十九名，代表资格审委会指派者十八名，以中央委员身份正式出席者五十名。选举产生的代表不足百分二十。

改组派要求党内实行民主，展开一系列反对圈定与指派代表的活动。1928 年 11 月 2 日，与丁惟汾的三民主义大同盟策动南京特别市党务指导委员会全体委员发表辞职呈文，揭露中央剥夺党员选举权、违反民主的行径，停止工作以示抗议。三民主义大同盟在 CC 派的高压下瓦解之后，改组派继续坚持斗争。陈公博写了一本《第三次全国代表大会价值的估量》，分析大会的性质，认为它算不了什么代表大会，只配说是蒋介石的御用会议，经过这个大会，国民党的精神就算寿终正寝了。1929 年 3 月 11 日，以汪精卫、陈公博等十三人的名义，在上海发表《关于最近党务之宣言》，抨击国民党中央抛弃三民主义，违反民主，人民生命财产及自由毫无保障，与北洋军阀时代毫无不同；包办"三全大会"，近百分之八十代表为中央圈定和指派，所谓代表已失其意义。宣言发表后，南京市改组派分部发动了声势浩大的斗争，3 月 14 日，即"三全大会"正式开幕的前一天，改组派成员吴健等以国民党员的身份策动南京市党员请愿，要求召开党员代表大会，讨论出席"三全大会"的代表问题。全市除第六区党部外，其余十个区党部全部参加了请愿活动。南京市党部被迫同意开全市党员代表大会，大会由吴健主持，通过了《反对非法的第三次全国代表大会案》。蒋介石派出宪兵，到会场大打出手，大会代表七人被捕，多人受伤，制造了"三·一四"事件。此后，改组派在南京不能立足，转移到上海，在法租界霞飞坊 314 号设立了联络点，建立外围组织"中国国民党各省市党部、海外总支部联合办事处"，集合了二十多个反对国民党第三次全国代表大会的省市党部、海外总支部，进行反对蒋介石独裁专制的斗争。

本来蒋介石得知改组派要反对"三全大会"后，便派邵力子到上海同改组派总部领导人疏通，许诺：如果改组派肯保持缄默，可以保证他们当选为中央委员。改组派没有接受这个交换条件，硬是热热闹闹地斗了一场，换来了第三次全国代表大会对汪精卫等人的处分。

会议结束，汪精卫的名字还在国民党第三次全国代表大会选出的中央执行委员名单里。汪派的其他骨干成员陈公博、甘乃光、顾孟余不是中央委员，中央监察委员中也不见了陈璧君的名字，他们被赶出了国民党中央。

扛起"护党救国"大旗

陈公博在巴黎和汪精卫决定的下一步计划，概括而言是两条，一曰回国；二曰参加武力反蒋。对此，陈公博和陈璧君有一段对话：

陈璧君问："我以为汪先生年纪大，身体又多病，才久居外国。怎么以你这样年轻的人也打算长住外国了？"

"不长住又怎么办？"陈公博问。

"我不信国内一点办法都没有？"陈璧君启发陈公博。

陈公博直截了当地发表意见说："什么办法？要办法只有反蒋和打仗，汪先生是不愿意的，因为现在还是汪蒋合作。"这后一句话是故意发牢骚给对方听的。

陈璧君当然知道汪精卫的主意，觉得陈公博的想法与之很合拍，便说："你怎么知道汪先生不愿意？现在介石这样做法，谁也忍不住，只有你才忍得住的！"陈璧君用了激将法。

"如果要干，汪先生也得回国。否则你们会住巴黎，难道我不会住巴黎？"陈公博提出了条件。

陈璧君代夫表态："你肯回国，汪先生也一定回国的。"

大计就这样定了，要回国，要反蒋，要打仗。之后，汪精卫与陈公博又商量了具体步骤。陈公博先行一步，于1929年5月12日离开马赛回国筹办，6月下旬到香港。这时国民党第三次全国代表大会已闭幕三个月。

这时，国民党内反蒋形势如箭在弦，气氛已经很紧张。反对蒋介石的第三次全国代表大会的不只改组派，这次大会打击的也不只是改组派。当年3月至6月，蒋介石和桂系之间，一场战争打了三个月。战争的酝酿和准备，起于"三全大会"之前。大会第六天，通过永远开除李宗仁、李济深、白崇禧党籍案，理由是："叛党乱国"。主席团报告：今日讨伐叛徒，以国家论，是为讨伐叛将；以党论，即为讨伐反革命分子。此等叛党分子，应由大会开除其党籍。3月26日，即"三全大会"进行中，蒋介石对桂系发布了讨伐令。

28 日，大会闭幕当天，蒋介石派人查抄了李宗仁在南京的住宅。29 日，蒋介石赴前线指挥对桂系作战。6 月，桂系失败。把党的全国代表大会当成排除异己的工具，不能不招来强烈的反对。

"三全大会"后，改组派及其外围组织"中国国民党各省市党部、海外总支部联合办事处"，四处活动，联络反蒋势力，筹划军事反蒋。在改组派的总部增设了军事组，打起"护党救国"的旗号，吸引地方实力派。1929 年 5 月，就在上海出现一个以改组派为核心、有反蒋地方实力派及其他组织等号称百余团体参加的反蒋团体，名曰："中国国民党护党救国革命大同盟"。唐生智、张发奎、石友三、李宗仁、何键、刘文辉等派代表参加；阎锡山、冯玉祥与之建立联系。这个组织发表宣告，拥护第一、二次全国代表大会宣言及决议案，呼吁恢复党权，"铲除叛徒蒋中正的一切势力""打倒盗窃党权、政权的蒋介石""打倒勾结帝国主义的蒋介石""打倒新军阀领袖蒋介石""蒋介石是屠杀民众的刽子手""组织护党革命军，直捣南京政府，肃清反动势力"，组织护党政府。宣言中还特别宣告不承认"三全大会"，其后南京政府的一切命令、公债证券与外交等皆无效。宣言奉汪精卫等为领袖，欢迎归国护党。

陈公博回国时，改组派正着手组织"护党救国军"，计划南方张发奎先发动，然后大家响应。华北华中由改组派总部负责，陈公博留香港策动华南军事。陈公博将此计划电告汪精卫，请立即回国主持其事。汪精卫复电同意。

汪精卫于 9 月 24 日，与陈公博、王法勤、顾孟余、陈树人、陈璧君等人联名发表《中国国民党第二届中央执监委员会最近对时局宣言》，宣布发起讨蒋战争；谴责蒋介石把持政权，摧残民众，排除异己；列举蒋介石的十大罪状，提出五项主张：改组国民政府，筹备召集"三全大会"，否认蒋介石"三全大会"后的一切命令决议案，否认蒋介石出卖国家经济权利的一切秘密文件，反对蒋介石发行的编遣库券等。声称：只有打倒蒋介石，才能熄灭战祸。10 月上旬，汪精卫由法国回到香港。

汪精卫的回国，使改组派和"护党救国军"的精神为之振奋，他们感到有了依靠。陈公博如释重负，轻松了许多。汪精卫依然以党统维护者自居，打出"中国国民党第二届中央执监委员联席会议"的旗号，自立中央。用这

汪精卫亲赴郑州，与冯玉祥举行郑州会议。图为汪精卫等人抵达郑州时的留影

个"中央"的名义，给各路"护党救国军"发委任状，定番号：第一路和第二路总司令，分别留给冯玉祥和阎锡山；第三路以下的总司令，分别委任唐生智、李宗仁、张发奎、胡宗铎、石友三等，声势不算小。

但这七拼八凑的队伍打起仗来很不得力。内部矛盾错综复杂，指挥不灵，步调不一，行动散乱，火力不集中。

先前，陈公博派薛岳运动新任广西省主席的俞作柏起兵反蒋，俞曾与改组派取得联系，有反蒋之约在先。但要落实行动时，俞还要考虑和选择。陈公博要求驻湖北宜昌的张发奎起兵。张发奎没答应，蒋介石事先有察觉，给张发奎打了预防针，对他说："我告诉你，公博是没有办法的。如果他有办法，我是王八蛋。"但随后张因受蒋介石排除异己政策的逼迫，突然于1929年9月中旬通电反蒋，吁请汪精卫回国主持大计，并向香港的陈公博电请接济军饷，要求入广西与俞作柏会合，共同攻取广东。陈公博被这个突如其来的新形势弄得莫名其妙，但也只得先设法接济，并策动桂系起兵与张发奎会合。

9月27日，俞作柏通电反蒋，在南宁就任"护党救国军"总司令职，率兵攻打粤军；但在蒋介石的收买下，内部出现反叛，军事进展不力。

桂系李宗仁、白崇禧、黄绍竑与汪精卫本是势不两立的冤家对头，但为了反蒋的共同目的，在广西军事处于危机的情况下，双方只得谋求妥协的途径。11月间，汪精卫与黄绍竑在香港唐生智家中会面，对饮一瓶百年的白兰地酒，言归于好；决定桂军与张发奎联合，共同抗击粤军。11月22日，黄绍竑与张发奎在梧州会晤，商定军事合作。然后黄秘密潜同广西，联络归部。李宗仁、白崇禧亦先后返桂。李、白、黄在南宁成立"护党救国军"总司令部，11月26日，设大本营于梧州，李宗仁为总司令，下辖桂军和张发奎部，合力会攻广东，蒋介石增兵援粤。12月初，何应钦在广州下令五路向张桂军进攻，张桂军失利，败退广西，与进至广西的蒋军辗转苦斗，直到广州开非常会议，张桂军才得苏息。南方的"护党救国"战争一无所得。

北方的唐生智和冯玉祥，本相约共同反蒋，但当冯玉祥出兵潼关时，驻郑州的唐生智却拼命抗冯而不反蒋。据说唐生智的理由是冯玉祥的前敌总指挥宋哲元欺人太甚，布告上宋哲元三个字"大过巴斗"，故唐生智认为不打退冯军不能反蒋。内部自相残杀，何谈共同作战？让唐军与西北军交锋，正是蒋介石的部署。唐军打败了西北军，成为蒋介石讨冯的胜利战果。改组派对此毫无办法。

汪精卫又鼓动唐生智与安徽的石友三联合反蒋，以便同张桂军相呼应。石友三原是冯玉祥的部将，后投靠蒋介石，但不为蒋信任。石与叛冯投蒋的韩复榘、马鸿逵结为小集团。1929年11月，唐生智与这个小集团取得联系，石、韩与上海改组派总部也接上关系，拟共同反蒋。但马鸿逵向蒋介石告密。蒋介石准备武力解决。汪精卫的"中央"则委任唐生智为"护党救国军"第四路总指挥，石友三为第五路总指挥，联合反蒋。唐石相约，唐部南下取武汉，石部由浦口进攻南京。

石友三起事选在浦口的原因，是就地就近从事。事先，蒋介石派石友三率部队援粤打桂系，令其部队集中在浦口，石友三一面装作服从命令的样子，向蒋介石表示忠心，一面将计就计，把部队带到浦口后，举兵反蒋。先扣押了蒋介石派到石友三部队的代表、兵站总监卢佐，缴了浦口公安局、保安队、护路队的械，并从长江北岸炮轰南京。通电接受"中国国民党第二届中央执行委员会"的"护党救国军"第五路总司令职，率兵十万，直取南京。

这件事发生在1929年12月2日凌晨，正是蒋介石和宋美龄庆贺结婚两周年的日子。蒋宋结婚纪念日是12月1日。前几天蒋介石提议到江北乡下度假，那里正是石友三叛乱的地方。宋美龄表示同意，但到了要动身的时候，宋美龄不知为什么从心里不愿意去，总觉得待在家里好。蒋介石说："既然你不愿意去，我们当然可以不去。"如果去的话应当12月1日动身。就在这天晚上，石友三到南京蒋介石的住处拜会了蒋介石。石友三走后几个小时，蒋介石就得到了他率部叛变的报告。

不过石友三并没按预定目标前进。他既不进攻南京，也不据守长江，起事之后，在浦口大肆掠夺一阵，便扣留一批火车，撤兵安徽，和韩复榘相连接。他在蚌埠组织了安徽省政府。之后，移驻河南商丘。

唐生智与太原的阎锡山、西北的冯玉祥和宋哲元、湖北的夏斗寅、湖南的何键、河南的杨虎城、四川的刘文辉等，先后取得联系，共同反蒋。石友三在浦口起事后，唐生智立即发出反蒋通电，反对非法的"三全大会"，主张"护党救国，促成统一"，改组一切非法党部；宣布拥汪联张（学良），接受"中国国民党第二届中央执行委员会"的任命，在郑州就任"护党救国军"第四路总司令职；放弃南京政府颁给的第五路军番号。

蒋介石派人争取阎锡山和张学良。阎锡山因唐生智未践前约拥他为领袖，对唐不满，转而与张学良一起通电拥护中央，反唐，反改组派。随之，唐生智联络的军事将领纷纷倒向蒋介石一边，举兵讨唐。石友三也在 12 月 21 日通电主张和平，反对改组派。蒋介石调集重兵进攻郑州。唐生智寡不敌众，1930 年 1 月 6 日，致电阎锡山，交出兵权。后化装潜逃天津租界，所部被改编。

汪精卫损兵折将，"护党救国军"以失败告终。蒋介石自汪精卫发动"护党救国"运动起，就施以高压政策。1929 年 10 月 3 日，明令通缉陈公博、顾孟余等人；28 日，国民党中常会决定永远开除王法勤、王乐平等九人党籍；11 月 19 日，南京政府密令侦察封禁改组派上海总部，称之为反动机关；12 月 28 日，国民党中常会决定永远开除汪精卫的党籍；1930 年 2 月 18 日，武装袭击了法租界霞飞坊 314 号改组派外围组织"中国国民党各省市党部、海外总支部联合办事处"，当场打死了改组派中央负责人之一王乐平和潘行键。改组派在上海不能立足，只得另寻出路。

汪的"法统"与阎的"完整的党、统一的国"

国民党"法统"，一直是汪精卫打击对手、维护自己、窃取权力地位的一张王牌。1927 年与宁、沪商谈统一，他以正统的国民党和国民政府领袖自居；批评以至高喊打倒特委会，指责其背离法统，违反组织纪律；反对国民党第三次全国代表大会，以其为蒋介石一手包办的御用会议，称之为非法的会议。总之，不离"法统"两个字。

国民党中，很拿党的"法统"当回事的，不只汪精卫，西山会议派不能入正册就是一个很能说明问题的例子。西山会议派于1925年分裂国民党，另立中央。它召开的"一届四中全会""第二次全国代表大会"及其"中央全会"，在国民党内不被承认为合法，不列入正统的会议系列。即使反共各派目标一致、互相承认之后，对西山会议派依然如故。汪精卫强调"法统"正是利用这种传统观念。

不过，汪精卫非常善于变调。1930年，当汪精卫串连成立不合正统的"扩大会议"时，竟愤怒地批评要维护所谓党的法统的陈公博，说：不应该过于坚持原来的法统！他的这种变调，不但否定了他过去的主张和行为，而且也等于否定了他正在做的事。当时，汪精卫所依靠的组织力量是改组派。改组派以反对非法的"三全大会"为号召，主张国民党重新改组，恢复第一、二次全国代表大会的精神，其理论依据就是国民党的"法统"。汪派正是用这个武器为汪精卫争领袖。

曾几何时，汪精卫变了，变得这样快，以致连他最亲近的政治伙伴也跟他不上。原因是"需要"，汪精卫这时需要、而且是必须放弃对"法统"的使用。

1930年初，国民党各派酝酿着一场新的搏斗。桂系、冯系、唐系先后被蒋介石打败。下一个目标，轮到阎锡山了。这一点。蒋介石、阎锡山都很清楚。早在打败张作霖后，蒋介石要统一，要集权，要削藩，桂、冯、阎、唐等实力派都是被削弱或被消灭的对象。不

汪精卫等人与阎锡山在南京合影

过，他们如果联合，蒋介石的南京政府对他们是奈何不得的。恰恰在"联合"二字上，往往出问题，这些实力派逐一被分化，被拉拢，被利用，终于被各个击破。阎锡山没少帮助蒋介石打击其他实力派，但这并不能改变蒋介石的既定方针，阎锡山也就逃不了被"削"的命运。

阎锡山出面联络了冯玉祥、李宗仁、张发奎等实力派抵抗蒋介石，从1930年5月至11月，长达7个月之久，在中原地区，东起山东，西至湖北襄樊，南迄湖南长沙，绵延数千里的战线上，百万大军进行了恶性的大厮杀，双方死伤三四十万兵员，耗资无计，人民被抛进灾难的深渊之中。

国民党统治时期，其内部发生的战争，与北洋军阀的混战有所不同，双方往往都标榜为党而战，或为党国而战。因此，在这场中原大战中，汪精卫尽管没有一兵一卒，却承担着特别的、重要的角色。阎锡山为了反对蒋介石的"朕即党国"、大权独揽和武力统一政策，提出用"党人治党，国人治国""和平统一"的政策，以实现"整个的党、统一的国"的主张；认定"三全大会"为蒋介石个人的工具，要求取缔。阎锡山身为军人，不便用武力去治党，要有"党"的招牌，也要有办党务的人，让人们看到，他是受"党"之命，为"整个的党、统一的国"而上战场的。它和汪精卫的"党统"一样，也是一块漂亮的招牌，可用，亦可扔。

这时的阎锡山，拿汪精卫充当国民党的"正统"领袖。1930年2月23日，阎锡山等四十五人联名致电香港汪精卫的国民党中央（"第二届中央执监委员联席会议"），提出："由我全体党员同志投票，取决多数。三届续统可，二届复统亦可，产生四届亦无不可"，以求统一，否则各行其是，乱不能止。阎锡山承认汪记中央，理所当然地否认南京国民党中央的合法性。

汪精卫在"护党救国军"失败后，正一筹莫展，得阎锡山等的电请，立即表示赞成，称此主张系全体党员"公意"，任何人都必须服从。汪精卫身在南国，应阎锡山之请，要派代表到北方，考虑了几天，还是决定派改组派的头面人物陈公博和王法勤。陈、王二人到天津后，活动于平津地区，与阎锡山的部下、天津警备司令傅作义，北平警备司令李服膺、师长王靖国、市长张荫梧等晤商。之后又去太原见阎锡山。改组派上海总部于1930年3月转到北平。汪、阎的合作已成定局。

问题随之而来：汪精卫、改组派以国民党二届中央为正统，不承认三届中央合法，而阎锡山、冯玉祥于第三次全国代表大会才当选为中央委员，如仍坚持原先倡言的"法统"，就必须把这两位摈弃于"中央"之外。

还有，一直与汪精卫势不两立的西山会议派，也与阎锡山合作。阎锡山需要这批国民党元老的支持和装潢。西山会议派正被蒋介石逼得走投无路。因为1929年在福建发生一起兵变，哗变部队是西山会议派许崇智的旧部，南京国民党中央常务委员会于同年12月12日通过决议，内称：许崇智、邹鲁、居正、谢持阴谋反动，危害党国，交国民政府通缉。西山会议派觉得有理无处说，想以武力反蒋，由居正去策动熊式辉，结果被熊逮捕送往南京幽禁。西山会议派的领袖逃到北方，在天津租界避难。阎锡山组织反蒋，与西山会议派目标一致，双方遂在共建"完整的党、统一的国"的口号下合作。西山会议派派谢持、邹鲁、傅汝霖到太原与改组派讨论党的问题，改组派主张维持二届法统。西山会议派在国民党第二次全国代表大会上受了处分，坚持二届法统，西山会议派便无立足之地，他们当然反对。为了联合西山会议派，更是为了联合阎锡山，汪精卫指示改组派，要对西山会议派让步。可是，让步让到会合第一、二、三届中央委员而组成"扩大会议"，西山会议派还是不满意，非把西山会议派召开的第二次全国代表大会产生的委员加入不可。改组派认为西山会议派的中央党部非法，不能加入。于是谈成僵局。三届中央委员和西山会议派二届中央委员参加"扩大会议"，不但在"法统"上说不过去，就是与此次反蒋联合的斗争目标也统一不起来，既然反对"三全大会"，视之为非法，又联合三届中央委员，于理于法均不能自圆其说。从这个意义上说，改组派的意见有根据。但汪精卫考虑的是以自己为中心形成一个国民党中央，"法统"问题无关紧要，所以批评陈公博不该过于坚持原来的"法统"。其实，汪精卫从前强调"法统"也只是当作一块敲门砖；只有书呆子坚持"法统"才那么认真。

到了1930年4月，中原大战就要开战了，阎锡山、冯玉祥急于有一个国民党中央，用以与南京国民党中央对抗。阎锡山花费一番工夫，同各方商谈，其中特别请出西山会议派的覃振调解。覃振是一位国民党元老，与各方面关系都不错。他提出一个含糊其词、大家都做些让步又都过得去的方案，即：成立一个国民党中央党部委员会，第一、二、三届中委中"革命"分子参加。这样，既不是第一、二、三届中委熔于一炉，又不排斥第一、二、三届中委参加。战争期间党部委员会为最高决定机关，具体分工：阎锡山主持政府，冯玉祥主持军事，汪精卫主持党务。将来召集国民党全国代表大会时，再决定解决党务的根本办法。

汪精卫回电同意覃振的方案，并在香港发表关于时局的谈话，做出一副保护民权的姿态，说倒蒋之后的政治措施为：组织民众；废除不平等条约；保障人民生命财产自由权利；财政公开；重行厘定党部与政府机关的权限，党部处于指导地位，不得干预行政，不得代替民意机关。因为国人反对蒋介石独裁专制，反蒋派们特意打起民权主义的旗号反蒋，以便于号召和集合人马。他们胜利后真的会实行民权政治和独立平等外交吗？那要由事实来回答。中原大战没取得胜利，汪精卫不曾掌握全国统治权。后来1932年他当上国民政府行政院长，1940年当上伪南京国民政府主席，大权在握，他是如何对待人民的权利和国家的独立主权的？人们有目共睹。

反蒋各派的国民党中央领导机关定名为"中国国民党中央党部扩大会议"。汪精卫被奉为"扩大会议"的领袖，但他长时间身居香港，遥控北方，不亲临其境。各派代表人物在北平反复协商，多方筹备，但改组派与西山会议派之间的"法统"之争仍未得到解决。

1930年7月13日，北平反蒋派"扩大会议"在中南海怀仁堂召开预备会议

中原大战已于1930年5月中旬正式开战，反蒋局势在进一步发展。汪精卫于6月1日发表通电，主张速开"中国国民党中央党部扩大会议"，解决党务问题，筹备召开"三全大会"。12日，发表《中央党部扩大会议之必要》一文，宣称与西山会议派、实

力派妥协，以党治军，永绝内战。故军事领袖参加中央党部扩大会议，以共同负责。在北方各派接受了汪精卫的通电精神，7月13日，在北平中南海开"扩大会议"预备会，并屡次来电催促汪精卫北上。

汪精卫原指望张桂军能在两广取得胜利，仍将"中央"设在广州。但事不遂心愿，张桂军失败了。同时，北方各派已经妥协。7月15日，汪精卫遂偕同陈璧君、顾孟余、曾仲鸣等人，由香港启程经日本长崎，转赴天津，23日到北平，住铁狮子胡同中心行馆。"扩大会议"的领袖到来，气氛顿时活跃许多。8月4日，汪精卫与阎锡山会晤于石家庄，商讨党政大计。经过六次会议，对汪精卫起草的"扩大会议"文件和常务委员人选、政府组织等，均取得一致意见。

汪精卫在天津火车站与前来迎接的军政要员合影

1930年8月7日，"中国国民党中央党部扩大会议"在北平中南海怀仁堂正式召开，通过了宣言、组织大纲、中央政治会议规则，建立了组织机构。以汪精卫、赵戴文（代表阎锡山）、许崇智、王法勤、谢持、柏文蔚、茅祖权七人为"扩大会议"常务委员，负责领导"扩大会议"一切工作。其宣言历数蒋介石变民主集中制为个人独裁；非法"三全大会"指派、圈定代表；托名训政以行专制；人民权利、生命财产自由一无保障；致党既不党、国亦不国等罪行。提出：务使"整个的党还之同志，统一的国还之国民"，

1930年7月31日，汪精卫（中坐者）在北平铁狮子胡同中山行馆主持"扩大会议"谈话会

在短时间内，依法召集第三次全国代表大会，解除纠纷，实现党的主义与政策。

难怪汪精卫批评陈公博不该坚持原来的"法统"。此时，此刻，汪精卫根本不打算、也不能够像抨击特委会那样讲所谓"法统"了。在扩大会议成立宣言上签名的第一、二、三届中央委员共三十名，其中十九人由中央委员委派的代表代签。正式开会时出席二十一人，其中五人派代表出席。即使"扩大会议"的首脑们，恐怕也没有人能说清楚这是依遵的什么法统。实际上是汪派与地方实力派的结合和互用，西山会议派敲边鼓。党务归汪精卫，军政归冯玉祥、阎锡山，是双方商定的分工。"扩大会议"下属机构组织部、宣传部、民众运动训练委员会均采取委员制，其成员共十五人，改组派居多，占八人，西山会议派四人，实力派三人。阎锡山、西山会议派和大同盟一部分人对此甚为不满，指使人组织一次十几人的小游行请愿活动，把"反对改组派把持扩大会议"的大字标语贴到"扩大会议"的门外墙上。这件事在北平曾引起小小的新闻轰动，各报发了消息。汪精卫很生气，在纪念周上骂了一顿后，再也没有动静了。

"扩大会议"成立之后，紧接着组织国民政府，9月1日会议通过《国民政府组织大纲》，规定国民政府委员会由中央党部推定委员组成。同一天，"扩大会议"公布政府委员名单为：阎锡山、唐绍仪（本人未参加，亦未表示反对）、汪精卫、冯玉祥、李宗仁、张学良（本人未同意）、谢持七人，后增加石友三、刘文辉，共九人，阎锡山为主席。1930年9月9日上午9时，阎锡山、汪精卫等在怀仁堂宣誓就职，招待中外记者，宣布国民政府成立。

关于就职时间，有传说是阎锡山以"九九"谐音为"久久"，寓长治久安之意。有人则专从相反的方面解释说：民国十九年九月九日上午九时，合为"四九"，"四九三十六"，"三十六计，走为上"，预示此政府必短命。另一说，宣誓于民国十九年九月九日上午九时九分，取五个九字，因为易经上乾卦的爻辞解释"九五"的含义是"飞龙在天"之象。龙者，"真龙天子"也。不论如何说，意思是一个：阎锡山选择一个吉日吉时，登上国民政府主席之位，实现他"统一的国"。至于他"统一的国"能否站得住，时间是长是短，则取决于战争胜负。中原一战，乃自相残杀的内战，带给中国的是内耗和灾难，任何一方均不得人心，结局只能是胜者王侯败者贼。

早在 8 月 15 日，即"扩大会议"开幕一周以后、阎锡山就任国民政府主席职二十四天以前，蒋介石的军队就已占领济南，阎军退至黄河以北。从此，反蒋派在战场上日趋被动。8 月底至 9 月初，蒋介石连续发出三号总作战令，陇海、平汉两战场同时发起总攻。与此同时，张学良决定对蒋介石实践攻下济南就出兵的诺言。早在中原大战发动时，双方都看到东北军有举足

1930 年 9 月 9 日，北平反蒋派决议组织国民政府，推阎锡山为政府主席。前排左四为阎锡山，左五为汪精卫

轻重的地位，争先派代表拉拢张学良。开战后，这项活动更紧锣密鼓地进行。反蒋派方面冯玉祥、阎锡山、汪精卫分别派代表见张学良。汪精卫的代表有覃振、陈公博、郭泰祺等。

当然他们之间是沟通情况的。8月底，阎、冯的代表贾景德、薛笃弼分别到郑州、石家庄谒冯、阎请示后，深夜回北平谒汪，汪从床上起来与薛、贾密谈良久后，薛、贾匆匆出关再访张学良。蒋介石先后派方本仁、刘光、吴铁城、李石曾、张群等当说客。张学良先对双方均无表示，一直静观其变。后曾向张群和吴铁城表示：如蒋军能攻下济南，东北军即可出兵。8月中旬以后，张学良的态度已转向蒋介石方面。汪精卫一无所知，8月27日，对天津《大公报》驻平记者谈话，还说张学良"对北方表示好感"，对扩大会议组织政府决不反对。"本人对张感想极佳"。9月18日，张学良发出"巧电"，呼吁和平，希望息争，静候中央解决，同时对《大公报》记者发表谈话，表示站在南京国民政府方面。阎锡山见大势已去，通电表示退避三舍。这时，汪精卫仍然对时局没有明白的认识，幻想张学良不出兵，于19日致电张学良，提出国民会议、"三全大会"、约法和对湘赣共产党忧虑等问题与张商讨。而东北军已在18日下午由沈阳出发，向关内挺进。19日傍晚，汪精卫等得知此情，才觉得事态严重，研究撤退之计。

中原大战开始后，国民党、国民政府的重要政治派别和军事集团，几乎全部投入大战，唯东北军例外。东北军有数十万人马，实力雄厚。这支军队的倾向，对谁胜谁负有决定性作用。交战双方竭尽全力争取张学良，说明都看到了问题的严重性。对此，蒋介石和汪精卫有共识，但优势不在汪而在蒋。蒋介石位居中央，南京政府为国内外所承认，反中央为叛乱；"扩大会议"产生的政府能否立得住、能否被承认，尚系未知数。张学良从东北的利益考虑，对参加反蒋派不能不持慎重态度。蒋介石有充足的资本，拉拢张学良的价码比汪精卫高得多。6月间，南京政府特任张学良为陆海空军副司令，7月，任命于学忠为平津卫戍司令、王树常为河北省主席，等于把河北省和北平、天津二市划归张学良管辖。8月，任胡若愚为青岛市长、王家桢为中央外交部次长。蒋介石还运动英法公使对张学良施加影响，并贿以巨款。这些，都是汪精卫、冯玉祥、阎锡山难以做到也不曾做的。又加上"扩大会议"是一个临时拼凑、不牢固的集合体，张学良深知其为"暂时的结合，将来仍须水火"，并对阎、冯"反复无常"深有戒心。诸多因素，促使张学良选择了拥护"统一"的方案。东北军入关，入平津，事先通知阎锡山，阎先行撤兵，东北军和平接管，无战事。

汪精卫于 9 月 20 日离开北平，南下会晤阎锡山、冯玉祥商讨对策。蒋介石为了压迫冯、阎早日投降，每天派飞机轰炸郑州、太原、石家庄。汪精卫等有时要躲到防空洞去，有时要避开飞机，到乡下去开会。"扩大会议"随着汪精卫迁至太原，10 月 3 日在太原正式办公。这一班人马拥进太原，住满了山西饭店，给本来就地窄财蹙的山西，增加了沉重的经济负担。太原人民不欢迎这些外来"客"，在戏院里，一个丑角演讽刺阎锡山的戏，说他引进大批外来人，把山西吃穷了，醋也喝光了，观众报以热烈的掌声。太原不是"扩大会议"久留之地。

改组派的成员中，有一批青年知识分子，当初是被陈公博反对蒋介石独裁和恢复 1924 年改组精神吸引来的。他们看到陈公博跟着汪精卫搞"扩大会议"，和军阀政客拉拉扯扯，大失所望，有写信骂陈公博的，有当面责问的。败局出现后，改组派内部更加动荡不稳。许多人从"扩大会议"的活动中，看到了汪精卫的政治面目，断定留在改组派没有政治前途，不投降蒋介石，就只有去当共产党。"扩大会议"失败后，改组派已发动不起有组织的活动。这意味着汪精卫一派的组织在瓦解。对此，陈公博很苦闷消沉，到太原后，除了饮酒、看戏外，对别的事没有兴趣。"扩大会议"秘书马小进为他写了一首打油诗："国事真是'丢那妈'（广东骂人土话），近日心事乱如麻，从来不食山西醋，来看佳人郭艳霞。"描述他无聊的生活。

汪精卫向来以国民党内民主派自居，"扩大会议"召开前，发表过一系列关于民主政治的文章、演说，"扩大会议"期间，时常把民主之类的口号挂在嘴上，并提出"扩大会议"要召集国民会议，制定训政时期约法。这些，显然是针对蒋介石"假党治之名，行个人独裁之实"的，很能迎合一般知识分子要求结束党治、实现民治的愿望。到太原以后，汪精卫仍坚持完成一部《中华民国约法草案》，作为宪法颁布之前的根本大法。他亲自主持约法起草委员会，在太原傅公祠与几位法学专家共同草拟约法条文，几乎每天必到，经过一个多月的努力，终于完成。汪精卫自拟约法宣言，说明系遵照孙中山学说，于训政时期颁布约法，规定人民和政府的关系，以防止专制，养成民主政治，并再一次指责蒋介石歪曲孙中山以党治国思想，借训政之名，行独裁之实。1930年10月3日至27日，召开"扩大会议"，通过约法草案和宣言。"扩大会议"此后停会。31日，约法草案发表。在此之前，10月18日，还制订了《国民会议筹备条例》。这些文件的内容，比南京方面的"训政纲领"及其有关规定、制度，确实民主得多，但它的作用只是为汪精卫脸上涂一层粉，对中国政治没有任何实际意义。汪精卫对它们的实施，压根就没有诚意。1932年汪精卫掌握南京国民政府大权时，不再提这些民主政治的主张和口号，就是最好的证明。

反蒋派军事战线很快崩溃了。蒋介石、张学良忙着收编晋军和西北军的部队。11月4日，阎锡山、冯玉祥联名发表通电，"即日释权归田"。南京国民政府发通缉令，并答应给路费，诱逼他们出洋，但他们都留在国内，阎锡山去了大连，冯玉祥隐居山西乡下，汪精卫则于11月1日偕陈璧君离开太原去天津，在天津发表一篇关于"扩大会议"始末的宣言，表示今后愿做在野派，向蒋介石乞怜，之后南下香港。汪派其他成员也各奔东西。1931年1月1日，汪精卫从天津发表声明，宣布解散改组派。汪精卫丢了改组派，丢了"正统"，也丢了阎锡山"完整的党、统一的国"。

汪精卫离太原时，留下两首诗，今录在下面，可见彼时彼地彼人的心境。诗的来源是这样的：扩大会议期间，陈树人给经亨颐作一幅晋祠周柏画，画上柏树倾斜，晋水流其下，不少人为其题诗。冯玉祥题："大树苍翠数千载，虽然倾斜诚大观，饱经世间冷暖事，能耐风霜不畏寒。"这首诗，饱含一种不屈不挠的气概。汪精卫离太原时，经亨颐持此画请题诗，汪精卫题：

> 枕流端为听寒泉，
> 别有虬枝接上天。
> 此树得毋同卧佛，
> 沉沉一睡两千年。

另一首，是离太原前往天津，路过雁门关时，汪精卫下车游览长城古迹，赋七绝一首：

> 残峰废垒对茫茫，
> 寒草黄时鬟亦苍。
> 剩欲一杯酬李牧，
> 雁门关外度重阳。

"去皮存骨"和"皮骨全要"

"扩大会议"失败后，汪精卫与胡汉民一派合作反蒋。这个过程中，出现了错综复杂的蒋、汪、胡之间的分分合合、矛盾斗争。粤派，亦即胡汉民一派，对汪精卫一派采取"去皮存骨"政策，即只要汪精卫个人，而排斥汪派的陈公博、顾孟余等人。宁派蒋介石与粤派的"去皮存骨"针锋相对，以"皮骨全要"为条件，拉汪精卫合作。

胡汉民自1927年4月起，与蒋介石在南京先后两度合作。先前，廖仲恺被刺，胡汉民涉嫌出国，回国后寓居上海"闭门读书"，不直接参与国民党、国民政府事。1927年4月吴稚晖、李石曾、蔡元培等，请胡去南京开会，商讨反共事，胡坚决表示："非以壮士断腕的决心，反共清党不可。"遂入南京，第一次与蒋介石合作，于4月18日，建立南京国民政府，并承担国民政府主席的任务。蒋介石专任国民革命军总司令。胡汉民以国民党元老身份，主持南京国民党中央党部、中政会、国民政府以及军事委员会。可以说，在关键时刻是胡汉民帮助了蒋介石，替他支撑起一个和武汉国民党中央、国民政府相对立的中央的门面。同年7月以后，宁沪讨论统一，8月13日蒋介石下野，胡汉民随之辞职离宁去沪。1928年初，蒋介石主持召开国民党二届四中全会，宁、沪、汉统一。胡汉民一不愿与汪精卫合作，二不满意蒋介石对汪派的袒护态度，拒绝出席二届四中全会。

1928年6月，蒋介石南京政府打败张作霖后，"统一"完成。按照孙中山建国程序分为军政、训政、宪政三时期的思想，宣告军政时期结束，训政时期开始。但训政时期做什么，怎么做，蒋介石拿不出一个方案。他承认："中正服习军旅，不谙治术"，曾发函辞去中政会主席职。而胡汉民早已胸有成竹了。

胡汉民离开南京后，闭门研究政治理论。1928 年 1 月，偕孙科、伍朝枢赴南洋、中东及欧洲考察政治。他对训政时期的纲领、体制等，有系统、详细的准备。6 月 3 日，他和孙科从巴黎向国民党二届五中全会提出"训政大纲"案。8 月全会开会，接受胡汉民的建议，决议设立五院制政府。

1928 年 9 月 18 日，胡汉民回国，第二次入南京与蒋介石合作。胡汉民的不少朋友认为胡汉民此去只是供蒋介石利用，不会有好结果，曾苦口相劝。胡回国到香港时，邓泽如赠送一只竹笼，内装小黄雀，暗示胡的下场。《再造》杂志社的拥胡派，联名写信劝胡汉民做在野派领袖。胡汉民不为所动。他回答说："自古武人只能马上得天下，没有文人就不能马下治天下。汉高祖还要个叔孙通帮他定朝仪。现在只要做到不打仗，就可以用法治的力量来约束住枪杆子。我即使不去南京，也自会有人去受他利用。"这后一句话，使人考虑到是指汪精卫。汪当时在法国，还没有公开的反蒋言行，与蒋合作是可能的，如果蒋汪合作，必不会有胡汉民的地位，他也不会出山，这是他不愿看到的政治格局。

胡汉民对蒋介石有一种幻想，近似天真。他很赞赏土耳其共和国第一任总统凯末尔，逢人就讲。凯末尔在 1922 年领导土耳其军队打败英希武装干涉者，赢得独立战争胜利，宣布成立土耳其共和国，当选为总统。胡汉民感兴趣的是，凯末尔当上总统后把大政交给伊斯默，自己带着妻子游览风景名胜。他希望蒋介石学习凯末尔，战事已结束，作为军人出身的总统，就不必太多过问政务，可以带着宋美龄去各地闲游。而他可为伊斯默。1928 年 10 月，胡汉民帮助蒋介石组成了五院制的国民政府，把蒋介石捧上主席宝座，自己当了立法院长，并通过"三全大会"把汪精卫一派打翻在地。此后，不但政府制度、组织建设他出力颇多，而且对蒋介石取得打败桂系、冯系、阎系、"护党救国军"，及实力派与西山会议派、改组派的大联合等军事上的胜利，也帮了大忙。这段时间，胡汉民一派，确实是蒋介石的合作伙伴。

胡汉民资格老，反共早，是国民党的理论家和"政治领袖"。他热衷于读书，研究政治理论和政治制度。但在政治实践中，耍权术，他不及蒋介石，投机善变他远远落后于汪精卫。虽然他和蒋介石相处时间不短，但对蒋介石的认识，还是表现出某种书生气。蒋介石并不是凯末尔，不仅专权，而且不以党权和法制为重，也越来越不尊重胡汉民这位身负立法院长重任的"老前辈"。因此，胡蒋之间矛盾日益尖锐，胡常对人说："我在中央不过是一个开会机器罢了。"中原大战后，蒋介石看到对手一个个败在他的脚下，他的"统一"实现了，

1931 年 2 月，被软禁在南京郊外汤山的胡汉民

决定开国民会议，制定训政时期约法，选举总统，用法律程序确立自己为党国第一人的地位和独裁权力。胡汉民坚决反对蒋介石当集权于一身的总统，也不同意制定约法，从而发生蒋胡约法之争。1931 年 2 月 28 日，蒋介石以宴请议事为名，将胡汉民骗到总司令部，逼胡辞去立法院长职务。次日，胡汉民提出辞呈，将党部、政府职务概行辞去，被兵警押送到南京郊外小汤山温泉别墅幽禁。蒋介石于同年 5 月 5 日召开国民会议，制定一部《中华民国训政时期约法》，但没选举总统，蒋介石仍任国民政府主席，只是加重了主席的权力，确立了蒋介石个人独裁的制度。

胡汉民被扣后，血压突高，孙科派铁道部医生邓铁真去诊治，借机秘密与胡汉民商议对策。胡委托孙科、国民党元老古应芬在两广组织反蒋，并说非汪精卫不足以与蒋介石对抗。也就是说，可以与汪精卫联合。

孙科到上海与各方面联络，串联反蒋。蒋介石察觉此事，派出"四元老"张静江、吴稚晖、李石曾、蔡元培出面拉孙科回宁，说释放胡汉民的事，可从长商量。孙科动摇，答应去南京一趟。一天，邓演达、陈友仁、麦朝枢等去孙宅，力劝孙科万万不可去宁，必须坚决反蒋。不巧"四元老"又来纠缠孙科，从上午9时到中午12时，一连几个小时劝说，非拉孙科入京不可。住在孙宅的简又文，急中生智，请孙科夫人在楼上装病，从床上滚到地板上，声音传到楼下客厅，孙科借口夫人病重不能脱身，才送走了"四元老"。

1931年4月30日，以国民党中央四位监察委员古应芬、林森、邓泽如、萧佛成的名义，发表《弹劾蒋中正提案》通电，主要指责蒋介石排除异己，专制独裁，要求撤职查办。5月3日，两广将领陈济棠、李宗仁、白崇禧等数十人联名发表通电，拥护"四监委"弹劾案，要求释放胡汉民，蒋介石下野。5月27日胡汉民派、汪精卫派、西山会议派、两广地方实力派陈济棠、李宗仁等，打起"打倒独裁""护党救国"旗号，效法孙中山当年在广州召开非常国会故事，成立"中国国民党中央执监委员非常会议"，作为反蒋联盟最高机关，凡国民党一、二、三届中央执监委员赞成反蒋者（共产党员除外），均为当然委员。以邓泽如、邹鲁、汪精卫、孙科、李文范为常务委员。宣布将来依党章召开第四次全国代表大会之日，"非常会议"告终。5月28日成立国民政府，否认南京国民政府的合法性。国民政府委员会以唐绍仪、古应芬、邹鲁、汪精卫、孙科为常务委员，汪为首任主席。成立军事委员会，以许崇智、陈济棠、李宗仁、唐生智为常务委员。"非常会议"活动的实际主持人是古应芬和陈济棠。

这里面，异乎寻常的现象，是汪精卫成了胡汉民的合作者。众所周知，胡汉民自广州国民政府时期与汪精卫分手，长期处于有你无我的对立状态中。1927年4月，汪精卫自国外归来，在上海与蒋介石讨论反共问题的同时，与胡汉民亦有交谈，胡汉民告诉汪精卫各省均反共，汪精卫表示召开四中全会根本解决，胡汉民表示同意。此事表明两人反共立场一致。但在国民党内部始终极其不睦。宁、沪、汉合流期间，汪精卫登门求和，胡汉民竟将他拒之门外。

胡汉民被蒋介石扣押起来，想与汪精卫联合，为的是用他在国民党中的历史地位和影响，共同打击蒋介石，避免蒋汪联合，增加反蒋的阻力。

汪精卫在扩大会议结束后，毫无出路。孙科派人去香港同汪接洽，一拍即合，只以孙科一同到广州"下海"为条件。汪精卫到广州后，对人说："过去我和胡先生的不和，都是上了蒋介石的当。蒋之所以能专横跋扈，就是因为我们不能团结。这回反蒋，一定要合作到底。即使万一失败了去跳海，也要大家抱在一起去跳。"所言充满激情，亲切感人。在非常会议中，汪精卫有一席之地。然而，事情还有另一面。如果说前一次反蒋大联合的扩大会议，政治方面汪精卫改组派唱主角戏的话，此次反蒋大联合的"非常会议"，则以胡汉民一派为中心。胡汉民及古应芬、陈济棠等，只联合汪精卫本人，对汪派的其他人，如：原改组派的陈公博、顾孟余等，仍抱着算旧账的态度，极力排拒。这叫作"去皮存骨"。而西山会议派的一些人竟连"骨"也不愿意要，致有当众谩骂汪精卫，故意与之为难的事情发生。为此，汪精卫发过脾气，声言要离开广州。经孙科、李宗仁、覃振等劝慰，才勉强留了下来。

蒋介石的情报是很灵的。得知"非常会议"的内幕后，派宋子文暗中拉拢汪精卫，说："广东要汪先生只是要骨头，不要皮，我们南京要汪先生是连骨带皮一起要。"汪精卫对此很动心。顾孟余说："我们与其受地方小军阀的气，不如投降中央大军阀。"汪精卫不堪受辱，寻机投蒋。古应芬看出宋子文拉汪精卫是想拆非常会议的台，于1931年7月23日派人在上海车站刺杀宋子文，宋幸免于难，其秘书唐腴庐身死。

1931年9月18日，日本关东军发动侵华战争，武力占领东北三省。蒋介石国民政府实行对日不抵抗政

九一八事变后沈阳城头上飘扬的日本国旗

策，断送了东北大好河山和三千万人民。国人口诛笔伐，一个抗日反蒋高潮在长城内外，乃至大江南北蓬勃兴起。

全国各界各族人民，反对蒋介石的对日不抵抗政策，也谴责国民党各派只顾争权夺利，而置民族存亡于不顾，要求集中国力对抗日本帝国主义的武装侵略。正如反对宁粤对立的上海各界代表沈钧儒所说："你们那些纠纷以及谁是谁非，我们不想听，因为都与人民无关，都只有害于国家。"上海各界另一代表刘湛恩也说："你们闹内争这么多年了，今天眼看就要国破家亡了，你们难道还不肯拿出一点良心来看看老百姓的痛苦吗？"这些话语，反映了当时人民的心声。国民党内有民族责任心的人，也觉得不应再斗下去了。陈铭枢携蒋介石致汪精卫、孙科亲笔函，赴广东调停，于是有1931年10月27日至11月7日宁粤在上海开和平会议，研究双方息争、和平统一之举。

宁粤谋妥协时，汪精卫和胡汉民的裂痕在增大，而与蒋介石的距离日渐缩小。上海和会举行前，宁粤交涉，蒋介石已允诺下野，胡汉民业经释放到

沪。古应芬、陈济棠目的已达，对和谈不再感兴趣。汪精卫正好相反，非常热心。孙科态度亦积极。"非常会议"推举汪精卫、孙科、邹鲁、伍朝枢、李文范、陈友仁为代表，赴上海开和平会议。他们动身时，古应芬摆出一副送客出门的姿态，汪精卫则流露出此去不复返的神情，顾孟余已先于汪精卫去上海与宋子文取得联系。总之，各种迹象预示汪精卫与粤方要分手了。

1927年10月汪精卫、胡汉民、孙科合影（自左至右）

政客们都会口是心非，

表里不一。汪精卫去上海之前，"非常会议"的一些人劝他与胡汉民、孙科合作，所谓文人大团结主党政，只让蒋主军，以便抵制蒋介石独裁。汪精卫表现得很不错。蒋、汪、胡于10月22日在上海见面会谈，蒋、汪的话讲得很中听。汪说："同志们年来隔离，致行动冲突，但系为公，非为私。此次代表粤方同志，解决一切，共赴国难。"蒋说："本人亦如是，公而忘私。""诸同志皆党中前辈，本人为后进，向来服从前辈。此次诸同志议定办法，凡胡、汪先生同意的事，我无不同意照行；若我不行，尽可严责。"但谈话一涉及实质性的问题，就完全相反。

1931年的张学良风光无限，因九一八事变而不得不辞职

粤方要求蒋介石下野，来自蒋介石和宁方的阻力就很大。最后不得已，蒋介石同意下野，发一通电，特意提到胡汉民于12月5日通电中"有必须中正下野，解除兵柄，始赴京出席等语"，对胡汉民的逼迫耿耿于怀。

汪精卫、胡汉民第一次在上海伍朝枢住宅见面时，汪精卫做出谦虚诚恳的样子，对胡说："中山先生在世时，我就是小兄弟，现在经过多少离合悲欢，回想起中山先生，真是痛心！我情愿听老大哥的教训。"胡汉民也不客气，真的以老大哥的口吻批评了汪几句，以示亲近。然后汪、胡、孙科三人合影，表示从此团结起来了。但说归说，做归做。胡汉民觉得自己不可能再进南京，又不愿看到蒋汪合作。汪精卫想在宁粤合作后当行政院长，汪派在下面造舆论。胡汉民为了挡住汪精卫，极力推举孙科，由粤方提出孙科为南京政府行政院长。胡汉民一心想回两广，对与宁合作取消极态度，主张：和谈中，如蒋不让步，就决裂，大家一起回广东去开反蒋派国民党第四次全国代表大会。汪精卫是粤方首席代表，会上讲官话，会下和蒋方搞交易。胡汉民关于与南京决裂回广东的主张，汪精卫不能接受，不想再同胡汉民合作。

有一次，在汪精卫的住宅，粤方高级干部集会，张发奎发言中说："只要汪先生、胡先生合作到底，我们总是拥护的。"汪精卫听了，大发雷霆，批评张发奎，说他"不懂政治，还要乱说"。此后，汪精卫不出席和会，称病入院就医。宁粤双方达成协议，要分别在广州、南京开第四次全国代表大会，然后共同产生一个统一的中央。粤方代表们准备回广州去开会，临行的晚上，汪精卫的代表宣称，得到汪精卫的指示，不上船回广州了。在广州和香港的汪派代表齐集于上海。

出席国民党四届一中全会的代表合影留念，标志着宁、粤、沪三方"统一"

这样，国民党就开了三个第四次全国代表大会：1931年11月12日至23日，宁方蒋介石一派在南京开会；11月18日至12月5日，粤方胡汉民等各派在广州开会；12月3日，粤方汪精卫派在上海开会。同年12月22日至29日，三个大会选出的中央委员，在南京开四届一中全会，国民党、国民政府改制，变集权为分权。蒋介石于会前12月15日辞去国民政府主席、行政院长及陆海空军总司令本兼各职。四届一中全会选任林森任国民政府主席，孙科任行政院长。陆海空军总司令一职没再任命，次日，张学良辞副司令职。

四　再度合作，
汪精卫连中三弹

1932 年至 1935 年，蒋介石和汪精卫再度合作，一武一文，一个掌军事委员会，一个掌行政院。他们上面有一个"不负实际政治责任"的国民政府主席林森。蒋介石掌军事委员会，主要负责"围剿"中国工农红军。汪精卫掌行政院，负责内政外交，重点从事对日本帝国主义侵略者屈辱性交涉。政府的，也是蒋汪共同的方针，是"攘外必先安内"；对日本的步步进逼，在"一面抵抗，一面交涉"的口号下，妥协退让，结果是丧权辱国，天怒人怨。

民心不可违，民意不可欺。1931 年九一八事变后，全国人民一致要求停止内战，一致抗日，收复失地，拯救水深火热之中的人民。蒋汪合作的南京国民政府反其道而行之，人民忍无可忍，射出了愤恨的子弹。汪精卫身中三弹，辞职出洋。蒋介石被迫改弦易辙。

邓演达骂汪精卫："倒蒋拥蒋之外无主张"

1929 年任黄埔军校教育长时的邓演达

国民党的三个第四次全国代表大会开过之后，到南京开四届一中全会时，胡汉民在广州，汪精卫在上海，均称病不出席。蒋介石于 1931 年 12 月 22 日出席了当天的开幕式后，带着宋美龄飞往宁波，回奉化老家去了，说是"还乡归田，还我自由"。全会推举常务委员九人，胡汉民、汪精卫、蒋介石居前列；选任国民政府委员三十三人，蒋介石、汪精卫、胡汉民亦列排首；推举中政会常务委员三人，为蒋介石、汪精卫、胡汉民。但这三位都不到京视事。

事实上，他们谁也不甘寂寞。胡汉民在广东经营着他的阵地，而蒋介石和汪精卫继续暗中谋求结合。蒋介石飞宁波前，约汪派的陈公博、顾孟余、王法勤谈话，说："本人甚盼汪先生能不顾一切，任此艰巨。前在沪时，曾向先生面述此意，汪太客气，希望三位再代转达。中兴本党，非汪先生莫属。"

四中全会后，组成孙科内阁，蒋、胡、汪袖手旁观，不从党的领导人方面给予支持。不仅如此，拆孙科政府的台，还是蒋汪合作的前提。蒋介石下野后，他任行政院长时的各部部长、司长们，纷纷告退，不待批准，即自行离去。财政部长宋子文辞职，把部里的档案、账簿带走；科长以上人员每人发薪三个月，遣散，未交给孙科政府分文现金，却留下债务一千万元。宋子文与江浙财团沟通，不给孙科政府以财政支持。政府税收无望，因各省自行收税，东北被日本占领，南京周围几省控制在蒋介石手中，满打满算政府每月的收入仅有六百万元。而何应钦要军费每月一千八百万元，政府行政费每月四百万元，月赤字达一千六百万元之巨。支出庞大，筹款无着，孙科一筹莫展。

解决对日方针问题，是孙科政府面临的最严肃、最急迫的政治任务。孙科于1931年12月17日进京，第一眼看到的是南京、上海、北平、江苏、安徽等地抗日救国赴京示威团学生万余人，在南京举行总示威。南京政府镇压学生，制造了珍珠桥惨案，但人心不服。东北方面，日本正进攻锦州。在东南，日本的大炮对着南京，风声鹤唳，一夕数惊。孙科为首的新政府不能继续走蒋介石的路，毅然修改对日"不抵抗"和依赖国联解决的方针，对日采取强硬抵抗态度。外交部长陈友仁发表宣言，谓本政府最急之任务即在消灭战祸，并保主权。对进攻锦州的日军采取积极抵抗态度。日军在上海挑衅，陈友仁提出对日绝交方针，和人民的呼声一致。孙科政府的抗日"剿共"方针，与蒋介石的只"剿共"不抗日方针相左，受到蒋介石、汪精卫的联合反对。

孙科本来早就请求蒋、汪、胡合作，并进京主持一切，除他个人恳请外，并求各方帮助疏通，但这三位均不为所动。实际大家也都认为不可能出现三人合作局面。1932年1月13日，蒋介石由奉化到杭州，决定拉汪排胡。15日，邀请陈铭枢、顾孟余到寓所，请将一封亲笔信转交汪精卫。汪精卫正等着这一天，接信后，即偕陈璧君到杭州，连夜与蒋介石密谈。17日，蒋汪联名致电胡汉民请入京视事，故做愿意合作姿态。胡汉民与汪精卫有约在先：谁也不单独与蒋介石妥协。胡得知汪精卫违背前约，已火冒三丈，哪肯入京！早在1931年底，胡汉民即凭借两广地方实力派陈济棠、李宗仁、白崇禧等的武力，自立门户，已成立国民党西南执行部、西南政务委员会、西南军事委员会等组织，与中央保持半独立状态。蒋汪既然合作，胡汉民更以病未痊愈，需长期休养为由，拒绝进京共事，继续在西南与南京抗衡。蒋、汪合作要成定局了，才找来孙科。1月18日，孙科应蒋、汪之召到杭州，蒋介石、汪精卫、孙科、张继、张静江在杭州西湖烟霞洞密商外交、财政、军事要政，并决定联袂入京。会议内容秘而不宣。会后记者问孙科会谈结果，孙科只答："圆满，圆满。"问何时回京？答："就去。"同月21日，汪、蒋先后到达南京。蒋介石说他以私人资格入京赞助政府，不担任任何职务，完全以汪先生主张为主张，表露出推汪精卫入朝主政的意思。汪精卫则说自己是以中央委员的身份入京开会的，当竭力做中央委员所做之事。但是，在1月23日的紧急会议上和24日的国民党中政会特务委员会上，蒋介石、汪精卫一致把矛头指向了孙科政府，以"先行安内，方可攘外"为由，力主对日妥协；批评陈友仁等人对日绝交主张是"只凭一时之快意，不顾国家永久利害"的"孤注一掷"行为。蒋介石认为绝交的下一步就是宣战，如果对日宣战，三天就可以亡国。汪精卫与蒋介石在外交上本来没有分歧，此时更配合默契。孙科把"神"请了回来，唯一的一项属于自己的新政策不能推行，奉陪下去毫无意义。24日，陈友仁先辞职，次日孙科辞职，把南京政府交给蒋介石和汪精卫。这正是蒋、汪二人所想要的。

据闻：汪精卫曾派陈璧君出面与蒋介石密谈，提出入京后两人上台，应出于互相推重。汪亦曾表示："誓不一人单独入京。"蒋、汪之间已定共主南京政府之策，入京时的表白非由衷之言。1932年1月28日，十九路军淞沪抗战揭幕之日，蒋介石先把汪精卫推上台。那天，他主持国民党中政会，决议准行政院长孙科辞职，选任汪精卫为行政院长。还决定成立军事委员会，统管全国军事。1月30日迁都洛阳。2月6日，军事委员会正式成立。3月4日，汪精卫主持国民党四届二中全会，决定设军事委员会委员长。但是否由蒋介石担任，颇有争议。蒋介石躲在南京不出席会议，等着汪精卫去安排。汪精卫对国民党中央要员们左说右劝，勉强说通。最后，在 3 月 6 日中政会上通过，8 日，国民政府特任蒋介石为军事委员会委员长，并兼任参谋总长。此后的国民政府，汪精卫掌行政，蒋介石掌军事。国民党中央由蒋、汪共掌。

汪精卫说他在对日外交上与蒋介石无分歧，这是实话。但他在反蒋时对党务、内政提出过不同主张。有些早就放弃了。如：关于党的法统，宁汉合流过程中和"护党救国"运动时，是汪精卫的一张王牌，"扩大会议"时扔了，不必要求他此次上台再去强调。"扩大会议"和"非常会议"期间，他反对蒋介石独裁，大喊大叫要民主政治，在他进了政府之后，似乎应当有所行动，但却被他忘得无影无踪。远的不说，宁粤和平会议上，粤方代表提出的《中央政制改革案》中有一条：使政治民主化，其措施之一，是每年或两年由国民政府召集一次国民代表会议，国民代表会议得选举立法、监察委员之半数。国民党四届一中全会在政治体制改革中本其精神，规定立法委员、监察委员各半数由法定人民团体选举产生。尽管这些办法并非真正的人民民主，如其实施也算汪精卫没忘记他在野时的那些民主诺言。可是蒋、汪联合政府并不曾实地去做，而且，没过多久，即 1932 年年底修改国民政府组织法的时候，干脆把这些规定删掉了，难怪邓演达说汪精卫"倒蒋拥蒋之外无主张"。原来那些吸引人的主张、漂亮的口号，都是装饰物。

汪精卫这次与蒋介石合作，得到了高官、地位和权力，但丧失的比得到的要多得多。这第一步就丢了政治人格，随之而来的还要丢朋友。他无颜面对从前一同反蒋的人，见了面总是说，他好比消防队员，是被主人叫来"打短工"的。有的人原先对汪精卫很崇拜，把他看作可以信赖的政治领袖，几次跟着他反蒋。看到汪精卫进京同蒋介石合作的所作所为，便认识到，汪精卫反对专制独裁高唱政治民主，都是假的。他们骂汪精卫是软骨头、伪君子。武汉国民政府时期，先任第四军军长、后任第二方面军总指挥的张发奎，在"七一五"以后，没少为汪精卫卖力气，打了不少仗，损兵折将，在所不惜，是汪精卫的忠实追随者。汪精卫自上海和会期间住进医院，一直不出来，张发奎去见他，陈璧君介绍他的病情时，说得很严重。两天后，有人告诉张发奎，汪精卫去了杭州，他无论如何不相信。当天晚报出版，报道了蒋介石从奉化、汪精卫从上海到杭州会晤的消息，张发奎如梦方醒，大呼受骗上当。

蒋、汪合作当年，张发奎去了德国。抗战胜利后，张发奎主持华南战区受降工作，并任军事委员会委员长广州行营主任。汪精卫投降日本在南京建立伪政权后，陈璧君插手广东，任伪政权"广东政治指导员"，作为"中央"代表，坐镇广东。她不仅经营权力，而且搜刮大批钱财。张发奎接收广州时，对汉奸陈璧君的家进行搜捕，丝毫不客气。由此可见汪精卫在张发奎心目中的位置。汪精卫的追随者固然因受其愚弄而愤慨，其他反蒋人士对汪精卫的出尔反尔，投机善变也非常厌恶。公开骂汪精卫的不止邓演达。

蒋汪同声相应，同气相求

日本打进中国，占领了东三省，并向南进犯。1932年3月在东北制造了一个傀儡组织，名曰"满洲国"。这个时间，恰在蒋、汪联袂入京，以国民党中央常委、中政会常委身份议决国事之后，汪精卫任行政院长、蒋介石任军事委员会委员长之时。全国人民无不认为，政府应组织抗日。蒋介石却说"攘外必先安内"。汪精卫则说，对日本"一面抵抗，一面交涉"。蒋介石的方针包含对内对外，汪精卫说的是对日政策，是保证实现"先安内后攘外"方针的补充办法，是专门解决国民政府集中军事力量"安内"期间，对待日本侵略问题的政策。两者精神相通，归宿是一个。

"攘外必先安内"是蒋介石的一贯主张，但不是蒋介石的发明，而是早就为历代封建统治者所利用。如：宋高宗赵构面对金的威胁和连绵的农民起义，认为"腹心之患深可忧，不先去之，无以立国。内寇不除，何以攘外"，宁可对金称臣，而从前线召回岳飞镇压农民军。清朝晚期，既遭遇外国帝国主义侵略，又受到国内此起彼伏的人民反帝反封建斗争的打击，慈禧把仇恨和进攻的目标集中在人民身上，以致发展到向洋人"借师助剿"义和团、"宁赠友邦，不予家奴"的地步。蒋介石称道说："古人所谓攘外必先安内，乃至当不移颠扑不破的真理"，是"立国的一个信条"。他以明朝亡于农民战争的教训训导部下，1932年6月，在庐山"五省'剿匪'会议"上说："现在我们的国情，同明朝的情形差不多一样，所以我们要以明朝为前车之鉴。

只要把国内的'匪'剿清，使全国团结一致，无论倭寇怎样侵略，我们也能稳固自强。否则只好重演一次明朝亡国的故事。"

蒋介石比他称赞的历史上媚外压内的反动封建统治者有过之而无不及。1931年夏天，日本帝国主义在东北接连制造挑衅事件，关东军磨刀霍霍，诸多迹象预示着一场罪恶的侵略战争就要爆发。国人瞪大了眼睛注视着东北。而手握国家军事大权的蒋介石，不派兵保卫东北疆土，却把枪口对着南方的中国工农红军和广州的反蒋派。7月23日，他在指挥"剿共"的驻地南昌发表文告说："惟攘外应先安内"，"不先消灭'赤匪'，恢复民族元气，则不能御侮；不先削平粤逆，完成国家之统一，则不能攘外。"他告诉身负东北边防责任的张学良：中央现时以平定内乱为"第一"；"非对日作战之时"，遇日人挑衅，我们取"不抵抗"政策。9月18日，日本侵略军开炮了，沈阳被侵占，辽宁省沦陷；接着日军向北进发……11月30日，蒋介石发表演说："攘外必先安内，统一方能御侮。"不仅在事变前的1930年12月至1931年9月，以数十万大军对红军发动大规模的军事"围剿"，而且事变后仍继续，又发动第四次、第五次"围剿"。日军乘机从容占领东北，又进犯华北……

如果仅从字面上，把"攘外必先安内"理解为首先解决内部矛盾，安定团结，一致对外，应当说没有错。但结合实际，就可以看出蒋介石的"先安内后攘外"是一项误国政策：首要者是蒋介石颠倒了敌我关系。这是大原则。由于日本侵华，中华民族危急，日本帝国主义是中国的头号敌人。攘外，就是把日本帝国主义赶出中国去。而蒋介石却说"日本终究不能做我们的敌人，我们中国亦究竟须有与日本携手之必要"，"我们的敌人不是倭寇，而是土匪"，"'赤匪'是心腹之患"，不治会糜烂不可收拾；"倭寇是皮肤小病"，实不足虑。为了让人了解他的意思，他竟不惜把话说得过格，如：1931年8月22日在南昌讲话时说："中国亡于帝国主义，我们还能当亡国奴，尚可苟延残喘；若亡于共产党，则纵肯为奴隶亦不可得。"在这里，攘外——抗日，是不存在的。这就是对日军的步步紧逼采取不抵抗政策的根据。

再说，要安内，必须找出内部不安的根源，予以解决。诚然，中国共产党和红军，还有某些地方实力派，是蒋介石国民党的反对派，被蒋介石列为安内对象，但是，尽人皆知，共产党和工农红军起义，是蒋介石的屠杀政策逼出来的。国民党内地方实力派反蒋，是蒋介石铲除异己势力的措施逼出来的。所以，要安内，蒋介石国民党必须改弦更张。

还有，如何安内？蒋介石顽固地坚持武力"围剿"共产党及其领导的工农红军，起兵讨伐和他并肩战斗过的地方实力派，暴力镇压要求抗日的人民群众。可是，共产党和红军，自从九一八事起，就开始在东北进行武装抗日，并一再发表宣言、通电，主张国内各阶级、政党、军队，停止内战，一致抗日，这是一支爱国抗日的队伍；主张抗日的地方实力派和人民大众，都是抗日的力量，蒋介石视之为安内的对象，并诉诸武力，实在是南辕北辙。甚至中央军要求北上抗日，不愿与同胞自相残杀，"对'剿赤'毫无斗志"，也遭到蒋介石斥责，并警告说："如再贪生怕死，奢言抗日者，立斩无赦。"结果，不仅不能集中力量于抗日，反而在自相残杀中消耗本国的实力，帮助了日本侵略者。日本发动九一八事变，正是利用了南京政府集中军队"剿共"，东北军入关，先参加中原大战后打石友三，东北边防空虚的时机；事变后又钻了南京政府"先安内后攘外"的空子，坐收渔利，把魔爪伸向华北地区。

事实证明，蒋介石的"攘外必先安内"方针，误国误民。服从于"先安内"方针，对日"不抵抗"，国人皆曰可诛，招来内部更大的不稳，以致"蒋主席"不得不第二次下野；在国际上观瞻亦欠佳。对内，打，不是解决问题的良方，打不出团结合作局面。后来，国共第二次合作共同抗日，是谈成的，是通过政治方式解决的。蒋介石和地方实力派的斗争，也是和平商谈解决的。特别值得重视的是，政府不再阻挠抗日，并接受人民的要求，举起抗日大旗，全国集中于抗日一个大目标，为中华民族而战，安内一事迎刃而解。

蒋汪合作后，实行对日"一面抵抗，一面交涉"方针。

提起汪精卫和"一面抵抗，一面交涉"这八字方针，还有一场学生恳请汪精卫入京主持党国大计的"历史的误会"。那是九一八以后，爱国的青年学生悲愤于国土的丧失，政府的失策，"血已升到沸点"，自9月下旬，上海、北平、天津、广州、武汉、太原等地学生举行大规模的示威活动，抗议日军入侵和政府的对日不抵抗。全国各地学生，不断涌向首都南京，向国民政府请愿。短短三个月中，汇集到南京的学生达八九万人之多，大小请愿活动百余次。他们一致要求政府出兵抗日，收复失地。9月28日，以上海、南京两地学生为主，集合数千人，包围南京政府外交部办公大楼，捣毁外长办公室，殴伤了外交部长王正廷。29日，蒋介石出面接见请愿学生，表示接受请愿条件，决不签订任何丧权辱国条约。学生暂停请愿，等待政府实践诺言。过去了将近两个月，不见政府抗日行动。11月下旬，传出国民党在南京召开的第四次全国代表大会已通过决议，蒋介石亲自北上，首赴国难的消息。26日，学生掀起"送蒋北上运动"，上海、北平、南京学生两万人，在国民政府门前聚集，冒雪过夜。次日，蒋介石发手谕，仍表示接受请愿要求。学生返校等待蒋介石北上，但仍无动静。11月底又传出锦州设中立区的消息，举国哗然。12月初，北平、济南、徐州、上海等地学生，重新组织起来赴京请愿，12月2日，蒋介石接见北平、徐州各校学生，表示中央全会后北上抗日，4日又接见，但学生不再散去。5日，北平学生示威游行，政府派军警逮捕学生一百八十五人。为抗议政府的暴行，12月14日，各地学生再一次进京，15日，再捣外交部，殴打训话的蔡元培、陈铭枢。17日，南京、上海、北平、江苏、安徽等地学生万余人在南京游行，包围国民党中央党部，捣毁诬蔑学生运动的《中央日报》。军警武力镇压，在珍珠桥附近，打死、打伤学生三十余人，逮捕百余人，是为"珍珠桥事件"。

在学生请愿高潮中，汪精卫身处"在野"地位，从1931年10月21日至次年1月中下旬，先参加宁粤和谈，后"养病"，并开汪派上海第四次全国代表大会，一直停留在上海。他曾接见学生代表，发表过对内政外交的意见，诸如：对日宣战须有最后决心与准备；武力不能统一，应以建设求统一、以均权求统一；今后不再检查报纸，使人人有自由发表意见的机会；支持马占山抗日。还指责南京政府对日交涉中不坚持日本撤兵主张。粤方的反对专制独裁，主张政治民主方案及抗日主张，被学生理解为是汪精卫的思想。加之，学生对蒋介石只说不做失去信任。由此种种，于1931年12月5日，北平学生在南京举行示威游行的当天，南京各校学生代表一百八十余人，到上海欢迎汪精卫到南京主持党国大计，他们的口号有："欢迎护党救国的汪先生""欢迎领导全国青年的汪先生""欢迎主张实现民主政治的汪先生""欢迎主张即日接收东北失地的汪先生""欢迎反对不抵抗主义的汪先生"等。照这些口号来看，学生确实该把"汪先生"当作爱国民主的领袖了。

汪精卫表现出特别爱护学生的样子，对记者发表谈话，指责12月5日镇压学生事件，谓：不宜对学生从事禁压，须善导。最好请民众团体选出代表，组成一个代表会议机关，帮助政府实行民主政治，使政府与人民真正合作，一致对外。汪精卫对蒋介石的"不抵抗"政策是没有异议的，但不能对学生直说。12月6日，他接见首都高等学校学生代表团谈话时说："应付目前局势的方法，兄弟认为有八个字，就是'一面抵抗，一面交涉'，本人待粤方四届中委到沪后一同入京，共赴国难。"人们不知道汪精卫的"一面抵抗，一面交涉"的葫芦里卖的是什么药，只从字面上看比"不抵抗"好听，比"先安内，后攘外"圆滑。

汪精卫出任行政院长后，进一步说明政府对日方针是："一面抵抗，一面交涉，同时并行。军事上要抵抗，外交上要交涉，不失领土，不丧主权。最低限度之下不退让；最低限度之上不唱高调，便是我们共赴国难的方法。"为什么实行这一方针呢？汪精卫说："因为不能战，所以抵抗。"蒋介石说：抵抗"是无战之害，有战之利者也"。这两位的解释一语道破，其"抵抗"不等于对日作战，不是通过抵抗把日本侵略者赶出中国去。抵抗是为了交涉。交涉意在求和，对外讲和，才能保证集中精力"安内"。至于"不失领土，不丧主权"，是真是假，要听其言，观其行，一系列铁一般的事实说明，那纯属欺人之谈。

跳下茅坑臭到底

蒋、汪这次合作，和日本人签订了一系列丧权辱国的协定，受到国人唾骂。汪精卫挨的骂更多。他的朋友替他鸣不平，劝他说：你何必替蒋介石"背黑锅"？汪精卫倒不后悔"背黑锅"的事，说："我既已跳下茅坑，就臭到底吧。"表现得相当顽固。这个臭茅坑，是蒋、汪合作建造的。主谋者蒋介石，前台主演者汪精卫。

1932 年 1 月 28 日，驻上海十九路军爱国官兵在上海及全国人民的支持下，奋起抗击日本侵略军，给日军以沉重打击。开战第一周，粉碎敌人数路进攻，歼江湾之敌一个联队。日军司令盐泽幸一被撤职，由海军第二舰队司令野村接替，增兵一万余人，重行进攻。至 2 月 13 日，野村的攻势又被粉碎。野村被撤职，由日军第九师团长植田任总司令，增兵至三万余人，2 月 20 日，举行第三次总攻。十九路军激战五昼夜，打退敌之总攻。日军重整队伍，派白川大将（田中内阁时陆相）为总司令，加派菱刈隆为副总司令，增兵三个师团、飞机二百余架，总兵力达六七万人，战线延长至百余里。十九路军继续奋战，虽减员未得补充，仍坚持苦战两月有余。上海和全国各地人民、海外侨胞，以金，以物，以声，以心，以身，表达对爱国将士的支援；冯庸大学师生从北平至上海，投效十九路军；张发奎从广东率部北上，请缨抗日。爱国军民共同谱写悲壮抗日的历史篇章。

淞沪抗战时，蔡廷锴昼夜在战场督战

然而，蒋介石不满意十九路军擅自对日军开战。陈公博叙述了蒋介石和他的一段谈话：

我还记得一次我和汪、蒋两先生在浦镇的车站山上的工程师住宅内谈话时，蒋先生还说了许多埋怨十九路军的话。

93

　　我解释着十九路军不得不战，而且上海的战争，我认为是政治之战，而非军事之战，末后我更说：

　　"倘若上海不打，恐怕要酿成内战。"

　　"内战，我是不怕的。"蒋先生很坚决的（地）维持自己的意见。

　　汪先生恐怕我又直言犯忌，把别的话岔开，我记着汪先生告诫我的前言，便默然不语。

　　蒋介石对十九路军淞沪抗战的埋怨，是在公开场合说不出口的。不仅如此，还要表示政府抵抗之决心，大张旗鼓地张扬对十九路军进行支援。1月29日，国民党中政会讨论了淞沪事变，决定：如淞沪事件属地方小事，我方固可让步，但如有关领土主权，则决不能做丝毫让步，对暴力来侵犯时，必须抵抗。1月30日，国民政府发布宣言，表明中国政府"决非威武所能屈，决不以尺土寸地授人"。2月1日至2日，军事委员会在徐州召开最高军事会议，决定把全国划分为四个防区和一个预备区。同时令十九路军驻京、常、锡、苏各师，迅速全部开往淞沪战场，并派航空署长黄秉衡率飞机两队共二十四架，赶赴上海参战。2月8日，国民党中央慰勉上海抗日将士，赞其"忠义之气，照耀天日"，犒劳十九路军五万元。2月14日蒋介石令张治中率第五军赴沪参战。好像国民党、国民政府真的要大力支持十九路军，与日本决一雌雄了。

　　然而，实际做的是另一回事，背后的活动更令人吃惊。十九路军抗日打到一个月出头的时候，由于日军在浏河登岸，侧面受敌威胁，不得不由闸北退到南翔。此时，急需援兵，为此，李济深和陈公博北上向张学良求救，希望张学良在北方起兵，牵制日军。他们到了北平，顿时觉出冷水浇背。张学良没有动兵的意思，只以上宾招待他们，请吃饭，送行，样样周到；说到出兵的事，话语不着边际，使人丈二和尚摸不着头脑。以张学良的精明、干练，何以至此？因为他有难言之隐。李济深、陈公博二人到北平之前一日，蒋介石的使者先到了，声明李济深等并不代表他的意思。冯玉祥请缨抗战，蒋、汪置之不理。军政部部长何应钦扣留华侨给十九路军的六百万元赠款，并拖欠十九路军军饷。还有，上海税警团长王赓将作战地图带在身上，被日军搜去。何应钦与海军部部长陈绍宽，"慰问"日军，等等。这一切，都与那些做给人看的决定、宣言不合拍。

十九路军在浴血抗日，政府在交涉。从1月29日至2月13日，国民政府在英美公使领事斡旋下，先后三次派代表与日方接触，寻找停战途径。13日，蒋介石电十九路军：保持十几日的胜利，趁此收手，避免决战。但日军不打算停战，利用国民政府求和之机，增调援兵举行更大规模的进攻。和平无望，国民政府只得再战，增调江西、河南军队开赴上海。3月3日，国联开会，提议中日双方停战。同一天，日本宣布保护上海日本居民目的已达，决定在现占地区停止战斗。所谓"保护日本居民"，纯属谎言。日本在上海制造事件，是为了转移国际视线，以声东击西的手法，掩护在东北建立伪满洲国。3月1日，伪满洲国宣告成立，目的已达，才同意停战。国民政府立即接受停战谈判。从3月14日起，谈了一个多月的时间。5月5日，由中国代表、外交次长郭泰祺，日本代表、公使重光葵等在上海签订《淞沪停战协定》，将上海划为非军事区，中国军队不得在上海及其周围驻兵；而日军在上海一些地区仍有驻兵权。十九路军被调到福建"剿共"。这就是交涉的结果。

日本为了庆祝淞沪之战胜利，在上海虹口公园开了祝捷会。朝鲜革命者投了一枚炸弹，日本白川大将丧生，公使重光葵伤了一条腿，倒是这件事很使日本侵略者扫兴。

汪精卫大谈中国"外交的胜利"，说上海停战是"平等"的停战，"毫无对日屈辱之意"，今后仍要如此"一面抵抗，一面交涉"下去。

全国上下一致反对这一屈辱协定，谴责南京政府妥协退让，出卖主权。5月3日，上海各救国团体代表到郭泰祺寓所严词诘问，郭泰祺无理可讲，态度傲慢，宣读停战协定草案，借以压人。学生激于爱国义愤，用铜圆、茶杯打伤了郭泰祺的额角。汪精卫发表谈话，声言要痛惩；电令上海市市长迅速查明殴伤郭泰祺的责任者，"递解归案，严加讯办"。不久，汪精卫便派额上带着伤疤的郭泰祺任驻英公使。国民政府监察院长于右任，对《淞沪停战协定》义愤填膺，发动监察委员们，对主持谈判事宜的行政院长汪精卫提出弹劾案。该案以协定未送立法院议决即签字生效为违法，呈请中央最高监察机关依法处理。蒋介石急忙从后台出来解围，派人到于右任家疏通，致于右任愤而赴沪。然后，国民党中政会、中央监察委员会、中常会，分别开会讨论，认定对汪精卫弹劾案不予成立。蒋介石在中政会上说："本案手续上办理既无错误，当然不成问题。"上海各民众团体联合会通电全国，提出由各团体吁请立法院切实声明上海中日停战协定全部无效；并吁请监察院继续提出弹劾，责成汪精卫引咎自戒，否则法律惩戒。党政军大权在蒋介石、汪精卫手里，弹劾案被否定，谁吁请也无效，只能不了了之。

上海事件的处理开了一个头，做出一个样子。这就叫"一面抵抗，一面交涉"，这就叫"不失领土，不丧主权"。以后对付日军的新侵略活动，也沿着这条道走。

日本在上海停战，回过头经营伪满洲国，一方面进攻东北的抗日军队，以巩固其殖民统治；另一方面扩大伪满洲国的范围至热河。南京政府对北方防务没采取有力措施。上海停战后，蒋介石立即把兵力集中到南方。6月7日，蒋介石离南京赴汉口"督剿"红军，15日，在庐山召开鄂、豫、皖、赣、湘五省"清剿"会议，蒋介石亲兼鄂豫皖三省总司令，在"攘外必先安内"口号下，调五十万大军对红军进行第四次大规模"围剿"。就在第四次"围剿"红军的过程中，1933年元旦，日军炮击榆关，随即攻占。2月25日，日军开始进攻热河。3月3日，热河省汤玉麟弃城南逃。4日，日军轻松占得承德。之后，日军继续发动对长城各口的攻击，下一个目标是华北腹地。

丧师失地，全国有目共睹，无法掩盖，责任归谁？蒋介石从南方"剿共"前线到石家庄，3月9日，蒋介石与张学良会晤于保定，要张学良承担榆关、热河失守责任，引咎辞职，以平民愤。张学良早在两天前即已向南京政府电请辞职，蒋介石顺水推舟，在专车上与张学良商谈时说：

> 我接到你的辞职电报，很知道你的诚意。现在全国舆论沸腾，攻击我们两人，我与你同舟共命，若不先下去一人，以息全国愤怒的浪潮，难免同遭灭顶。所以我决定同意你辞职，待机会再起。

96   蒋介石安排张学良辞职后出洋治病。张学良本以为蒋介石此次北来会要他反攻热河，收复失地的，不料蒋介石只把失地责任推得一干二净了事。张学良抱头痛哭，对随从人员说："蒋先生对日仍以外交为主，并想用黄郛（亲日派）到北平来主持政务，专办对日外交"；"人骂我不抵抗，我也不辩。但下野后，天知道我这不抵抗的罪名要背到哪天呢？"张学良下野，北方战事仍以东北军、西北军为主对付。中央军精锐主力继续留在南方打红军，只有十七军的两个师调到长城一线。阎锡山拨一部分军队归北平军分会。

北平军分会委员长一职，自 1932 年 8 月起，由蒋介石兼任，也就是说，蒋介石不但在中央总掌军事，而且对北方军事负直接责任。但他把工作重心放在南方"剿共"，故由张学良以北平军分会副委员长的身份代行委员长的职权，接受蒋介石在南方的遥控。张学良下野后，由何应钦代理北平军分会委员长之职，这样，华北、平津以及东北军全落入蒋系之手。

事情很明显，蒋介石此次北上不是组织军队从日本手里收复失地，而是解决失地责任和华北控制权。这之后，他把华北军事交给何应钦指挥，在保定设立军事委员会委员长行营，由何应钦代蒋主持，坐镇华北，然后南返，与汪精卫策划对日"交涉"权力诸事，以解除对他南方"安内"军事的干扰。

汪精卫由于诸多原因，在上海停战后，于 1932 年 8 月 6 日辞职，把行政院交给了宋子文。蒋介石不同意汪精卫辞职，只给三个月假期。10 月 21 日，汪精卫以养病为名去了德国。热河吃紧时，蒋介石不断电催汪精卫回国。汪精卫

离港赴沪的汪精卫与送行者道别

不带兵，不负责军事，要他回国当然不是为了"抵抗"。他的"长处"是"交涉"，在蒋汪合作的政府里的分工是对日谋和。对此，汪精卫有强烈的使命感，接到蒋介石的催归电，很及时地于 1933 年 1 月 11 日自德国杜平根启程回国，中途曾转道日内瓦，在国联发表一份声明书，谓中日争端并非没有和

平解决的可能；中国无力对日宣战，但日本取作战方式时，中国将竭力御侮；日本南侵，中国将采取陈述国联与抵抗侵略同时并进政策。随后取道法国，于3月14日抵达香港，17日回到上海。

汪派骨干陈公博是最知道蒋汪合作及汪精卫使命内幕的人。他一针见血地说：

> 汪先生这次归来，很使我担心，他主持了一个《淞沪协定》，已给人家批评不少，这次回来，准又再订一个什么的协定。因为汪先生虽然离国几个月，行政院长还是虚悬，他虽然三番五次推荐宋子文，蒋先生只是不答应。我又怎样能够帮助汪先生呢？只能听其自然吧。蒋先生之虚位以待汪先生，我看得非常明白，也许因为汪蒋合作的关系，也许蒋先生要对日缓和，不愿意自己嫡系人物首当其冲。

汪精卫虽然回国，但表示他只在中央党部负责，提请国民党中央常务委员会任宋子文为行政院长。宋子文一直代理汪精卫行政院长职务，汪回上海当天，他发表声明："汪院长为吾党先河，群伦领袖，值兹河山破碎，大敌当前，非汪主持大计不足以挽此危局"，"子文当于十七日停止代理院务，追随汪院长，尽其职责。"蒋介石从保定电请汪复任行政院长。1933年3月26日，蒋汪在南京会晤，商定：对日外交汪精卫有最后决定权。由汪精卫主持南京行政，主要是对日交涉。蒋介石于4月2日又去了江西，继续指挥反共内战。

汪精卫回国后，先装腔作势、夸夸其谈地发表一通他对前段战争的看法，指责张学良不得力，说"榆关以一日而失，热河以七日而陷，实不成话。今后再不抵抗必影响外交""须先有抵抗然后有交涉""今日以后抵抗愈得力，交涉愈有希望"。

这时，长城各口中日双方争夺战正在进行。这一战从3月初至5月下旬，日军进攻长城线，直打到北平附近。中国军队节节抵抗，共投入三十余万兵力，主要是地方军；中央军不及十分之一。日军十五万余，伪军十万。中国主力仍在南方，蒋、汪合作的南京政府不指望以抵抗求胜利，而抱定以交涉求妥协的方针。

为便于和日本"交涉"，蒋、汪决定成立北方政务委员会，隶属行政院，驻北平，和何应钦领导的北平军分会共掌华北全局，分掌政务和军事。关于政务委员会委员长的人选，汪精卫先有一个方案，但蒋介石主张用黄郛，中政会里有几个人反对，汪精卫做说服工作。最后，5月3日的中政会根据蒋介石的意图，决定由黄郛担任。黄郛是政学系头目，与日本素有来往，把他推到前面，对日"交涉"顺手，汪精卫又多了一个臂膀。

黄郛受命之后，就在上海与日本方面代表密谈停战问题，但对记者谈话不承认对日妥协，声明"本人当本中央一面交涉、一面抵抗之旨应付华北危局"。5月17日，黄郛到北平，立即与何应钦等开会，传达中央先办理停战的意图，然后根据日方要求，派北平军分会高级参谋、步兵上校徐燕谋作为军使，去密云向关东军求和。日本提出停战条件，黄郛、何应钦决定接受，于5月31日，由日本关东军代表、关东军参谋副长、陆军少将冈村宁次等，和中国北平军分会代表、北平军分会总参议、陆军中将熊斌等，签订停战协定，即《塘沽协定》。这又是一个丧权辱国的协定，它所规定的中国军队和日本军队撤退线，实际上默认了日军对长城以北中国领土东三省、热河的占领，并以冀东为"非武装区"，使华北门户洞开。

汪精卫为这个罪恶的协定辩护，否认丧失主权，否认对日妥协。全国舆论强烈抨击蒋介石和汪精卫。《国闻周报》发表《停战与华北前途》一文，指出：如果要说那些以大刀、石头及血肉之躯英勇与日寇拼死的抗日官兵值得后人永世颂扬的话，那么南京政府，尤其是蒋、汪二人，实是出卖中国领土主权、出卖流血牺牲的爱国官兵、出卖爱国民众的"千古罪人"。何应钦、黄郛的背后是蒋介石和汪精卫，骂他俩是千古罪人没有错。特别是蒋介石，不只何、黄听命于他，汪精卫也必须以他的意见为上。政务委员长的人选就是一个例子。汪精卫为《塘沽协定》辩解，但不否认自己承担责任，不能不认账，只是说："谁叫我当行政院长呢！"

《塘沽协定》之后，与伪满洲国通车、设关、通邮，满足日本的要求，均由汪精卫、黄郛等办理。同样，以不同形式与蒋商量，有的曾先去江西听蒋介石的意见之后，再实际操作。这固然反映蒋介石、汪精卫在南京政权中的地位和权力不对等，更重要的还在于政府的工作以"剿围"红军为中心，政策的侧重点在内不在外。对日方针服从于"安内"的需要，给集中政府的力量于"剿共"创造一种环境。抵抗是为了"交涉"方便，通过"抵抗"和"交涉"争取停战，屈辱丧权，在所不惜。蒋介石直接主持"剿共"军事，汪精卫负责行政、对日工作，与之配合，因此，决策时，不能不围着蒋介石的意图转。

蒋、汪就这样，左一个协定右一个协定地出卖主权。到1935年，日本侵略者进一步向华北扩张，制造华北事变时，蒋、汪合作的南京政府又于同年6月27日同日本订立《秦土协定》，7月6日同日本达成《何梅协定》，使冀察两省主权大部丧失。随之而来的是蒋介石、汪精卫臭名远扬。人们自然形成的认识，所谓蒋、汪合作的政府，实际上蒋介石是主宰者、实权派，所以认为汪精卫是替蒋介石"背黑锅"。也可能是"人各有志"吧，汪精卫心甘情愿"背黑锅"，和蒋介石一起"跳茅坑""臭到底"。

汪精卫对担任行政院长这段工作，自我感觉良好。1936年7月13日，他有一封致陈璧君的密电，现全文录下，从中可见其心境：

数年以来，因剿匪军事关系，南京实际等于空城。我以赤手空拳，支柱其间，最大责任，在使后方不至沦陷，前方军事不至因而挠动，其余皆放在第二者。此是数年以来我对于国家之最大责任，亦即我鞠躬尽瘁之最大贡献。军队之调动，外间不知之，当局者始知之。故知我之苦心者，实在少而又少也。举一二事以明之。前年（二十三年）六月间，日本藏本失踪，数日未获，日本方面汹汹抗议，一日数至。日本长江舰队纷纷调至下关，有水兵上岸强占南京之消息。其时，我集朱益之、孟潇诸军事长官计议，始知南京无兵，仅有军官学校学生三四千人可以临时应战。其时蒋先生在庐山，定于六月十三日左右回京，参加军官学校十年纪念。我一日三电蒋先生，请勿回京。因蒋先生须带兵回始有用，若一人回，同堕空城，俱尽无益也。去年（二十四年）六月间，日本增兵平津，据何敬之部长报告，一触即发，势如然（燃）眉。其时蒋先生正在成都，不特南京无兵，北京亦将得力军队抽调将尽，而仓猝不能调之使回。其时局面只有两途：一是使平津为九一八之辽宁；一是造成今日之局面。两者相较，今日之局面固可痛心，较九一八之辽宁，尚为差胜（如果以为今日之局面，反不如九一八之辽宁爽快断送，较为干脆。此另一说，可以不论）。于是我只得负责以造成今日之局面。一时，同志明知故骂者有之，不知而骂者亦有之，我皆不辩，此又一事也。类似之事太多，不逞（胜）枚举。而所以不辩，则由于军事须守秘密故也。去年十一月一日我被刺，在被刺之前一日，我在蒋先生处午饭，阎百川、张汉卿、何敬之、朱益之、唐孟潇诸军事长官俱在座。蒋先生对卫说：'汪先生，我们以后不必再和六个月间一样受气了。我们的兵已陆续调回来了。'我闻而欣然曰：'如此六月间大病一场也值得。'诚然，如今南京，不是空城，而是实城，不得已时候，可以拼一拼了。我尽了数年的心，吃了数年的苦，挨了数年的骂，挨到南京已由空城而实城，由拼无可拼而至于可以拼一拼，那还有什么不满意的呢？所以我电中说：'过去责任，共负可，独负亦可。'我知道有人肯共负的，但是因为种种关系，还要我多负些，或者单独的负，我又何所辞？辩既不必了，生气更不必了。一个人为了国家，只要有一些益处，将生命名誉统统为这牺牲，是值得的。

季七月十三日

此书不可发表，但可存之。我写过去事，此为第一次。我本欲得闲写过去事，但细思之，仍以不写为愈，一个人原不必急于自白也。

击伤汪精卫："只中副车，千古遗恨！"

中国人民的耐性是罕见的。饥寒，劳苦，贫病，压迫……不到实不可忍的时候，都忍着，只到忍无可忍的时候才采取非常手段。同样，中国人民对卖国行为的敏感度之高也是惊人的，大概半殖民地生活给中国人的痛苦感受太深了。基于这一原因，其耐性绝不施于外来侵略者及其走狗。并且，不论哪个阶层，什么职业，打击侵略强盗及其走狗的时候，都一致行动。

从九一八开始，南京政府的不抵抗命令就开始失灵，东北军民组织了抗日义勇军和抗日联军，在白山黑水浴血苦战，打击日本侵略者。"一面抵抗，一面交涉"的真相很快被识破，爱国者一批接一批地从蒋、汪合作的南京政府管辖下分离出来。他们毅然举旗抗日，像扔垃圾一样，抛弃那些误国、害国、卖国的领导者，愤怒至极的时候，对着那些领导人举起了手中的枪。

1935年11月1日，汪精卫遇刺，身中三枪，成为轰动全国的特大新闻。这条新闻大快人心。几年来，抗日救国情绪受压抑的人们，顾不上去评论这一事件的成败得失和斗争方式是否妥当，先出一口气，一解心头之恨。汪精卫这种说漂亮话骗人，拿国家、民族利益做交易的人不杀实在不足以平民愤。那行刺的爱国青年，与掌中央统治权、统率千军万马不抗日的蒋介石、汪精卫为敌，决心"拼一死以诛元凶"，着实令人敬佩。可是，当平静下来细思量时，又觉得非常遗憾。计划刺杀的目标是蒋介石和汪精卫，结果只伤了汪精卫，却牺牲了一位好青年。

这位爱国青年叫孙凤鸣，原名孙凤海，是江苏徐州人。早年随父母在东北经商，后入关投军，曾在淞沪战役中任十九路军排长。刺汪前住在上海打浦桥法政学院东边新新南里232号危楼上。这里住着一批青年爱国志士。除了他，还有胡云卿（原名华克之）、陈惘子、张玉华（原名张维化）等。胡早年肄业于南京金陵大学，曾任南京学联理事，第一次国共合作时期，任国民党南京市党部青年部长。他力主抗日、反蒋，曾和孙凤鸣在苏北筹组游击部队，未果。后到上海，与陈惘子相遇。陈是安徽大学学生，因在安庆担任向蒋介石请愿的代表，依蒋介石手令被开除学籍，流浪到上海，入了私立法政学院。胡、陈是江苏宝应同乡同学，同住232号危楼。不久，他们的同乡同学张玉华放弃金陵大学的文凭，到上海寻找救国出路，与胡、陈走到一起。他们三人既是江苏同乡，又都怀着满腔爱国热情，从1933年起，就经常在一起议论国事，慷慨悲歌。还有一些志向相同的朋友，包括教授、校长、学生及其他职业者，常来他们这里，共同商讨救国之道。1934年年初，他们终于

酝酿出一个"五步流血""拼一死以诛元凶"的行动方案，刺杀目标是蒋介

石和汪精卫，首先是蒋介石。

陈惘子是共产党员，对于刺杀活动不能擅自从事，须请示组织。中共中央军委代表答复说：我们是信奉马列主义的革命党，不能鼓励别人去做暗杀工作。他们不承认这是暗杀，说是明杀，认为一系列反蒋战争都失败了，福建事变又没有成功，证明任何一个反蒋军人都不是蒋介石的对手，必须先把蒋介石处死，事情才好办。"蒋介石有数百万陆海空三军的保护，我们是几个赤手空拳的平民百姓。我们只是本着祖宗的遗训：'乱臣贼子，人人得而诛之'。"孙凤鸣自告奋勇负责"一枪打死蒋介石"的事。他说："为什么忍心让千百万人一天一天地被杀害呢？为什么不能让我一个人和他拼一拼呢？一枪把他打死后，对于祖国命运的安排，不是要顺利得多吗？"

同时，他们尊重共产党员执行自己党的纪律，决定陈惘子今后不再过问刺杀的事。

胡云卿、张玉华、孙凤鸣三人，加上在上海从事教育工作的江苏老乡贺坡光（原名贺少茹），一同到南京办"晨光通讯社"，胡任社长，张任总务兼编辑主任，孙任记者，贺任采访主任。办通讯社的目的是便于以记者身份接近国家领导人，寻找刺杀机会。但办社要很多经费，他们找到福建事变领导人李济深和陈铭枢，李、陈表示支持他们的行动，认为"这是一件神圣的事，大家应竭力而为"，资助他们五千元港币（合银圆五千一百五十元）。办社需要批准，他们托人疏通，办了通讯社立案登记手续，1934年11月获准，社址在南京陆家巷23号。同年12月，国民党召开四届五中全会，孙凤鸣到中央党部会场，拟采取行动，未得下手。1935年8月，蒋介石从武汉返回南京，孙凤鸣又曾寻机对其行刺，计划又落空。11月1日至6日，国民党召开四届六中全会，几位青年决定"背水一战"。事先孙凤鸣把爱妻崔正瑶和侄子托胡送去香港。10月28日晚上，通讯社设宴为孙凤鸣送行，胡把一支西班牙六响左轮手枪交给孙凤鸣说："四弟此举，如马到成功，其功可旋转乾坤，其名可流芳百世。"孙凤鸣慷慨激昂朗诵《易水歌》："风萧萧兮，易水寒，壮士一去兮，不复还！"

11月1日，孙凤鸣进入国民党四届六中全会会址——湖南路国民党中央党部。早上7点，一百多名中央委员去紫金山南麓谒中山陵，9点，在中央党部大礼堂举行开幕式，中央常委汪精卫致开幕词。开幕式结束后，中央委员到中政会会议厅新厦门前列队合影，汪精卫、张静江、阎锡山、张学良、张继等列于第一排。因为张学良、冯玉祥、阎锡山、龙云、陈济棠等地方实力派都出席大会，并各随身带卫兵两名，蒋介石有疑虑，走出大礼堂后，见秩序不好，临时决定不参加合影，返身回楼。汪精卫见蒋介石不到，去会议厅休息室催促，蒋说："今天秩序很不好，说不定要出事，我决定不参加摄影，我也希望你不必出场。"汪精卫说："各中委已伫立良久，专候蒋先生，如我再不参加，将不能收场，怎么能行，我一定要去。"

孙凤鸣的目标首先是杀蒋介石，但蒋介石躲了。汪精卫和蒋介石做着同样的事，应得同样的惩罚，故"见蒋刺蒋，见汪刺汪，一定行事"。9点35分摄影完毕。委员们转身上台阶，登楼参加预备会。这时，孙凤鸣从照相机、电影摄像机旁半圆形记者群中闪出，从大衣口袋里掏出手枪，高呼打倒卖国贼，向止在转身的汪精卫连发三枪，一弹射进左眼外角下颧骨，一弹从后贯通左臂，一弹从后背射进第六、第七胸脊柱骨旁。人群立刻散乱一片。坐在椅子上的张静江滚到地上，以致人们误以为他被打倒了。孔祥熙听到枪声钻到旁边的汽车底下，他的随从好不容易才把他拖出来。

孙凤鸣不是隐在人群中，而是站出来开枪，表示他此行没考虑逃脱。枪响后，张继奔到他的背后抱腰，张学良飞起一脚踢中他的手腕，手枪落在地上。汪精卫的卫兵还击两枪，孙凤鸣胸肺中弹，倒在血泊中。

南京政府视此为重大案件，要彻底查清，一网打尽。为了取得口供，医生每小时给孙凤鸣注射十余次强心剂，警察厅、宪兵司令部、行政院派人到医院病榻前审讯，追查指使人，孙凤鸣回答："我是一个老粗，不懂什么党派和主义，驱使我刺杀的是我的良心！……请你们看看地图，整个东北和华北那半个中国还是我们的吗？六中全会开完就要签字，再不打，要亡国，做亡国奴了！"

第二天凌晨，这颗忠诚炽热的爱国的心停止了跳动。孙凤鸣平静、安详地走了，他为实现自己的誓言尽到了最大的努力，献出了一切。

事后，南京政府军警宪特进行大逮捕，广事株连，残害无辜。张玉华、贺坡光被捕。因叛徒告密，孙凤鸣的妻子崔正瑶被捕。戴笠手下那些禽兽不如的特务们，对她施以惨绝人寰的酷刑，用针刺她的乳头，用藤条抽她的阴部。她"凌迟无一语"，随丈夫而去。

胡云卿在 1936 年 11 月 1 日散发的《为南京晨光通讯社诸烈士逝世一周年纪念告全国同胞书》中说：蒋介石诡谲多疑，临时不敢出场

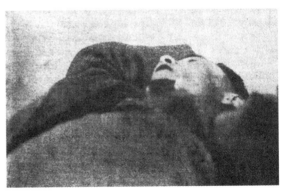

刺杀行动失败，孙凤鸣当场被击倒，随即被押送至南京中央医院抢救，两天后不治身亡

摄影，孙凤鸣同志不得已出此下策，击伤了第二卖国贼汪精卫，"只中副车，千古遗恨！"

陈璧君质问蒋介石：为何下此毒手？

汪精卫被刺后，陈璧君、蒋介石由楼内出来。陈璧君屈一条腿跪在汪精卫身旁，把着汪的脉搏，见他鲜血满面，以为就要死去了，悲愤地说："四哥，你放心罢，你死后，有我照料儿女。革命党反正要横死的，这种事，我早已料到。"蒋介石屈了一条腿跪在汪精卫的右边，把着他的另一只手，十分关切地说："不要紧，不要紧，不要多说话。"汪精卫呼吸紧促，说话难免吃力，对蒋说："蒋先生，你今天大概明白了吧。我死以后，要你单独负责了。"

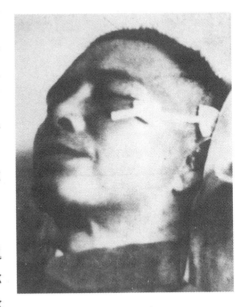

被刺后的汪精卫

开中央全会，蒋介石作为常委的头号人物无故不参加合影，岂非咄咄怪

事！偏偏他不在场的时候出现枪击事件。据此，人们首先怀疑刺汪是蒋介石的预谋。陈璧君找到蒋介石大吵大闹，质问他："你不要汪先生干，汪先生就不干，为什么要派人下此毒手？"人们进而分析中央党部的环境，在军警的严密戒备和盘查下，除了蒋介石的特务，谁能进来行刺？桂系李宗仁、白崇禧发电责问蒋介石，蒋介石也在考虑是谁干的。第二天下午，他找汪派的陈公博、顾孟余、唐有壬、谷正纲谈话，解释说："我看这件事不是自己人干的。"他根据子弹和手枪不是一种类型、不相配，而如此判断。

蒋介石下令戴笠破案。戴笠根据孙凤鸣领取大会记者入场证的线索，逮捕了在中央军校工作的一个司书，亲自审讯后，立即将张玉华逮捕，中统局将贺坡光逮捕。胡云卿潜逃。案内有一个改组派的人，知道内情，陈璧君、汪精卫才相信不是蒋派人所为。

此案非蒋介石所为，是事实。怀疑蒋介石却有极深刻的原因。1932年以前，蒋、汪间的对立，人所共知，记忆犹新，即使重新合作后，他们之间也不融洽，裂痕越来越大。党、政、军决策，蒋介石是第一人。汪精卫掌管的行政院的内政、外交、军事、财政几大项，没有蒋介石同意也行不通。蒋介石早有话传过来，军事不要他管，而财政由宋子文把持，后孔祥熙任部长，只听蒋介石的。外交方面，蒋介石掌握情报不给行政院，外交方针决策蒋介石当然要管。蒋介石在江西"剿共"，庐山俨然变成太上政府。社会舆论认为汪精卫没有骨气，是"马弁式的行政院长"。汪精卫屈居蒋下，心里老大不舒畅。担风险、挨骂的事，蒋介石决定躲在幕后，要汪精卫出面，替他"背黑锅"。他不但不出面承担责任，连句帮助开脱的话也不说。不只对汪，对其他人也如是。黄郛有一次打电报给蒋介石：外间说黄郛卖国的谣言应立刻解释一下，"毋使天下后世，以弟为爱国者，而以兄为卖国者也"（弟指蒋，兄自称）。对此，汪精卫及其一派的人有同感。

早在1932年《淞沪停战协定》签订之后，汪精卫受到监察院的弹劾，就曾向国民党中央辞职，被慰留。1932年秋，汪精卫辞职出国"养病"也不是因为身体健康状况不佳。

1932年6月18日，汪精卫偕宋子文等飞北平，往访国联调查团，并与张学良协商对日"交涉"及出兵问题。张学良答：须委员长亲自下令。

之后称病入院，不理汪精卫，但晚间和宋子文游北海，划船，毫无病容。为此，汪精卫一怒之下回南京。7月，日本关东军进犯热河，汪精卫电令张学良抵抗，张学良不予理睬，发表言论有不需汪过问军事的暗示。汪指挥不灵，电促蒋介石回京共商对策，蒋介石电复，"'剿匪'紧张，暂难返京"，婉言拒绝了汪精卫的要求。汪精卫主张惩罚张学良，蒋介石默不表态。汪精卫察觉到这是蒋介石与张学良的默契，还是那句老话：不要他管军事方面的事。8月6日，他在上海访宋子文，请其主持行政院工作。同日发出五封电报，分别致国民党中央执行委员会、国民政府主席林森、行政院各部长、军委会委员长蒋介石、北平绥靖公署主任张学良，提出辞职，并在致张学良电报中痛责其屡次拥兵不前，丧失国土，违抗反攻命令，只知向中央索款，搜刮民脂民膏以自肥，而不为国家出力，要求他"亦以辞职谢四万万国人"。南京国民党中央、国民政府劝汪留任，林森亲赴上海劝慰。蒋介石还需要汪精卫替他和日本言和，承担卖国罪名，故致电亲切恳请并肩携手共赴国难。汪精卫向记者发表谈话，宣称张学良在热河告急、平津危急之时，不听命令，拥兵不前，故救国唯有去军阀，要与张学良同时去职。这场风波的结局是，撤销北平绥靖公署，张学良的主任当然也用不着当了；改设军委会北平分会，蒋介石任委员长，张学良以副委员长身份代行委员长职权。汪精卫请假三个月，出国"养病"，行政院长一职由宋子文代理。汪精卫于1932年10月21日去德国。

汪精卫重新回国的时候，榆关、热河已失守，张学良下野留洋。蒋介石请汪精卫回来继续替他"背黑锅"，所以给他一项对日交涉的最后决定权。汪精卫为了自己掌管的工作不受蒋介石控制，1933年8月17日外交部长罗文干辞职之后，自己兼任了外交部长。汪精卫有了这配套的外交权，在蒋介石的同意和支持下，和日本签订一连串的协定。同时，汪精卫在国民政府中的势力一天天膨胀，不只原来汪派的人上蹿下跳，日趋猖狂，而且，何应钦、黄郛、蒋作宾等都走上亲日路线，成为汪精卫的伙伴。日本也明显地信赖汪精卫一派。

蒋介石不愿看到南京政府出现一个他以外的强大派别，暗中变换方式加以遏制，凡反汪、骂汪的，都得到蒋介石的赏识和器重。蒋介石手下一派人，联合抗日民主派，在中央内部发起向亲日派进攻。他们抨击汪精卫的屈辱外交，这无可挑剔且值得肯定。但他们避而不谈蒋介石的军队打红军不打日本与屈辱妥协外交是什么关系。数年来，蒋介石把军队调到南方"剿共"，"南京实际等于空城"。1934年6月，日本有强占南京动向，南京可临时应战之兵仅三四千人，这难道不是蒋介石所为？蒋介石需要的就是对日屈辱外交的配合。汪精卫一派对蒋介石心中有数，有恃无恐，毫不示弱，于是出现针锋相对、短兵相接、唇枪舌剑的局面。华北与伪满通车，蒋派联合于右任等弹劾铁道部长顾孟余丧权辱国，汪精卫操纵中政会否决监察院的弹劾案。1935年6月19日，在中政会上，蔡元培质问汪精卫对日外交抱何宗旨，汪精卫毫无愧色地回答："对日外交这几年来均持'忍辱求全'四字而行，现在亦复如是。"又问："'求全'如何解释？"汪无法回答。吴稚晖代答曰："求全"是"整个国家完完全全送给敌人"。汪精卫愤然退席。于右任、戴季陶、孙科大骂汪精卫卖国。蒋介石用沉默支持对汪精卫的抨击。汪精卫及其一派对蒋介石十分不满。6月30日，汪精卫以"病"入院，旋去青岛游山玩水，8月8日辞职，由孔祥熙代事行政院事。孔祥熙、陈果夫借机酝酿准汪精卫辞职。

但华北局势紧张；日本给南京政府施加压力，称汪精卫去职将影响中日合作。中国驻日大使蒋作宾力主请汪复职，认为对日关系的缓和，非汪莫属；如汪不复职，他也不再返回日本任大使。蒋介石一如既往，仍要与日本妥协，以便有时间继续反共；又不愿自己戴上"卖国贼"的帽子，遂于8月中旬，请汪复职。21日，蒋、汪会晤于南京，汪精卫同意复职。蒋介石答应了汪精卫的一些条件：对日外交，中日间的政治、经济合作，由汪精卫全权主持；行政院的政治、外交事项不必都交中政会议决；中央财政归行政院独立主持。但汪精卫提出中日军事合作，蒋介石不同意。这时，汪精卫是地道的亲日派了；蒋介石虽然未抗日，终究与汪精卫不同，对日妥协尚有限度、有分寸，不论出于什么原因，总没有汪精卫走得远。只是若不放弃所谓"先安内，后攘外"方针，一味武力"围剿"早已力主合作抗日的共产党，就不能不对日迁就、退让，也就不能与汪精卫亲日派一刀两断。

汪精卫被刺受伤后，向国民党五届一中全会辞行政院长兼外交部长职，

获准。行政院长由蒋介石接任，外交部长为张群。蒋、汪第二次合作及其合作的政府结束。此后，南京政府基本由蒋派或称亲英美派掌权，而蒋介石的独裁权力不仅在政府方面和军队方面，在党的方面也增长起来。1935年12月2日至7日的国民党五届一中全会决定的中央领导机构中，中央常务委员会，胡汉民为主席，蒋为副；中政会，汪精卫为主席，蒋为副。但胡汉民一直未进京，汪精卫又离去，实际都归蒋介石主持。除职务之外，蒋介石还以"非常时期"为理由，伸手要特权。在1935年11月12日至23日的国民党第五次全国代表大会上，蒋介石陈述了内外方针之后，提出："请大会授权政府在不违背方针之下，政府应有进退伸缩之全权，以应此非常时期外交之需要；政府誓必竭诚尽能，对全党负完全责任。"大会通过决议，予以接受，并在《确定救党救国原则案》中，规定"应授权于本党文武兼赅伟大崇高之领袖，使之统筹一切，全党同志，听其指挥"。不言而喻，"文武兼赅"非胡，非汪，唯有蒋介石。用陈布雷的话说：自兹蒋负党政军重责于一身，只差未有名实相副的规定而已。有人把蒋介石的独裁归罪于汪精卫与蒋介石在南京的这段合作，说是他养成了蒋介石这个"最高领袖"，或者说："纵然不是养成独裁，也是掩护独裁。"这些话反映了人们对蒋介石独裁的不满。汪精卫即使起了这种作用，也不是他的本意。

汪精卫所中三枪，当时均非致命伤，但一时不容易治愈，入中央医院十九天，左臂、左颊子弹取出，后背一弹始终取不出来。就是这颗子弹，在九年以后毒性发作，把汪精卫送进阴曹地府。汪精卫于11月20日离京赴沪疗养，1936年2月19日，悄然从上海乘轮船去了欧洲。船过香港时，胡汉民派女儿胡木兰到船上问候，汪说："我帮蒋的结果如何呢？请你转告令尊，不要忘记我身中三枪。"

伤愈后的汪精卫，其左眼外角下留下了一块伤疤

从调整内外方针到被迫停止内战

　　孙凤鸣的枪声和忧国忧民的遗言表明，中国人民对日军的侵略和政府的妥协退让，已经不能再忍受下去了。国民党再不改弦易辙也无法再继续统治下去了。

　　蒋、汪合作已经结束，蒋派即亲英美派独掌中央大权。随着日军侵华步伐加紧，华北危急，中华民族危急，蒋介石开始调整对日、对共方针。1935年11月12日至23日召开的国民党第五次全国代表大会，与以前的大会相比，有两个引人注目的变化，一是冯玉祥、阎锡山本人，以及两广陈济棠、李宗仁、白崇禧的代表，出席了大会，宋哲元、韩复榘表示服从中央，出现了一种蒋介石和地方实力派息争统一的势头。蒋介石说："一种精诚团结之精神，弥漫全会。"二是蒋介石发表对外关系讲演，除了讲一些什么"小不忍则乱大谋"及绕着弯子为前段妥协外交辩护之外，还讲了一些有为国牺牲之决心的话：

　　　　苟国际演变，不斩绝我国家生存、民族复兴之路，吾人应以整个的国家与民族之利害为主要对象，一切枝节问题，当为最大之忍耐，复以不侵犯主权为限度，谋各友邦之政治协调；以互惠平等为原则，谋各友邦之经济合作。否则即当听命党国，下最后之决心，中正既不敢自外，亦不甘自逸。质言之，和平未到完全绝望时期，决不放弃和平；牺牲未到最后关头，亦决不轻言牺牲；以个人之牺牲事小，国家之牺牲事大；个人之生命有限，民族生命无穷故也。

　　这里表现出蒋介石南京政府的一种要抗日的意向。

　　国民党第五次全国代表大会（以下简称"五全大会"）后，南京政府对日交涉态度趋于强硬。之前，1935年10月7日，日本向中国驻日大使提出，要求中国接受广田对华三原则：中日合作、承认伪满洲国、共同反共。10

月 20 日，中国驻日大使传达中国政府的答复，态度很是暧昧，尤其对伪满洲国问题，竟列于日本应撤销的侵犯中国主权领土的各项协定及措施之外。但"五全大会"以后，南京政府的基调发生了很大的变化。1936 年 1 月 11 日，日本外相在贵族院演说三原则，1 月 22 日，中国政府外交部发表声明，断然否认中国业已同意广田三原则。外交部长张群对日本驻华大使有田明确表示：希望调整中日关系，"否则唯有一战以求解决"，而且，"调整中日国交，应先以解决东北问题为始"。1936 年 7 月 13 日，蒋介石在国民党五届二中全会讲"御侮之限度"时，解释"最后关头"为"保持领土主权的完整"，说：有人强迫我们承认伪满洲国等损害领土主权的时候，就是我们不能容忍做最后牺牲的时候。

1936 年 8 月 24 日，发生成都事件，即因日本擅自在成都设领，并派人伪装商人及新闻记者到成都事先部署，寓居大门川饭店。市民闻知，群起反对，民众万人举行反日暴动，捣毁大川饭店及有关商号、交通公司，打死打伤日人各两名。军警镇压，与民众冲突，彼此互有伤亡。

9 月 3 日发生北海事件：日侨中野顺三在广东省北海被桂军翁照垣部所杀，日本借机威胁中国，提出种种事件外的无理要求。中国政府重申"敦睦邦交"令。但内定，只做有限度让步（事件本身的），准备应付交涉恶化，"随时抗战"。谈判时，对日本所提无理要求逐项驳回：日本要求"取缔排日"，中方答复可做努力，但起因于日本在华行为；关于"华北问题"，中方认为日本欲在华北造成独立或半独立政权，破坏中国领土主权，无商讨余地；日本提出"共同防共""减低入口税"等问题，中方表示，系中国内政；日本要求实现"上海福冈间民用航空联络"，中方表示，因日本飞机在中国各地非法飞行，解决之前，难实行沪福联航；日本要求中国"聘用日籍顾问"，中方回答，这要视中国政府需要而定；日方要求中国"取缔朝鲜人"，中方要求日方庇护之人亦应由日方取缔。同时，中方采取攻势，提出：中国华北行政必须及早恢复完整，取消塘沽协定、上海协定，取消冀东伪组织，停止不法飞行，停止走私，消灭察绥伪军等要求。被认为"这是国民政府第一次明确提出自己的主张"。双方商谈七次，历时两个月有余，无结果。11 月间，绥远战争爆发，南京政府一方面派人与日方交涉，另一方面痛击伪蒙军，获胜。12月3日，中日谈判终止。

对内对外方针应当是紧密联系在一起的，不合拍的是国民党对日强硬时，对共产党的"围剿"尚未停止。1935年，红军长征到陕北后，蒋介石围追堵截红军的数十万中央军主力陆续撤回。"剿共"主攻任务交给了东北军和西北军，张学良任西安"剿匪"副总司令，在前线负责。

不过，自1935年底1936年初，国民党也开始谋求用谈判方式调整国共关系。主要有两条渠道：一条从苏联。当时，蒋介石拟利用苏联遏制日本侵华势力的扩张，同苏联进行外交谈判，借便派邓文仪任中国驻苏使馆武官，设法从苏联与中共取得联系。1935年12月，邓文仪通过苏联政府同中共驻共产国际代表团进行接触，提出国共两党谈判要求。中共代表团指定潘汉年为联系人，于1936年3月在莫斯科与邓文仪会晤。另一条渠道在国内，蒋介石派陈立夫打通同中共关系。陈立夫派国民党中央委员曾养甫去做。1935年11月初，曾养甫找到五四时期和周恩来、邓颖超相识的谌小岑，由谌通过翦伯赞同北平中国大学教授吕振羽联系，因为吕振羽的学生中有共产党员。经中共北平党组织决定，吕振羽于11月底到南京，开始和曾养甫会谈。这时，谌小岑还通过国民党中宣部下属征集部的主任左恭（中共地下党员）与中共上海党组织发生了联系，12月份，中共上海党组织派张子华赴南京和曾养甫接触，从此打通了国共之间的联系。中共方面，早在九一八事变后就主张停止两党军队间的战争，共同抗日，发表过一系列内部文件和公开宣言，尤其1935年的《八一宣言》，使"停止内战，一致抗日"口号，在国内各界引起了巨大的反响和共鸣。虽然两党开始接触后，双方的要求去甚远，但毕竟是用政治手段解决两党矛盾的开端。

蒋介石失策之处在于死抱着"攘外必先安内"、军事"剿共"方针不放。在民族危机的形势下，停止内战、一致抗日为大势所趋、人心所向。蒋介石一方面要和共产党谈判，试图使共产党投降；另一方面违背全国人民意愿，仍然坚持攻打红军。这就免不了碰壁。1936年10月22日，蒋介石偕宋美龄飞西安，部署东北军、西北军进攻红军。10月30日下令对红军发起总攻击。他调集了二百六十个团的兵力于"剿共"前线，大有非一举荡平苏区、消灭红军不可之势。张学良、杨虎城因为全国人民和本部官兵反对打内战，又在

"剿共"战争中吃过苦头，暗中与红军达成协议，把战事停了下来。南京方面发现了张、杨"剿共"的态度消极，12月4日，蒋介石再飞西安督战，逼张、杨执行他的"剿共"命令，在西安一下飞机，就遇到东北军青年军官请愿，要求停止内战，一致抗日。蒋介石十分恼火，要张学良处分这些军官，并对张、杨说：如不"剿共"，就把东北军调到福建，西北军调到安徽，另派嫡系蒋鼎文为"剿共"前敌总指挥。蒋介石还命令胡宗南部到陕西边境，割断东北军、西北军与红军的联系。张学良、杨虎城向蒋介石"苦谏"，请停止"剿共"，以便集中力量抗日。蒋介石不采纳，并骂张学良年轻无知，强硬表示："你就拿枪打死我，我也不能停止'剿共'！"12月9日，一二·九学生运动周年纪念日，西安市学生一万五千余人向张、杨请愿，并从西安步行去蒋介石驻地临潼华清池，要求蒋介石答应抗日。蒋介石在学生行进途中的十里铺布置军队，架机枪阻拦，并命张、杨对游行学生"格杀勿论"。张学良不愿看到学生流血的事件发生，亲自驱车十里铺劝学生返回西安。学生高呼："我们愿意为救国而死。我们前进吧！"群情激昂，悲愤号哭。张学良恳切地对学生保证："一星期内，我准有满足你们心愿的事实答复你们！"张学良到临潼，再次请求蒋介石顺从民意，停止内战，一致抗日，遭蒋介石严词拒绝。张学良对蒋介石非常失望，不得已，于12月12日与杨虎城合作，对蒋介石实行"兵谏"，扣押蒋介石于陕西绥靖公署新城大楼，同时逮捕了随从蒋介石的重要将领陈诚、陈调元、蒋作宾、钱大钧、蒋鼎文等十余人。13日，张、杨通电全国，声明对蒋介石无加害之意，"对介公为最后争谏，保其平安，促其反省"，提出八项主张：一、改组南京政府，容纳各党派共同负责救亡；二、停止一切内战；三、立即释放上海被捕的爱国领袖；四、释放全国一切政治犯；五、开放民众爱国运动；六、保障人民集会、结社一切之政治自由；七、切实遵行总理遗嘱；八、立即召开救国会议。

西安事变消息传到南京，12日晚间，国民政府要员集中到军政部部长何应钦的公馆开会，参加人员有国民党中央委员，也有各院部长官。汪派的陈公博、陈璧君等都出席了会议。陈公博提议：由政府将真相公布天下；明令讨伐张、杨；发电报要求释放蒋介石。夜11时，中央党部开紧急会议，戴季陶主张讨伐，全体通过。南京方面接到张、杨的八项主张不发表，扣留

张学良、杨虎城于西安事变前夕的合影

起来，一心准备讨伐。但宋美龄得到西安事变消息，从上海回南京，主张和平解决。孔祥熙同意宋美龄的意见。不久，南京盛传：何应钦力主讨伐是企图迫使张、杨走极端，加害于蒋介石，以便取而代之。宋美龄在中央军校报告说主张讨伐的人别有用心。于是，她主持起与西安方面的交涉。

宋美龄让孔祥熙发电报给张学良，要求张学良指定一部电台同她联系。她发电报给张学良，说准备派端纳去西安，居中调解。端纳是澳大利亚人，原为张学良的顾问，后为蒋介石的顾问，很适合做这一调解工作。12月14日下午，得到张学良允许，端纳前往西安。他到西安后，立即会见张学良、杨虎城，递交宋美龄信件，并了解到西安方面的抗日救国诚意。然后，他又到蒋介石住处，把宋美龄的亲笔信交给蒋。宋在信中，除叮嘱蒋保重身体外，还特地对蒋说及"南京方面是戏中有戏"，向蒋暗示：何应钦妄图借机置他于死地。蒋介石看信后，悲愤交集，禁不住哭了起来。端纳趁此机会向蒋汇报与张学良晤谈情况，劝他说："我首先告慰您，就是张将军对您并无加害之意，只要您答应他们的主张，他们还是忠心地拥护您做领袖。我认为这不仅是张、杨两将军的个人意愿，也是全中国人民的迫切要求，而且许多西洋人也赞同这样的政见。您若是接受他们的主张，今后将成为世界的伟人；若是拒绝接受，势必将成为渺小人物。"端纳的这番话，对蒋介石转变态度起了促进作用。

宋美龄还派遣军官、励志社总干事黄仁霖上校作为译员，陪同端纳一同前往西安，目的是让他亲眼看看蒋介石是否还活在人间。但是，在端纳会见蒋介石时，张学良却另派译员，不让他同蒋见面。黄焦急地问："这样我怎么回南京？我怎么知道他确实还活着？我拿什么向蒋夫人汇报？我决不能说我连见都没见到他一眼。"张学良觉得黄仁霖的说法有理。他考虑了一番，最后想出一个主意。他说黄可以见到蒋介石，但蒋介石却不能见他。他命令人把蒋介石房间门上的一小块白粉涂掉，形成一个窥视孔。黄仁霖谨慎地弯下腰，从小孔中朝里望去，后面一个人用枪顶着他宽大的后背，两边站着两个表情严肃的卫兵。他看到蒋介石躺在床上，背靠着枕头，正在与坐在一旁的端纳深谈，翻译在旁边立正站着。几分钟后，黄便被拉着离开现场。不管怎样，他见到了"委员长"，看到他还活着，尽管气色显得苍白不佳。他的心情轻松了许多。

端纳在完成了初步使命后，于 15 日飞回洛阳，用电话向宋美龄报告"西安事变"的真相和张、杨的意图，以及蒋介石的安全状况，并说西安方面要求她和孔祥熙去陕磋商释蒋问题。宋美龄听后，顿时得到宽慰，她"发现了第一次希望的曙光"。

然而，12 月 16 日的国民党中政会决议，推何应钦为讨逆军总司令，讨伐张学良。当天国民政府下讨伐令。宋美龄立即电告端纳，要他转告蒋介石下停战手令。

宋美龄又派宋子文和端纳于 20 日去了一趟西安，宋子文和中共代表周恩来进行了长谈。

当宋美龄确知西安方面绝无伤害蒋介石的意图及中共解决事变的诚意后，感到和平解决的可能性很大。但是，摆在她的面前还有两个问题：一个问题是何应钦的军事行动并没有停止，飞机轰炸暂停，而地面战斗恰在 20 日爆发，南京军队包围渭南；另一个问题是蒋介石脾气暴躁，拒绝同张、杨谈判，并以死相要挟，甚至在给宋美龄的信中，要求南京采取军事行动。宋没转告何应钦。她觉得只有自己出面才有可能解决问题。

当时形势很紧张，内战随时可能爆发，去西安有很大风险。张学良来电表示："如果战争不停，不宜来谈，因无法提供保护。"何应钦说：西安是"充满流血与火的赤色世界"。南京还有人提醒她："倘赴西安，不独不能晤委员长。且将被囚作质，丧尽尊严。"对于这一切，宋美龄全置之不顾，决心冒险赴陕，承担别人无法完成的使命。她形象地比喻说："西安的形势是：端纳先生已打好了地基，子文盖起了墙壁，只有等我去铺房顶了。"

12月22日，宋美龄偕同宋子文、端纳、蒋鼎文、戴笠等，乘专机前往西安。途经洛阳，她见轰炸机在机场罗列待发，因而于登机时，坚嘱洛阳空军司令："未得委员长命令，切勿派机飞近西安。"

当天下午，宋美龄来见蒋介石。蒋见到宋美龄到来大吃一惊，说道："余妻真来耶？君入虎穴矣！"说完怅然摇首，泪潸潸下。蒋那时仍想以死威胁，不肯谈判。宋美龄理智地对蒋说："此后君不应该轻言殉国。君之责任仍在完成革命以救国，君更应宝贵君之生命。"她还告诉蒋，只要处理得宜，事变可以马上解决。于是，蒋介石授意宋氏兄妹负责谈判，并向张、杨与周恩来提出两个条件：一、他本人不出头，由宋氏兄妹代表他谈判；二、商定的条件，他以"领袖的人格"做保证，不做任何书面签字。张、杨、周答应了他的要求。23日宋美龄与宋子文一道，代表蒋介石同西安方面代表、中共代表团开始谈判。谈判一开始，中共代表周恩来首先提出解决"西安事变"的六项主张：一、双方停战，中央军撤至潼关以东；二、改组南京政府，肃清亲日派，加入抗日分子；三、释放政治犯，保障民主权利；四、停止"剿共"，联合红军抗日，共产党公开活动；五、召开各党派、各界、各军救国会议；六、与同情抗日的国家合作。这个以抗日救国为宗旨的六项主张，构成了这次谈判的基础。经过两天谈判，于24日达成六项协议：一、改组国民党与国民政府，肃清亲日派，容纳抗日分子；二、释放上海被捕的爱国领袖，释放一切政治犯，保证人民的自由权利；三、停止"剿共"政策，联合红军抗日；四、召集各党、各派、各界、各军救国会议，决定抗日救亡方针；五、与同情中国抗日的国家建立合作关系；六、其他具体各项办法，如中央军入陕部队调出潼关，西北各省军政，由张、杨负责等。

12月25日下午，张学良陪同蒋介石、宋美龄等一行飞往洛阳。在洛阳，蒋介石下令中央军停止向西安进攻。26日蒋介石一行飞抵南京。张学良从此失去自由，并于12月31日至次年1月4日受军事委员会派员组织的高等军事法庭审判，判有期徒刑十年，褫夺公权五年。蒋介石请予特赦，令张"戴罪图功，努力自赎"，得准，但仍交军事委员会严加管束。

张学良以爱国壮举而失去自由数十年。他的合作者杨虎城则为此献出了生命，以此争得了停止内战，举国一致抗日的实现。他们都是中华民族的功臣！

五　三次合作，
　　不唱一个调

蒋、汪第二次合作的政权结束，是因为汪精卫遇刺受伤，出国疗养。尽管蒋、汪之间有隔阂，有怨恨，其程度尚未达到反目成仇的地步。蒋介石不愿承担对日妥协罪名，有人公开表示反对汪精卫的外交，而拥护"蒋先生"，他心里明知道汪精卫外交里有自己的份，也不声明和汪共同负责，更不替汪辩护，真的是"使天下后世"，以汪为卖国，而以蒋为爱国者也。汪精卫本人及其一派，对此愤愤不平。局外人也认为蒋介石耍滑头。不过，私下里，蒋介石承认汪精卫替他挡箭。四届六中全会期间，他宴请西南代表时说："汪先生这几年为国，为党，为我，都说不得的，请你们不要再反对。"

汪精卫辞职后，在政治上仍不甘寂寞，还要借助蒋介石的推崇，所以不想和蒋介石弄掰。汪精卫出国养伤治病期间，一直密切注视着国内的政治动向，不改变蒋、汪合作立场。这样，西安事变后，汪精卫回国，蒋、汪重新携手，开始了第三次合作。

蒋、汪第三次合作于抗日战争期间，对于抗日这项最中心的任务，两人不能一致，蒋介石抗日的调子很高，汪精卫则以唱低调为能事。这次合作从汪精卫1937年2月回国算起，只维持不到两年的时间。

总统梦

国民党自从孙中山去世，其组建的政府就不设总统。国民政府首领称主席。1931年的国民会议时，蒋介石有选总统的意思，硬是被胡汉民反掉了，文件上连总统字样也没见。蒋介石虽掌握了不小于总统的权力，还是不称总统称主席。

到了1936年5月5日，公布了一部《中华民国宪法草案》，简称"五五宪草"。为这部宪草，国民党吵嚷了几年。1928年6月，南京政府打败了张作霖之后，宣布军政结束，训政开始。翌年规定训政自1929年至1935年，为期六年。据此，应于1935年开国民大会，制定宪法，实行宪政。南京政府自1933年由立法院以孙科为首成立宪法起草委员会，开始制宪工作。

1934 年 10 月立法院三读通过，提交国民党中央审核。1935 年 11 月，国民党第五次全国代表大会，也就是汪精卫会前被刺未能出席的那个大会，通过决议，接受宪法草案。之后在五届一中全会又进行局部修改，决定：1936 年 5 月 5 日公布；11 月 12 日召开国民大会。这部宪法草案规定中央政府设总统，为国家元首，对外代表中华民国。设总统这件事，对汪精卫和蒋介石都极有吸引力。

"五五宪草"公布的时候，汪精卫在国外。他从 1936 年春天出国，先在德国就诊，后往返于德国、法国、捷克、英国之间。国内抗日民主运动高涨，国民党内各派矛盾，尤其西南与蒋介石之间的矛盾激烈等情况，汪精卫一清二楚。他通过陈璧君及原改组派的头面人物了解国内信息，注视国内时局动向，指示国内亲信的行动准则。他们之间，函电交驰，相当频繁。

蒋介石为了解决半独立状态的两广问题，拉胡汉民入京。胡曾有所考虑，终未成行。1936 年 5 月 12 日，胡汉民病故于广州，两广失去了政治轴心。蒋介石认为取消两广半独立组织的时机成熟，派人前去商讨，并拉广东实力派陈济棠打广西的李宗仁、白崇禧。两广于是联合发起"六一运动"，揭起抗日旗帜，出兵北上。

汪精卫得到上述信息，于 5 月 14 日给陈璧君电称：对蒋介石保持向来的合作关系；对西南方面只取得感情联络，不建立政治关系，如其来人，至多不即不离。因为，如果联合西南倒蒋，是尽毁数年来的立场，"我决不为"。即使挟西南以自重，亦所不屑。同年 7 月 1 日，汪精卫电复陈璧君，可以签名取消西南两机构：广州政治分会、国民政府西南政务委员会。取消西南两机构的主张是蒋介石提出来的，汪精卫让陈璧君表态拥护。这既是表示汪精卫反胡派立场不变，也是表示拥蒋立场坚决。

11 月 12 日召开国民大会的决定，引起汪精卫的重视。他关心的是国民大会是否选举总统。按行宪的程序，国民大会要通过宪法和选举总统。抗战胜利后国民党行宪时，于 1946 年开制宪国民大会，通过宪法，1948 年开行宪国民大会，选举总统、副总统。也就是说制宪和选举总统分别召开两次国民大会解决。国民党五届一中全会通过的召开国民大会的决议案中，没说明 1936 年 11 月的国民大会是否同时选举总统。汪精卫于 1936 年 6 月 1 日电陈璧君，让她"探复"大会与大选是否同时进行。大选指选举国大代表和选举总统。开国民大会，选举国大代表当然没有疑问，汪精卫关心的是，是否选举总统。陈璧君告诉他11月大选。时下，政府、党部除去外交，便是竞争选举，CC团、蓝衣社、政学系争得你死我活；军委会及社会传闻蒋介石已电催汪精卫归国，举汪为总统；总统的权限将视人选而定，宪法亦以此为转移。陈璧君、谷正纲、沈次高、王懋功等建议汪精卫在大选开始之前动身回国，如10月、11月回国，即应决心参加国民大会，拿出领袖态度，对于国家大计据理力争，绝不客气。如在闭幕后动身回国，则可表示国家负责有人，对蒋介石及国民大会非常信任，态度大方，并有回旋余地。回国迟早，视健康情况和外交危急情况而定。到了10月，因为内部争夺，蒋介石无法全面控制选举，加之代表选举未能如期告竣，国民党中常会决定国民大会延期三个月至五个月。陈璧君等立刻电告汪精卫，并告以孙科为了选举，派立法委员到全国各地游说，用费数百万元。随后建议汪精卫最好翌年2月间乘船动身归国，一切便利。

殊不知，总统人选早有目标。汪精卫的希望渺茫又渺茫。仅从宪法草案就可以看出，总统的位置为蒋介石而设。"五五宪草"的初稿，于1933年6月完成，然后根据蒋介石的意图反复修改。初草为内阁制，改为总统制，即总统为国家元首兼政府首脑；初草规定由选民直接选举总统，改为由国民大会选举；初草规定行政院长由总统任命，立法、司法、考试、监察四院院长均由国民大会选举产生，改为司法、考试两院院长亦由总统任免；初草有军人非解职不得任总统、副总统及省长的限制，被删去。1935年12月国民党五届一中全会对宪草做修改，其中又规定了总统有发布紧急命令之权。修改后的宪草，总统权力很大，依当时国民党各派力量对比，这位拥有大权、实权的总统非蒋莫属。还有，允许军人任总统、副总统，是为蒋介石及其手下掌军权的人物开绿灯。这种修改表明蒋介石无意把总统的位置让给汪精卫。

后来，在1948年蒋介石终于当上中华民国总统，独掌国家大权。蒋介石对总统一席梦寐以求，又有实力压倒对手，梦想终成现实；汪精卫的总统梦再美，终归是梦幻，除非他另找门路。

"不问中央有电否，我必归"

汪精卫在欧洲期间，陈璧君等将国内发生的事，及时地、不间断地电函报告给他。两广事件、国民大会、中日交涉、蒋介石与苏联改善外交关系等信息，汪精卫都掌握，多有态度。汪精卫很想在适当时候回国任职，而主动与南京政府保持联系，国民党五届二中全会召开之际，有电往复；汪精卫曾对张群等做启发式表态，目的在于提醒官方催其回国。归国日期常和形势联系在一起，随着时局变化而变化，时而要推迟，时而又提前，反反复复，患得患失。除了因国民大会和大选择期而外，为了两广事件和中日战争的动向，也一再改变回国日程。

1936 年 5 月以后，日本在华北增兵，对中国步步紧逼，中国爱国军民痛心疾首，摩拳擦掌，抗日战火呈现一触即发之势。6 月 3 日，陈璧君电告汪精卫："各报均载华北不免一战"。汪精卫日夜挂心，"如坐针毡"，深恐"引起外战"，无归路。不仅考虑在国外安全问题，而且认为置身国内"比较可以尽力"，有出山视事的意图。恰巧接到蒋介石催其回国电，立即决定6 月 16 日归，否则 7 月"必归"。但到 6 月 16 日，陈璧君神神秘秘地电告，蒋介石、张群正积极与日本办外交，无论如何 11 月前不要回，即使已购票，也要退去，12 月回国为好。并说戴季陶归来，遍传汪精卫 11 月初启程，此事对敌对友"均非至妥"。什么原因？陈电中说"万里外事，兄既不知，又不能详告，今非至急时，莫乱动及小不忍"。在以后的电报中，陈璧君等又对汪的归期屡做改动。如：报告了日中关系缓和和大选情况，又不坚持 11月不可归；根据西南和南京的斗争情况，曾建议 10 月前万不做归计，等等。

9 月 15 日至 9 月 23 日，日本驻华大使川樾茂与中国外交部长张群进行了三次会谈，日方提出华北自治、经济合作、共同防共、建立中日航线、聘用日本顾问、订立关税协定和取缔排日宣传七项条件，中方针锋相对，提出要求，商谈不欢而散。张群束手无策，电请汪精卫归国。日方以张群无全权为由，不与交涉，要与蒋介石直接交涉。10 月 5 日，陈璧君、王懋功、谷正纲、沈次高等电告汪精卫，日本要求华北自治，蒋介石的态度是既不肯签字，若事实上华北自治，亦不过问。日本和南京政府均无决裂之意，中日问题已经到了不能再拖的时候。现在蒋介石开始直接与日交涉，首当其冲，不能不求解决办法。他对自己的力量宜战宜和，估计较清楚，"如先生归来，蒋必立即避开，且不表示真意，中日僵局永难打开，国家前途危险甚矣"。在此，透露出陈璧君每在蒋介石与日本交涉时，不让汪精卫回国的原因，原来是和蒋介石钩心斗角，蒋介石不愿承担丧权辱国的责任，总是把别人推到前面；汪精卫不归，日本人又不与张群交涉，蒋介石躲也躲不了。汪派的陈璧君等让汪精卫在国外等着蒋介石把问题解决了再回来。

11月初，伪蒙军王英、李守信受日本关东军指使，进犯绥远东红格尔图等地，绥远省主席傅作义率部抵抗，收复伪蒙军基地百灵庙。绥远抗战期间，汪精卫在英国，又急着要回国，一是顾虑国事紧张，不及早回国，国人"误会"；二是恐绥远抗日战争引起中日大战，难以回国；三是日德有协定，担心由于中日关系影响中德关系，如中德绝交，便不能在德国治病。陈璧君等汪派人物电告汪精卫，日德虽有协定，但中国不能马上与之绝交，德国顾问仍参加中国政府国防军备。汪在德属于私人治病，更无问题。如在德国不便，可去捷克。中日战事虽不能短期结束，但现时尚不致惹起中日大战。因为日本政府及关东军以五个师的兵力维持伪满洲国治安、防俄、防义勇军尚感不足，如果日本政府及驻屯军主张不参加，关东军似无动员参加绥远战争的可能。闻国际谍报称：日本华北驻屯军司令官田代皖一郎（中将），以华北经济合作初有眉目为由，不主张参加绥远战争。日本政府亦坚决不主张日军参加绥远战争。绥远最近三数月必无战事，故要汪放心治病。国人无不知汪肝肿及胆囊炎，不致发生误会。建议汪精卫于1937年2月乘意大利船动身回国。

西安事变发生，触动了汪派的敏感神经。12月12日晚上9时40分，陈璧君发电给汪精卫，告知"西安张学良兵变，真相未明"，无线电不通，故蒋介石行踪不明，据彭学沛消息，在西安城内，尚可无虑。第二天，陈璧君一日数电给汪精卫，报告西安事变情况。先详细电报张学良的八项主张，及国民党中央的决议：（一）行政院由孔副院长负责；（二）军事委员会常务委员改为五至七人，并加推何应钦、程潜、李烈钧、朱培德、唐生智、陈绍宽为常务委员；（三）军事委员会议由冯玉祥副委员长及常务委员负责；（四）指挥调动军队归军事委员会常务委员会常务委员、军政部长何应钦负责。还决议对张学良先褫夺本兼各职，交军事委员会严办，所部军队归军事委员会直接指挥。据此，国民政府发布了同上内容的惩办张学良的命令。接着，报告蒋介石确已被张学良扣留，高级官员陈诚等均被扣；蒋介石侍卫长钱大钧受伤；飞机侦察，西安遍竖红旗；国民党中央决议严办张学良，14日下讨伐令，以何应钦为总司令；中常会明日电汪促归。陈璧君告诉汪精卫，常委恐怕汪因肝病不能归国，她已代表他表了态，说："时至今日，汪先生知之，必力疾起程。"她劝汪精卫："兄为朋友，为党，均应即归"；惟莫因急而致病；起程时间要保密，除中央及陈璧君外，"勿为他人言"。

陈璧君话说得漂亮："为朋友""为党"而归。她和汪精卫"心有灵犀一点通"，彼此明白这话是什么意思。12月14日，汪精卫回电表示："不问中央有电否，我必归。"他回国要东山再起，电中说：如果多数人想起他主持行政院时期，军队集中在南方，他数年困守空城，安定时局之不容易，归后"或可做事"。16日，致国民党中央执行委员会电："事变突起，至为痛心，遂即力疾起程。"

汪精卫是国民党中央常务委员、中政会主席。在以党训政的制度下，国民党掌握国家政权，指导监督治权，汪精卫即使不担任政府职务，回国也参与中枢机关，行使决定权。关键是汪精卫将以什么立场和宗旨参与国民党统治中国的决策和活动。我们先从他回国时的对内对外政治主张考察。

汪精卫于1936年12月22日由意大利热那亚乘波士坦号轮船启程回国。同行的有他的长子汪文婴，还有曾仲鸣、褚民谊等。他们早几天从法国到热那亚等候起程。此间从20日到22日，汪精卫在热那亚同中国驻英国大使郭泰祺、驻法国大使顾维钧、驻德国大使程天放、驻国际劳工局代表李平衡等，商谈西安事变后的时局及对内对外政策问题。他们讨论了汪精卫准备起程前发表的声明稿。这个声明稿于12月22日发表，内指责西安事变堕国家之纲纪，紊军队之纪律，与御侮南辕北辙；表示以中央对此次事变一切决议为努力之目标，赖于蒋介石先生之领导。关于他自己，做了一番表白：

余因伤病，数月以来在欧疗治。本已决最近期内回国，自闻西安事变，尤切痛心，中央复有电催。故即日首途回国。以后当与诸同志一致努力，以期挽回此危局也。

汪精卫与各大使讨论了对外政策，认为日本扩大侵华战争，及日、德、意签订防共协定，损害了英美等国在华利益，遭到了英、美等国的反对。这种国际形势，对中国抵抗日本侵略有利。但汪精卫反对利用英、美、法等国和日本的矛盾，反对与苏联及英、美、法等国联合，深恐刺激了日本。他尤其反对联合苏联，说如果英、美、法不联合苏联，仅中国联合苏联，会带来百分之八十的害，只有百分之二十的利。他们还讨论了对内政策。汪精卫反对同共产党合作，不主张停止内战，坚持不可停止"剿共"军事，说共产党危害之大甚于日本的侵略。他那份声明的原稿中有"中国将继续剿共"的内容，并强调说中国"剿共"不需要外国的援助就能成功。大使们认为在今天的形势下，公然主张继续"剿共"，会走入死胡同，汪精卫发表的声明中才去掉了鼓吹"剿共"的内容。由上可见，汪精卫仍顽固地坚持反共内战、对日妥协的方针，与蒋介石、南京政府1935年底以后的变化拉开了距离。

这时，在国内，在以抗日大局为重的共产党和国民党有识之士的努力下，西安事变得到和平解决，国共双方已经在商讨决定停止内战、联合抗日的事。就在汪精卫从意大利登船归国的第二天，蒋介石派宋氏兄妹为他的代表，同张学良、杨虎城及中共代表周恩来开始商谈联合抗日、和平解决西安事变问题。25日，蒋介石被释放，由张学良陪同飞洛阳，26日回南京。

汪精卫在归途中，不断收到陈璧君、褚民谊、谷正纲等亲信的电报。蒋介石回南京，自请处分；中央法办张学良；西北张、杨动向；共产党代表周恩来在西安对时局的态度；南京政府人事变动的酝酿，关于王宠惠将任行政院长的传说……他都及时得到了报告。

12月29日、30日，褚民谊先后两电均转达了蒋介石对汪精卫、陈璧君的挂念及盼汪精卫早日回国之意。

　汪精卫于1937年1月12日到香港。南京方面对汪归国很重视，蒋介石亲自过问了去香港迎接汪精卫的事，亲派罗卓英赴港迎接；中央派邵力子、周佛海、周启刚前往。陈璧君和陈公博则早在 12 月 23 日就到香港迎候了。汪精卫于 1 月 14 日到上海、17 日到南京。这时，蒋介石已回奉化养病去了。

总裁，副总裁

蒋介石在西安事变时跌伤腰部，并引咎辞职，请假至少六个月。国民党中央慰留，准假一个月。1937 年 1 月 2 日蒋介石回奉化溪口老家休养，并筹办了两件家务事：一是为他的同父异母哥哥蒋介卿筹办丧事。这位蒋介卿是浙江省政府委员、宁波海关监督。西安事变那天，他正在看戏，听到蒋介石被扣，血压上升跌倒，不久故去。蒋介石回溪口，吩咐丧事缓办，直到 4 月 22 日，蒋介石恢复健康后，才为乃兄出殡。二是为长子蒋经国补办喜事。蒋经国在大革命时期去苏联留学，后留在苏联，与苏联姑娘费娜（中国名方良）结婚，生长子孝文、女儿孝章。蒋介石"联苏制日"，苏联"联蒋制日"，双方关系改善。在苏联外交部和中国驻苏大使蒋廷黻的努力下，蒋经国携妻子儿女回国，1937 年 4 月 27 日回到溪口，按中国习俗补办婚礼。蒋介石家里的这两件事——失去了哥哥，迎回了儿子，都与他的对内对外政治活动有某种关系。

蒋介石对西安事变后出现的停止"剿共"内战局面，不满意，不舒畅。他认为西北"剿共"计划本来用半月至一月时间即可完成，张学良、杨虎城发动西安事变，打乱了他的如意算盘。未能消灭共产党，蒋介石耿耿于怀，极不甘心。汪精卫比蒋介石更甚。他于 1937 年 1 月回到南京。这时国共合作成为热门话题，国民党中许多人倾向于国共携手抗日。汪精卫则竭力反对，说："现在有人提议要和共产党合作，我听到这个消息，感到无比愤怒！比上次在大门口打我三枪还要刺激得多。不反共是违反已定国策的，不反共是违反世界潮流的。"他还说："安内对外是一回事，因为对外是以胜负来决定生死存亡，必须本身有对外的能力，方才有对外的把握，断没有本身不健全而可以言对外的。"国民党五届三中全会召开前，1月24日，汪精卫去了一趟奉化，会晤蒋介石，力主"'剿共'事业不可中止"。

然而，历史的列车已经向着光明的方向开进，汪精卫能阻挡吗？车轮能倒转吗？

1937年2月10日，国民党举行五届三中全会的前夕，中共中央致电该会，向国民党提出五项要求：（一）停止一切内战，集中国力，一致对外；（二）保障言论、集会、结社之自由，释放一切政治犯；（三）召集各党、各派、各界、各军的代表会议，集中全国人才，共同救国；（四）迅速完成对日抗战之一切准备工作；（五）改善人民生活。在同一电文中，中共中央向国民党提出四项保证：（一）在全国范围内停止推翻国民政府之武装暴力方针；（二）工农政府改名为中华民国特区政府，红军改名为国民革命军，直接受南京中央政府与军事委员会之指导；（三）在特区政府区域内，实施普选的彻底民主制度；（四）停止没收地主土地之政策，坚决执行抗日民族统一战线之共同纲领。

参加国民党五届三中全会时的汪精卫

国民党五届三中全会于1937年2月15日至22日在南京举行。蒋介石、汪精卫都参加了五届三中全会。汪精卫致开幕词，仍鼓吹"剿共"。蒋介石报告西安事变经过，他说他在西安没同意张学良的主张，"始终命其立即悔罪，送中正回京，此外不欲听其任何陈述"。他要求全会对西北善后，当必有确当的指示；对于国事，亦必有详审之检讨；一切取舍可否，自当取决众议。宋庆龄等十四人提议恢复孙中山"三大政策"提案。该提案以"吾等受总理托付之重，执行遗嘱，责无旁贷"，及近半年来，共产党屡次向我党"提议国共合作，联合抗日"，主张恢复总理三大政策，联共抗日。其与汪精卫"剿共"主张针锋相对。会上，讨论激烈。会议最后通过的决议和宣言，已不坚持用内战消灭共产党的方针，实际上接受了停止内战、联共抗日主张及上述共产党的要求和保证的基本精神。由于蒋介石、汪精卫对会议的操纵，会议通过的宣言和决议中，仍充满反共论调。说要继续采用向来的方针，而不能使"剿共"工作功亏一篑，不论用何方式，必"根绝赤祸"。"根绝赤祸"，就是国民党在抗战中削弱共产党力量这一方针的根据，也是蒋介石和汪精卫第三次合作的基础和共识。

1937 年七七事变和八一三事变爆发，中国进入全面抗战时期。南京政府由"剿共"改为"联共抗日"，由对日"一面抵抗，一面交涉"转为对日抗战。这是大势所趋，人心所向，是任何人都无法抗拒的历史潮流。南京政府终于走上了顺应历史潮流这条正路，举国各界无不感到欣慰。

七七事变后，7 月 17 日，共产党代表周恩来、秦邦宪、林伯渠同国民党代表蒋介石、张冲、邵力子在庐山举行会谈，中共将《中国共产党为公布国共合作宣言》交给蒋介石，要求发表。宣言中提出了三项基本政治纲领和四项保证。三项基本政治纲领是：发动全民抗战、实现民权政治、改善人民生活。四项保证为：（一）为孙中山的三民主义彻底实现而奋斗；（二）取消一切推翻国民党政权的暴动政策及赤化运动，停止以暴力没收地主土地的政策；（三）取消现在的苏维埃政府，实行民权政治，以期全国政权之统一；（四）取消红军名义及番号，改编为国民革命军，受国民政府军事委员会之统辖，并待命出发，担任抗战前线之职责。9 月 22 日，国民党中央通讯社正式发表了共产党的这个宣言。23 日，该社发表了蒋介石《对中国共产党宣言的谈话》，这个谈话以一种特有的自尊自大口气，用了不适当的诸如"接纳"之类的词句。不过，基本内容还是表明他赞成共产党的宣言，同意共同救亡御侮。以上文件、谈话的发表，标志着国共第二次合作和抗日民族统一战线正式建立。

蒋、汪第三次合作开始，在权力的分配方面，与第二次合作时显然不同。汪精卫是五届一中全会通过的中政会主席，蒋介石是副主席。国民党五届三中全会决定设立国防委员会，作为全国国防最高决策机关，对中政会负责，其正副议长由中政会正副主席分别兼任，也是汪为正，蒋副之。尽管汪精卫在政府不直接任职，不掌实权，但在国民党内，在政治上，地位还在蒋介石之上，蒋介石还算有一点尊重元老的意思。抗战开始后，随着体制变化，汪精卫的这个正职竟被取消。1937 年 8 月 12 日，国民党中央常务委员会决定撤销国防委员会，设立国防最高会议，其《组织条例》规定，国防最高会议主席由军委会委员长担任，副主席由中政会主席担任，前者蒋介石，后者汪精卫，刚好倒了一个位置。与这个职务相矛盾的有一条规定：国防最高会议为国防最高决定机关，对中政会负责。不久，即在同年 11 月 16 日，国民党中常会议决议由国防最高会议代行中政会职权，从此，中政会停止开会。这样，国防最高会议就不用对中政会负责，而名正言顺地由蒋介石担任国防最高决定机关的一把手，汪精卫彻底位居其次。

国民党中央常务委员会的主席制，因胡汉民死，五届三中全会予以取消，恢复常委制，蒋介石、汪精卫都是常委，职务上平行。但 1938 年 3 月 29 日至 4 月 1 日召开的国民党临时全国代表大会上，正式确立了国民党的领袖制。修改党章时增设第五章：总裁，规定国民党设总裁一人，副总裁一人，由全国代表大会选举产生。大会选举蒋介石为总裁，汪精卫为副总裁。总裁权力很大，先代行、后改为行使总理的职权。

总理是孙中山在世时担任的国民党最高领导职务，孙中山逝世后，此职不复保留，只在党章保留一章（第四章）"总理"，以示永久纪念。总理为全党领袖，党员必须服从总理指导；总理为全国代表大会主席、中央执行委员会主席，其对国民党全国代表大会决议有提出复议权，对国民党中央执行委员会决议有最高决定权。如此，在国民党内，蒋介石是全党至高无上的领袖，汪精卫副之。

汪精卫自认为与蒋介石第二次合作时，担任行政院院长，做得不错，故从国外归来，对复行政院长之职务，曾抱着希望。但身兼军委会委员长、行政院长两个职务的蒋介石，尽管负担很重，仍无意将行政院长让给汪精卫。1938 年 1 月 1 日，蒋介石辞行政院长职时，国民党中常会选择了蒋介石的连襟孔祥熙。

　　　　汪精卫对此做何感想和打算，是甘拜下风，还是另起炉灶？

"高调"和低调

蒋介石身为国民政府的陆海空军总司令，统帅陆海空三军，指挥对日作战。1937 年七七卢沟桥抗战之后，8 月 6 日，在南京召开全国国防会议，红军领导人周恩来、朱德、叶剑英等以及各省军政长官出席会议，会上决定"举全国力量，从事持久消耗战，争取最后胜利"的国防方针。8 月 14 日，国民政府发表《自卫抗战声明书》。15 日，蒋介石下达总动员令，将全国划分为四个战区，平汉、津浦两线为第一战区，蒋介石兼任司令长官；晋察绥为第二战区，司令长官阎锡山；江苏、浙江为第三战区，司令长官顾祝同；闽粤为第四战区，司令长官余汉谋。红军于 8 月 22 日改编为八路军，朱德、彭德怀分别任正副总指挥，开赴山西抗日前线。同年 10 月 2 日，南方红军游击队改编为新四军，叶挺任军长，项英任副军长，在大江南北、华中敌后开展抗日游击战争。

汪精卫和蒋介石在对共产党的问题上观点一致，蒋介石谈起消灭共产党，汪精卫总是火上浇油。对抗日，他俩不是一个调，蒋介石唱高调，汪精卫唱低调，甚至没少给蒋介石泼冷水。

汪精卫善于伪装。抗战之初，先唱了几句"高调"。他骂日本帝国主义"穷凶极恶，无所不用其极"，也说中国"惟有抗日才能争取国家民族的生存"。汪精卫擅长演说，有很多能牵动人心弦的话语，讲到奉献时，他说："我们誓必继续的将所有血汗都榨出来，以前的及现在的所有将士所有人民的血汗，合流一起成为江河，扑灭尽了侵略者的凶焰，洗涤尽了历史上被侵略的耻辱。"讲到妥协，他说"中途妥协，只有灭亡"这八个字不是恐吓的话，中途妥协，除了屈服以外，还能得到什么？"绝对得不到和平！"他警告人们注意敌人用中国的钱，养中国的兵，来杀中国人的秘诀，"近来敌人每到一处，便急急忙忙组织傀儡政府，即是以此秘诀为其蓝本"。

话说得如此漂亮，心里装的是什么呢？逃离重庆后，他说中日战争是共产党以抗战为招牌，利用中国几年来的民族意识"挑动"起来的；主张抗战是以国家及民族当儿戏，争取抗战胜利完全是唱"高调"。他声称，在中日战争未爆发以前，他时时刻刻地想挽回战争的发生，在战争已经起来之后，固然无法阻止，然而时时刻刻地想挽回战争，使之中止，使中日两国关系为之"转圜"。根本观念一直是中日"只应为友，不应为敌""冤仇宜解不宜结"。确切地说，他是要中国人民逆来顺受。这些是他的真心话，是他的灵魂，这灵魂绝不是用血汗扑灭侵略者的凶焰，而是中途妥协当傀儡。

在抗战阵营里，他真正要说的话是不能抗日。他认为抗日必然失败，必然死掉，必然亡国。抗战开始后他的家庭中，充满了悲观失败的气氛。提起抗战，汪精卫总是摇头叹气，说："茫茫前途，不知要变成什么样子！"他的内高参陈璧君认为中国不是日本的对手，蒋介石抗战是"打给九国公约国看的"。他们和他们的子女经常满面愁容，言谈中，甚至对抗战讥嘲、讽刺。

汪精卫的抗日必亡论，只能在他的家中和亲日派小集团里散布。公开宣扬这种谬论，不但没有市场，而且会招来痛斥。他于是打着拥护抗战的招牌，以倡导献身祖国为名，兜售抗战必亡私货。

1937 年 7 月 17 日，蒋介石在庐山谈话会上，就卢沟桥事变发表谈话，提出解决事变的四项原则：不得侵害中国主权与领土的完整；冀察行政组织不容许有任何不合法的改变；中央政府所派地方官员不能任人要求撤换；第二十九军现在驻地不能受任何的约束。卢沟桥事变不能解决，就意味着不能制止日本扩大侵略，就到了最后关头。中国愿意和平，但到了最后关头，我们只有牺牲到底，只有抗战到底。"如果战端一开，那就地无分南北，年无分老幼，无论何人，皆有守土抗战之责任，皆应抱定牺牲一切之决心"，"如果放弃尺寸土地与主权，便是中华民族的千古罪人"。

7 月 20 日，蒋介石回南京，汪精卫继续主持谈话会。29 日，汪精卫讲演"最后关头"，表示赞成蒋介石的讲话，要抗战到底。他辩解九一八事变后南京政府对日妥协退让，签订一系列条约，是由于无力抵抗，外交上"不能挡住日本一步一步的杀进来，只是想些方法使他进得慢些；中国不能不一步一步地往后退，只能想些方法，是想使日本进得慢些，我们退得慢些"。当时若不肯忍耐而牺牲，则牺牲无意义。现在到了这最后关头，则我们一齐站着，不能往后再退一步了。他接着讲最后关头的抗战，但不是讲以抗战求生存，以抗战保主权，以抗战争胜利，而是讲牺牲，讲毁灭。他说：

> "牺牲"两个字，是严酷的，我们自己牺牲，我们并且要全国同胞一齐牺牲。因为我们是弱国，我们是弱国之民，我们所谓抵抗，无他内容，其内容只是牺牲，我们要使每一个人，每一块地，都成为灰烬……质而言之，我们如不牺牲，那就只有做傀儡了……所以我们必定要强制我们的同胞，一齐的牺牲，不留一个傀儡的种子。无论是通都大镇，无论是荒村僻壤，必使人与地俱成灰烬……我们牺牲完了，我们抵抗之目的也达到了。

汪精卫这是鼓励抗战吗？显然，这是给抗战泄气、泼冷水。在汪精卫看来，中国抗战永远不能胜利，只能亡国，只能牺牲。照此说法，抗战的意义何在呢？他的结论，他要人们得出的结论，实质上就是不要抗日。全国军民拥护抗日，实行抗日，而汪精卫骂主张抗日者是"不说老实话"，是"不负责任"。他鼓吹的所谓"说老实话"，就是不言战，而言和，"和呢，是会吃亏的，就老实地承认吃亏，并且求于吃亏之后，有所抵偿。战呢，是会打败仗的，就老实地承认打败仗，打了再败，败个不已，打个不已，终于打出一个由亡而存的局面来"。

汪精卫无法掩盖他的主和派面目，多次向蒋介石进言"和平"。从抗战开始至南京沦陷，不到半年时间，他就给蒋介石写了十几封信，力主对日"和平"。爱国华侨陈嘉庚说"主和即汉奸"，针对汪精卫的失败主义主和论，击中要害。汪精卫想要表白他讲的"和平"是国家宪法上的"媾和"，是"忠孝仁爱信义和平"中的"和平"，不是妥协投降，纯属花言巧语，自欺欺人。如果用和平的方式能把日本侵略者赶出中国领土，能保卫中国的国家独立与领土主权完整，只有傻瓜才非战不可。

在国民党营垒中，主和者非独汪精卫，但和平条件有别。汪精卫认为中国抗日必然失败，宁肯满足日本索要而求得休战。陈璧君说得最露骨：

> 其实能够从日本手里得回黄河以南地方，已经算满足了。连黄河以

北，甚至于东北都想收回，谈何容易！双方（指中国和日本）所提标准相差太远，结果就谈不来。……其实中国以前何尝有东三省，奉天本来是满清带来的嫁妆，他们现在不过是把他们自己的嫁妆带回去就是了，有什么理由反对呢？

他们要把中国半壁河山砍给日本。

蒋介石也曾幻想与日本谋和，他的条件比汪精卫高，或者说，蒋介石与日本的妥协是有限度的。

在陶德曼"调停"中日战争过程中，蒋介石、汪精卫的态度很能说明他们之间对"中日和平"的共识与差别。

卢沟桥事变爆发后，中国军队一面抗日，蒋介石一面力求把它作为局部地方事件解决，曾要求地方当局同日本谈判。1937年7月12日，国民政府外交部发表的声明中表示愿"以外交之方式，谋和平之解决"。7月17日，蒋介石在庐山发表谈话，宣布抗战自卫方针的同时，仍申明"希望由和平的外交方法"求得卢沟桥事变的解决。蒋介石对日主和之意，向第三国——德国流露过。7月21日，德国驻华大使陶德曼给其本国政府的报告中说，德国军事顾问密告：蒋介石仍致力于"和平解决"。7月27日，蒋介石会见陶德曼，确认中国希望德国出面调停中日战争，请陶大使将此意转达德国政府。9月7日，蒋介石派蒋百里去意大利、德国，请出面调停。蒋百里奔走的结果是，德国外长里宾特洛甫分别电告驻华大使陶德曼、驻日大使狄克逊，说德国愿意做中日战争调停人。至此，剩下的就是等待时机了。

日本侵华气焰十分嚣张，曾狂叫速战速胜，三个月灭亡中国。但中国全面投入抗战后，打破了它的美梦，不得不施展和平攻势，作为军事进攻的辅助手段。1937年10月21日，日本外相广田向德国驻日本大使狄克逊表示，日本准备和中国直接交涉，希望德、意劝告中国政府，接受日本的条件。随后，日本方面向陶德曼透露了和谈条件。陶德曼斡旋于中日之间，在中国，会见过南京政府行政院长孔祥熙、外交部长王宠惠、外交部次长陈介、军政部部长何应钦，曾与汪精卫"款款深谈"，当然主要对象是蒋介石。

日本的和谈条件随着侵华战争的推进而越来越苛刻。日本外相广田正式向德国驻日大使狄克逊开出的议和基本条件是：（一）内蒙古成立"自治"政府；（二）华北沿伪满洲国边境至平津以南成立非武装区，由中国警察维持秩序。华北行政权归南京政府，但以亲日官员为首，将来成立新行政机构，应任其存在；战前许与日本的矿权，应圆满解决；（三）上海非武装区域扩大，由国际警察管理；（四）停止反日政策；（五）共同反共；（六）减低日货关税；（七）尊重外国人在华权利。11月5日，陶德曼将这些条件面递蒋介石。蒋介石对德国政府表示"衷心感谢"，说这些条件提供了一个谈判的基础，可作为议和初步条件之一。蒋介石说，假如他同意这些要求，中国就会被舆论浪潮冲倒，中国会发生革命。他要求德方，并请转告日方，对谈判一事严格保密。11月12日，上海陷落，日本乘机让陶德曼进一步诱逼蒋介石。12月2日，蒋介石与顾祝同、白崇禧、唐生智、徐永昌等国民党高级将领开会，征求对和谈的意见。他们认为日本没要求华北自治政权，没要求承认伪满洲国，也不要赔款，条件不算苛刻；怀疑日本的条件不止于此。白崇禧说：如果条件只是这些，那为什么还非要打仗不可呢？蒋介石的结论是：德国调停不应拒绝；如此尚不算是亡国条件；华北政权要保存。同日下午，蒋介石与陶德曼会见，表示中国愿意接受德国的调停；可以以日本提出的条件做和平谈判的基础，但华北的主权和完整不得侵犯；和谈始终由德国任中介人，不得涉及中国与第三国之间的协约。蒋介石要求对谈判保守秘密，先行停战，方好谈判。

汪精卫自抗战开始，就唉声叹气，没有精神，见和谈有望，像打了吗啡针似的兴奋起来，接待新闻记者，施放和平空气。12月6日，他主持国防最高会议常务委员会，讨论陶德曼调停及日本提出的条件，会议同意接受日本的条件。蒋介石在郑州部署军事，会议推孔祥熙向蒋介石报告，以做最后决定。蒋介石电话答复：可照国防最高会议常务委员会议决定，依外交途径去进行。他不准备直接主持和谈。他还要求日本先停战后谈判。

12月13日，首都南京陷落。日本认为中国已穷途末路，又增加了三项更苛刻的和谈条件：（一）扩大华北、内蒙古、华中的非武装地带；（二）承认伪满、伪蒙、华北伪政权，并保证日本在中国驻兵；（三）中国向日本赔偿战费，并须先承认条件方可谈判和停战。12月22日，陶德曼将三项条件转达给中国政府，出乎日本意料，蒋介石没有接受的表示，也不按时答复。

汪精卫和蒋介石态度不一样，他与行政院长孔祥熙、军委会秘书长张群、外交部长王宠惠商量，主张接受日方追加条件，以便开始谈判。他要孔祥熙签字，造成既成事实，迫使蒋介石同意。他对孔说："假如我是你，一定签字。""何必一定要问蒋？""你签了字，他自然得承认。"孔说："汪先生，我没有你的胆子，我背部受不了两颗子弹。"

1938年1月16日，日本发表近卫第一声明，宣布今后不以国民政府为交涉对手。蒋介石则宣布抗战到底，以使国内主和者断念。陶德曼调停以失败告终，日本于18日撤回驻华大使，20日，中国撤回驻日大使，两国外交关系正式断绝。

汪精卫与日本谋和的企图破灭，但不肯就此罢休，仍极力向蒋介石提议："和平之门不可闭"，并出面唱主角，沿着对日妥协的坡向下滑。

"低调俱乐部"与艺文研究会

汪精卫对日讲和，一方面要通过合法的政府去做；另一方面，他还有个人的势力。在他周围形成了持抗战亡国论、力主对日谋和的亲日派。其中有一个小集团，胡适给他们送了一个"雅号"，叫"低调俱乐部"。

"低调俱乐部"并不是一个组织，而是经常在一起议论反共、和日，与全民抗战唱反调的几个臭味相投的人。他们的直接主持人是国民党中央执行委员、中央宣传部副部长代理部长、蒋介石的幕僚、军事委员会委员长侍从室二处副主任周佛海。

周佛海曾参加过共产党，第一次国共合作后，脱离并反对共产党，同时也反汪精卫。1925年年底，在上海领衔发表他亲自起草、原中山大学三十多名右派分子署名的反汪反共宣言，在上海各报刊登，受到西山会议派的赏识，被内定为他们那个中央党部的宣传部长，周未敢就任，但与西山会议派暗中勾结得很紧密。1926年1月，国民党第二次全国代表大会给周以严重警告处分。汪精卫那时是拥护"三大政策"的左派，对周佛海的行为不以为然，有一次对朋友说："周佛海真拆烂污，他以前是共产党员，现在却攻击起共产党来了。他退出共产党就算了，还要来反噬，真不是东西！"他告诫周围朋友说："你们以后，切不要和这种人一起做事。"1927年春，汪精卫回国，武汉国民政府反对蒋介石对革命的背叛，周佛海逃离武汉，投奔蒋介石。周佛海报复汪精卫，以同样的话攻击说："汪精卫真拆烂污，他本是国民党的党员，现在却要做共产党的工具，攻击起国民党（蒋介石）来了。他跑到外国去就算了，还要来倒戈，真不是东西！"也说："我们以后，切不要和这种人共事！"他还在文章中骂汪精卫"殷殷勤勤，诚诚恳恳，敷敷衍衍，糊糊涂涂"。

1932年蒋汪合作时，周佛海任国民党中央执行委员、江苏省政府委员兼教育厅长。蒋介石嘱咐他：你过去骂过汪先生，现在我们和他共事，你要多和他谈谈，求释前嫌，并为我好好联系。有蒋介石这番话，周佛海不怕蒋介石猜疑，主动接近汪精卫，往来于蒋、汪之间。1937年1月，汪精卫从欧洲回国，周佛海代表

周佛海（1897-1948），湖南沅陵人；早年毕业于日本京都帝国大学；中共"一大"代表；脱党后，曾出任国民党军事委员会政治部主任，国民党中央监察委员，江苏省政府委员兼教育厅长、宣传部部长；汪伪政权时期出任财政部部长兼警政部部长、行政院副院长等职

国民党中央去香港迎接，和汪精卫一同乘船回上海。那时，周任国民党中央执行委员、中央民众训练部长。蒋介石仍要他和汪精卫加强联系，以消除1935年汪精卫被刺时留下的与蒋介石之间的隔阂。在周与汪的联系中，彼此交流对抗战、对国共合作的看法，观点非常一致，从此沆瀣一气，周与蒋反而疏远了。

周佛海参加了卢沟桥事变后蒋介石、汪精卫主持的庐山谈话会，7月17日蒋介石的谈话使他感到困惑不解。他在蒋介石身边多年，深知蒋介石一贯主张"攘外必先安内"，雷打不动"剿共"，现在共产党的势力越来越大，难道就心甘情愿放弃"剿共"去抗日吗？他怀疑蒋介石抗日的诚意，猜测：也许由于举国上下高唱全面持久抗战，蒋介石不能不附和，而且比别人的调

子更高，以便压服反对他的人，争取舆论的支持，被逼迫着"走上他不愿意走的路"。他觉得蒋介石的讲话和他所思所想格格不入，倒是汪精卫的抗战必亡论与他情投意合。不过，周佛海对蒋介石的感情是深厚的，即使后来公开投敌叛国，仍对他与蒋介石的旧交百般留恋、惋惜。

"低调俱乐部"一开始主要攻击目标并不是蒋介石，更非有意叛蒋。周佛海主持其事，也不是有人推举或任命。因为他在南京的住宅——西流湾八号花园洋房，是 1932 年一·二八淞沪抗战后建造的。时局动荡，使他产生一种不安全之感，便特地在花坛下建造了一个地下室。全面抗战爆发后，听说周家住宅有地下室的熟人，纷纷来躲敌机轰炸。来客中，武官有顾祝同、熊式辉、朱绍良、李明扬等；文官有梅思平、陶希圣、罗君强、胡适、高宗武等。他们除了用周佛海的防空洞以外，在政治上还有一种如蝇逐臭的关系，都认为对日本"战必大败，和未必大乱"；又担心共产党利用统一战线和抗战来扩大权力和影响。在国共合作抗日受到全国各界一致拥护的形势下，他们的话不便公开、任意地对外讲，而在周佛海的洋房和防空洞里，可以大放厥词，说："共产党、桂系以及一切失意分子，都很明白地知道，抗日是倒蒋唯一手段。他们因为要倒蒋，所以高唱持久全面的抗日战争。""因为蒋先生本想以更高的调子压服反对他的人，而这些人就利用蒋先生自己的高调，逼着蒋先生钻牛角。调子越唱越高，牛角就不得不越钻越深。"

周佛海说，他们的主张是在相当的时候，结束中日战争。"在当时抗战到底的调子高唱入云的时候，谁也不敢唱和平的低调，故我们主张和平的这一个小集团，便名为'低调俱乐部'。"是胡适参与议论，以其与全国抗日高昂气氛不同，为之起名。1938 年 9 月，胡适被任命为驻美大使，与"低调俱乐部"中断了联系。

汪精卫与梅思平（后排左二）、周佛海（后排左四）、陈公博（后排左五）等人合影

汪精卫虽不公开直接参加

"低调俱乐部"的活动，却是这个小组织的灵魂。他们和汪精卫的主张"完全"一致，所以"就无形中以汪先生为中心，酝酿'和平运动'""企图以外交方式，结束战争"。这个小集团通过周佛海等人与汪精卫联系。"低调俱乐部"的名称虽不能宣扬，却也不绝密，没有多久就传到社会上、机关里。熊式辉是南京政府最高统帅部第二部（政略部）部长，周佛海、陈布雷副之。这个部研究对日和平问题，三人联系多，主张一致。有一次，熊式辉警告周佛海："你要小心，不宜乱说话。广西方面某要人，说你是非战集团的主要人物。"此后，周佛海谨慎了一些，有事和高宗武、陶希圣到中山门外灵谷寺后面的高塔顶层去密谈，然后再与汪精卫、陈布雷接头。

这个小集团既然不敌视蒋介石，仅仅认为蒋介石抗日非出自真心，是不得已而为之，又强烈反共，蒋介石对他们的活动也就睁一只眼闭一只眼。蒋介石身边也有主和派，两位幕僚长——军委会秘书长张群、军政部长（后任参谋总长）何应钦，以及军委会侍从室第二处主任、军委会秘书厅副秘书长陈布雷，都愿和不愿战。陶德曼调停中日战争时，"低调俱乐部"的人认为有机可乘，纷纷出洞，向汪精卫进言，并通过陈布雷向蒋介石建议："和平之门不可闭。"陶德曼调停失败之后，他们仍不死心，周佛海事后描绘那伙人拼命挣扎的情况时说："我们几个同志，虽然力薄势微，没有方法挽回劫运，但是我们不死心，不绝望，我们暗中努力，使和平之门，不要全关，和平之线不要全断。"

在破坏国共合作方面，"低调俱乐部"也不遗余力。共产党的军队改编为国民革命军后，到敌人后方去抗日，也许会与日本的军队拼个两败俱伤。蒋介石、汪精卫都希望通过这条路达到十年"剿共"没能达到的目的。但共产党的军队在抗日的战斗中日益壮大。共产党的宣传工作也是不可忽视的，它能扩大共产党的队伍和影响，蒋、汪对此极为重视。周佛海、陶希圣献策，组织一个暗中和共产党争夺阵地的文化团体，得准。于是而有 1938 年 1 月 14 日"艺文研究会"在汉口成立，周佛海任总务总干事，陶希圣任研究总干事。有 CC 分子、复兴社分子参加其中。在长沙、广州、成都、重庆、西安、香港等地设立分会。这个团体的活动主要是拉拢文化界人士，以付稿酬为名，给以津贴，越反共，给钱越多。叶青、蒋廷黻、李圣五、梅思平、姚蓬子等均拿稿酬。对青年党、国社党由蒋介石密谕，每月由艺文研究会各津贴三千元。该会还资助各地大小报，出版艺文研究丛书（陶希圣主编）。他们以"国家至上，民族至上""抗战第一，胜利第一"等口号，射暗箭中伤共产党。其经费每月五万元，由蒋介石下手谕命军需署从军事特支费内开支。

这个艺文研究会，除了拉拢文化人士，利用宣传阵地反共外，还派生两个作用，一是"低调俱乐部"有了公开身份，其活动可以用"艺文研究会"打掩护，堂而皇之地出现在社会上；二是汪精卫可以利用它和它的分支机构暗中勾结日本，从事求和活动。

1938年12月31日，陶希圣致胡适的信中说，艺文研究会受蒋介石"面命"，受汪精卫"指导"，宗旨："第一，要树立独立自主的理论，反抗共产党的笼罩。第二，要造成一个舆论，使政府可战可和。"

六　分道扬镳

汪精卫在抗战阵营里，越来越格格不入，在全国人民奋不顾身地投入抗日战争的神圣事业的时候，他成了地地道道的促退派、投降派。

蒋介石并不拒绝和谈，陶德曼调停的时候，他出面表过态，召集过会议，征询意见。他对于主和派也并不显得反感，其中有的人就是他的亲信。他对他们的主和建议、谋和活动，不制止，或默许，但也不批准。这种态度为汪精卫主和提供了方便，也使人很难弄清他和汪精卫在抗战阵营里的主和活动是什么关系。

但仔细分析，蒋介石和汪精卫的距离不但很大，而且不容易缩短。陈璧君替汪精卫说出了向日本求和的条件：出卖中国黄河以北的领土主权。他们公开投降日本后，更不止于此，日本要什么都给。没有事实证明蒋介石与日本和谈会同意这种条件。他有过恢复七七事变以前状态之说，也有过不承认日本占领东北制造的伪满洲国之说。陶德曼调停时蒋介石的态度表明，他不打算用大片国土和主权与日本做交易，这就决定了汪精卫和蒋介石不能不分道扬镳。

汪精卫叛逃，是对祖国，对中华民族的背叛。蒋、汪之间确实有权位之争，但这次分手，从本质而言，是他们站在对立的立场，走了两条路，与以往的合作破裂不属同一性质。

"政治家左手做的事，右手不必知道"

蒋介石谋求与日本和谈不只是通过陶德曼，同时还用高宗武。而高是"低调俱乐部"的人。汪精卫投敌也是高宗武牵的线。

高宗武曾留学日本，抗战时才三十岁出头。蒋、汪第二次合作时，汪精卫任用他到外交部工作。他协助汪精卫办理同日本谈判、签约的事，得到汪精卫的赏识。1935年任外交部亚洲司司长。他是汪精卫、蒋介石都很器重的人物。抗战开始后，他反对抗战，是"低调俱乐部"的主要成员。

早在陶德曼调停中日战争的时候，1937年7月30日，胡适等人在高宗

武家吃饭，谈及对日主和一事，
认为外交路线不能断，应由高宗
武去打通；必须有肯负责任的政
治家担此大任。之后，胡适打电
话给陈布雷，要他在蒋介石面前
进言用外交手段解决中日战争。
第二天，胡适等人在蒋介石处用
午餐，离开前，胡适向蒋介石建
议："外交路线不可断，外交事
应寻高宗武一谈，此人能负责任，

蒋介石与高宗武（右一）合影

并有见识。"其目的是让政府停止抗战，派高宗武去"切实打通"外交渠道，
同日本和谈。蒋介石于1937年7月31日会见汪精卫和高宗武，进行了长时
间的讨论。高宗武提出一个"使中日关系来一个一百八十度大转弯"的计划
要点，汪精卫立即表示同意，蒋介石既没表示同意，也没声言拒绝。这是蒋
介石默认的表示。他常在想做又不想负责的时候做出这种姿态。

高宗武当天同住在南京的日本满铁公司南京事务所所长西义显取得联
系，西义显已向满铁总裁松冈洋右提出"和平"运动工作报告，获准动用满
铁经费。会见高宗武后，西义显去大连请示。因上海战事即将爆发，这项活
动暂停。

8月9日，高宗武在上海先后同日本前驻上海总领事、时任日本纺织业
同业公会理事长船津辰一郎及日本驻华大使川樾茂秘密会谈。船津带来日本
政府的条件：永定河左岸以东地区为非武装地带，中国不驻兵，由保安队维
持治安；取消冀察、冀东两政权，其行政首脑必须由何应钦这样的人物担任，
应赋予广泛的权力；华北五省实施日华经济合作。

陶德曼调停破产后，"低调俱乐部"的人继续寻求和谈之路。蒋介石也
极秘密地探讨日本不以国民政府为和谈对手的方针能否改变。双方在物色从
事这项活动的人选时，不约而同地选中了高宗武。

日本发表不以国民政府为对手的声明之后，中国驻日大使许世英回国，
日本政府对他说，如果中国政府同意下列条件，仍可签订停战协定，即：

（一）中国加入反共协定；（二）中日经济合作，聘日本技术专家任财政、经济及特种工程事项顾问；（三）中国加入反共协定后，日本撤回除天津、北平、察哈尔、绥远以外的军队；（四）上海、天津、北平、青岛各市市长应由日本人指派。蒋介石没讨论这些条件，而是秘密命令陈布雷设法与日本联络。陈令高宗武办，高派外交部亚洲司第一科科长董道宁赴日本，探询日本能否改变1938年1月16日声明的方针。2月，董在日本横滨与陆军省军务课长影佐祯昭大佐会见，在影佐介绍下，又在东京会见了参谋次长多田骏。经过晤谈，影佐因为日本政府有不以国民政府为对手的声明，他不便给蒋介石写信，就给他从前的两个熟人——何应钦、张群写信，说了一些空泛的话，诸如：不以国民政府为对手的声明是一桩不幸的事件，董道宁此番来日本表示了中国的诚意，日本深为感谢，等等。董回国后，汪精卫得知蒋介石派董去日本的情况，非常高兴，把董带回的信交给陈布雷转蒋介石。蒋介石并不正面同汪精卫研究此事，而是通过陈布雷、周佛海秘密派高宗武去香港，探询与日本和谈之路。由行政院秘书兼军事委员会办公厅秘书处长、侍从室二处四组（组长周佛海兼）秘书罗君强，用军委会的大印、蒋介石的签章，给高宗武开了一张军用出差证明书，高的头衔"特派员"是罗君强随便写的。由军委会秘密经费中每月支六千元作为高宗武的活动经费。蒋介石办这件事竟瞒着行政院长孔祥熙、外交部长王宠惠。与此同时，周佛海征得蒋介石、汪精卫同意，让立法委员林柏生到香港设立艺文研究会的变相分支机构"国际问题研究所"。该所开办了"蔚蓝书店"，发行《国际周报》，拉拢文化人士。让高宗武在香港为艺文研究会设立同类机构"日本问题研究会"。这样，可以以搜集情报的名义，从事向日本求和活动。

　　1938年2月，高宗武去香港，来往于香港和上海之间，曾于同年4月2日、5月30日两次回武汉报告与日本人接洽"和平"情况。高宗武带回了日本所提条件。高宗武在香港向日方代表西义显、满铁特派员伊藤芳男转达的蒋介石的意向性条件是：中国可以承认日本对中国政策的两个原则：为了对付苏联，中日合作发展经济。认为日本也应尊重中国的原则：满洲、内蒙古问题作为悬案待以后处理；河北、察哈尔政权迅速交还中国，以期确立长城以南的中国领土主权及行政管辖权的完整；中日应先停战，限期撤军，然后以上述条款为基础进行谈判。日方要求蒋介石先反共，国共分裂后再谈判停战撤军；蒋介石坚持先停战撤兵，然后反共。蒋介石没接受日本的条件，日本忙着徐州会战，想通过战争压服中国，对高宗武转达的条件持冷淡态度。

由推动蒋日和谈到争取日汪勾结，是"低调俱乐部"的高宗武以及周佛海、陶希圣等人设计的方案。还在1938年3月，高宗武往返于香港、上海期间，去见日本官方通讯社上海支局长松本重治，探询日本政府不以国民政府为对手的用意时，松本告诉他，这个声明不会轻易改变，并提醒他注意声明中关于今后期望真能与日本合作的中国新政权的建立与发展，日本将与此新政权调整两国邦交的内容。高宗武对日本的态度有了一个底。蒋介石提的条件，日本不会接受，所以很难使日本对蒋介石感兴趣。高宗武对日妥协的立场和汪精卫非常一致，与蒋介石却有差距。高宗武说："关于日中和谈的大义，如果从我的信念上来说，我不得不以汪先生为同伙。随着战祸的扩大，国民是不能忍受的。蒋先生冷酷，而汪先生温暖。"

1938年6月中旬，高宗武再回汉口汇报，之后又去香港。这次，周佛海便背着蒋介石，密派高宗武在伊藤芳男陪同下，由香港东渡，7月5日到日本东京。他先后会见了陆军大臣坂垣征四郎、参谋次长多田骏及影佐祯昭、今井武夫、犬养健等，说明中国政府实现中日停战的条件，试探如果坚持不以蒋介石为对手谈判，可否以汪精卫为对手。他努力推荐汪精卫，对影佐祯昭说：日本现在不承认蒋介石政权，为了造成日中之间的和平，也许必须找蒋介石以外的人。而且不管怎样，除了汪精卫之外，就不容易找到别人。汪精卫早已痛感有迅速解决日中问题的必要，称道和平论，而国民政府内部终究不能容纳他的主张。为此，不如从政府外部掀起国民运动，开展和平运动，由此造成蒋介石听从和平论的时机，这样较为适当。日本不再考虑与蒋介石谈判的事，表示可与汪精卫交涉。

日本提出要中国承认"满洲国"及日本在蒙疆有驻兵权，还要中国参加"防共"协定和同意日本优先开发华北资源等。高宗武表示同意。日方对以汪精卫为和谈对手一事，给以肯定的答复。板垣给汪精卫的信表示了此意。

高宗武于 7 月中旬回到香港。此后，"低调俱乐部"的人也不再为蒋介石与日本和谈奔走，转而为汪精卫投敌效劳。

行政院长孔祥熙被蒙在鼓里，完全不知道求和使者高宗武的活动，更不知其被派赴日的事。他兼中央银行总裁，7 月间，在中央银行忽然看到军委会办公厅申请为高宗武特派员汇款的文件，便质问蒋介石：你派高司长出国，何以不让我行政院长知情？蒋介石矢口否认高出国是他指派。为高宗武办汇款的是罗君强。他事先不知道这件事对行政院长、蒋介石的连襟孔祥熙也要保守机密。因为当时统制外汇，外汇一律经中央银行寄出，他便以军委会办公厅名义致函中央银行照汇。机密泄露，蒋介石批评了罗君强，并下令停支高宗武的活动经费，命他立即回汉口。

此前，王宠惠曾秘密问过蒋介石："委员长是不是派了高司长宗武的公差？他已久未到部了。"蒋介石回答："没有，我不知道。前次听说他夫人在香港生病，他曾想请假去看看。他现在不在汉口吗？"蒋介石的答复显然缺乏真诚。王宠惠知道其中必有文章，不敢再问。蒋介石派出高宗武，又不承认，一般人无法理解，周佛海跟随蒋介石多年，懂得这是蒋介石的政治。蒋介石曾告诫他："政治就是秘密，秘密以外无政治。政治家左手做的事，右手不必知道。"他对下级保密，下级对他也保密，他派出的使者背着他去了日本，和日本商妥踢开他，由汪精卫充当对日和谈的主角，他事先竟毫不知情。

汪精卫死心塌地"跳火坑"

1938 年 4 月 29 日，汪精卫在长沙岳麓山谒黄兴墓，写了一首诗：

> 黄花岳麓两连绵，此日相望倍惕然。
> 百战山河仍破碎，千章树木已风烟。
> 国殇为鬼无新旧，世运因人有转旋。
> 少壮相从今白发，可堪揽涕墓门前。

这时，汪精卫对"战"已经失望，他看到的战果是"破碎"，是"风烟"，是"为鬼"。他害怕战死，不愿在先烈之后为"新鬼"，而要自找苟且偷生之路。

三个月之后，高宗武回国，带来了使汪精卫感到振奋的消息，日本要与他进行"和谈"。从他的立场看，停止抗战，和日本讲和有希望，也意味着日本很重视他，把他摆到了至少与蒋介石同等的地位。这也是汪精卫梦寐以求的。但他最初表示拒绝，说："我单独对日言和，是不可能的事，我决不瞒过蒋先生。"也许，汪精卫是故作姿态；也许这时他真的还没打算抛开蒋介石，单独与日本谈判。虽然嘴上这么说，后来他还是背着蒋介石，脱离抗战阵营，一步步走向罪恶的深渊。

高宗武未经蒋介石允许，擅自赴日本，不仅没完成蒋介石交付的任务，反而帮了汪精卫投降日本的忙，因此不敢回武汉，只向周佛海报告了日本之行的情况，并有一封致蒋介石的信："委员长钧鉴：职于六月二十三日由香港秘密东渡，刻已平安返港。兹谨将职东渡日记及在东京会谈记录与职个人观感三则，分别呈阅。倘有可能以供钧座参考之处，则或可赎职擅赴之罪于万一。"周佛海看后与陶希圣商量，决定先报告汪精卫，再交蒋介石。因高在报告中写有"日本实在希望汪先生出马"字句，周以为如果汪看后觉得不妥，即可删去。他没料到，汪精卫看后认为"没有关系"。周佛海便将高的报告递交给蒋介石。蒋介石看了，嘱送汪精卫看，过了三天大发雷霆，呵责："高宗武是个混蛋。谁叫他到日本去的？"周佛海知道责任在他这里，但并未停止活动，一方面与陶希圣一起鼓动汪精卫站出来"跳火坑"，另一方面继续与日本谈判。

高宗武肺病复发，周佛海改派军委会政略部秘书主任梅思平接替高宗武的差使。

梅思平和高宗武是浙江同乡，早年毕业于北京大学法律科，历任中央大学政治系主任、中央政治学校教授。抗战初期任国民党中央法制专门委员会委员、国民政府的两个实验县之一的江苏省江宁县县长，兼江宁行政督察专员。其派系属于中统，是周佛海的亲信，也是"低调俱乐部"的活跃分子，任艺文研究会"国际问题研究所"副主任。梅思平自 1938 年 8 月 29 日至 9 月 4 日，同松本重治谈判五次，中心内容：一是撤兵问题；一是承认伪满洲

在汪伪政权成立后有"馆外派十二太保"之称的梅思平

国问题。松本说日本不能早撤兵，因为在撤兵区域会发生中央军与八路军、新四军的互相争夺，所以驻兵是为了"防共"；承认"满洲国"是作为撤兵的交换条件，日本必定要求中国承认"满洲国"；为了撤兵，蒋介石必须下野。梅思平全部同意。这种妥协和卖国是在"反共"的幌子下进行的。

1938年6月，日军进攻武汉，中国军队开展了大规模的武汉保卫战。国民政府由武汉迁重庆。8月初，汪精卫到重庆。10月中下旬，在武汉、广州失陷前后，他不止一次地向外国记者发表谈话，声称中国不关闭第三国调停之门，只要日本提出的议和条件不妨碍中国的生存，就可以接受。武汉、广州失守后，以汪精卫为首的亲日派，大肆散布抗日没有前途，必须觅得"和平"之路的失败主义和投降主义论调，并公然指责抗日，攻击国共合作，批评蒋介石，并大放"和平"烟幕。说抗战"一个是丢，一个是烧"，丢不了也烧不焦的地方，都给了共产党的游击队。叫嚷抗战只有一条路——亡国，此外还有一条"和"的路，应该拿出抗战的决心与勇气来讲"和"。

11月3日，日本政府发表第二次对华声明，修改"不以国民政府为对手"的方针，提出在改变国民政府人事组织，承认东北、北平、南京伪政权，并共同"防共"，加入"东亚新秩序"等条件下，日本可与中国停战。11月13日，蒋介石发表演说，表示彻底抗战决心，说：中国抗战的前途愈形光明，各战线的中国军队已退入山地，能够阻止日军的进攻，形势更于我方有利。抗战已使全国统一，国民团结，任何强敌均不足惧。汪精卫听了大为愤怒。16日，他和蒋介石一同吃饭时，不客气地要求蒋："使国家民族濒于灭亡是国民党的责任，我们应迅速联袂辞职，以谢天下。"蒋反问汪："我们如果辞职，到底由谁负起政治的责任？"两人争得脸红耳赤。蒋介石把汪精卫弃置不顾，

146

蒋介石与汪精卫

气愤地回到卧室。

　　凡听到汪精卫反对抗战鼓吹妥协谬论的，除了亲日派而外，无不愤慨。10 月 28 日至 11 月 6 日，在重庆召开的国民参政会第一届第二次会议上，参政员对议长、大会主席汪精卫丝毫不留情面，不管汪精卫如何操纵会场，大家把讨论的中心还是集中到反对妥协投降、坚持抗战到底的议题上来，纷纷提出拥护蒋委员长坚持持久抗战等提案。参政员、"南洋华侨筹赈祖国难民总会"主任陈嘉庚，因事未到会，从三千里外的新加坡来了一项十一个大字的"电报提案"："官吏谈和平者以汉奸论罪！"按规定提案须二十人联署，才得成立。陈嘉庚的电报提案一到，在会场上不到几分钟，联署者就超过了二十位。讨论开始后，汪派参政员表示反对，漫无边际地说什么天下没有不结束的战争，战争结束就是和平，中日战争也必须结束，所以"和平"不是不可以谈的。汪精卫甚至歪曲孙中山的"和平救国"主张，说："总理常说和平救国，如果谈和就是汉奸国贼，那么总理也是汉奸国贼了。"他们的企图很明白，就是阻止这个提案通过。参政员们进一步指出，由于战和不定，失掉东北、平、津、青、济，今已抗战，断不可再屈膝。这是提醒汪精卫："九一八"以来，你出卖给日本的够多了，中国够苦了，不能重蹈覆辙。在多数参政员的努力下，通过了抗战到底的决议，汪精卫一派的阴谋没能得逞。议长汪精卫在会场上听到、看到了这一切，心惊肉跳。他负责朗读提案，当读到"官吏谈和平者以汉奸论罪"时，"面色突变苍白"；在倾听激烈辩论时，"神气非常的不安"。因为他心里有鬼，梅思平、高宗武正在为他当汉奸铺路。

　　10 月 22 日，在香港的梅思平返回重庆，向汪精卫报告在香港与日本谈判的基本方案。汪精卫与陈璧君、周佛海、陈公博、梅思平、陶希圣等开秘密会议，讨论对日"和平"条件及逃离重庆另组政府问题。从 25 日讨论到 30 日，最后决定，以高宗武、梅思平为全权代表，去上海与日方谈判，签订协议。高、梅二人于 11 月中旬分别到沪，与影佐祯昭、今井武夫等密谈汪精卫投降条件和计划。

　　重光堂，这幢坐落在上海虹口区一所公园附近的西式大建筑物，记录了这项见不得阳光的罪恶活动。它原是日本人的私人住宅，后为日本的兵营、特务机关驻地。"八一三"淞沪抗战爆发后，这里发生过巷战，这座建筑物上留下了累累弹痕，一直无人居住。1938年11月初，即汪精卫决定派使者与日本商谈，落实投降条件、计划之后，日本急急忙忙对重光堂进行修缮，添置了家具及陈设物。它的主人是日本陆军参谋本部中国课课长今井武夫。他是"渡边工作"的负责人。"渡边"是日本常见的氏姓，日本陆军参谋本部把它作为高宗武的代号。"渡边工作"就是拉汪精卫投降日本活动的综合性计划。11月12日重光堂修缮、布置工作完毕，今井武夫身着便装开始在这里接待"客人"。第一个来接头的是梅思平。梅思平没去过日本，不懂日语，更不了解日本的礼节，进屋不脱鞋就走进铺着榻榻米的房间。他和高宗武从香港来上海，但为了掩人耳目，有意不同行。二人于11月9日和11日分别动身，一个乘法国船，一个乘意大利船离开香港，于12日夜、13日夜先后到达目的地。与高宗武同来的有翻译周隆庠。今井的助手是满铁公司的伊藤芳男。谈判到最后阶段时，日本陆军省军务课长影佐祯昭、议员犬养健及西义显从东京飞来。影佐是来参加最后决定和签字的。11月20日，影佐、今井和高宗武、梅思平签署了《协议纪要》，其中心内容是：为实现"建设东亚新秩序"的共同目标，而"善邻友好""共同防共""经济提携"。具体条件：（一）缔结日"华""防共"协定，承认日本在华"防共"驻兵，内蒙古为特殊"防共"地区；（二）承认伪满洲国；（三）承认日本人在中国居住、营业自由；日本废除在华治外法权，并考虑归还日本的在华租界；（四）在"平等互惠"原则基础上，日"华"经济提携，承认日本的优先权，在开发、利用华北资源方面，为日本提供特殊方便；（五）补偿因事变而造成的在华日本侨民所受的损失，日本不要求赔偿战费；（六）本协定以外的日本军队，于恢复和平后，立即开始撤退。

在讨论这些条件时，高宗武、梅思平等人在根本上与日本无分歧，他们出卖国家领土主权毫不吝惜。唯一乞求日本的是给汪精卫叛国集团保留面纱，不要让他们暴露汉奸卖国贼嘴脸。如：在承认伪满洲国问题上，双方没有异议。但高宗武非常关心在即将发表的近卫宣言中如何表述承认伪满洲国一事。他说，如果处理不当，会遭到中国人民的反对，"汪精卫也会立即被迫逃亡到河内或法国去"。对日本的军事占领问题，是不容讨论的，因为日本侵占中国靠的是武力，未来汪伪政权实际上受日本军方支配。但汪精卫的代表要求设法使中国人民相信汪伪政权是为他们的利益而奋斗的，一直是努力促使日本军队撤离中国的，故除协议中内蒙古的日军可作为联合"反共"的防御力量的一部分外，其他日军要撤出中国。但这是不会被日本政府批准的。

影佐祯昭

　　在重光堂还讨论和确定了汪精卫一伙逃离重庆后，在未被日军占领的云南和四川建立"新政权"和军队，待日军从广东、广西部分撤离后，再以上述四省为汪精卫建立"新政权"的地区。想用这种办法欺骗中国人民，获得支持，避免被戴上"傀儡"和"卖国贼"的帽子。在日本侵华军占领区，已经有的伪组织：溥仪为首的伪满洲国、王克敏为首的北平伪中华民国临时政府、梁鸿志为首的南京伪中华民国维新政府等，都是在日本占领区建立、由侵华日军一手制造的傀儡，即使标榜"中华民国"，中国人民也不承认它们是中华民国的政权；标榜"满洲"，不但汉族不买账，连满族也认为它是傀儡组织。汪派及其日本支持者都打算不让汪精卫当溥仪、王克敏、梁鸿志第二。他们低估了中国人的智慧，以为加一层伪装，一切反蒋的国民党、国民政府军政人员、汪精卫的追随者和朋友，就都能跟着汪精卫叛国。重光堂谈判期间，曾列出一个能跟着汪精卫叛国的大名单，不但改组派成员顾孟余在其中，西南地方实力派将领的名字被列入，而且对陈果夫、陈立夫也抱很大希望。真是忘乎所以，异想天开。事实无情地证明，情愿跟着汪精卫叛国的，实在少得只有一小撮。如此孤立，怎么立足于日军未占领地区？当汪精卫改在日军占领区建立伪政权的时候，他的日本支持者惊讶不已，担心汪精卫要步梁鸿志、王克敏等的后尘。

　　事实也证明，侵略者及其走狗的任何花招都逃不出中国人的眼睛，不论伪政权建在什么地方，都不会被误认为中国人自己的政府。

重光堂谈判设计的步骤是：《协议纪要》经日本政府批准后，汪精卫即率领他的同伙逃离重庆到香港；日本发表近卫声明，汪精卫响应，并与蒋介石重庆政府断绝关系；云南、四川的降日派响应；日军轰炸中国后方；在云南、四川建立标榜"独立"的伪政府；伪"新政府"宣布对日亲善政策。

1938年11月20日重光堂《协议纪要》签字的第二天，影佐和今井回日本，向五相（总理大臣、外务大臣、陆军大臣、海军大臣、大藏大臣）会议报告重光堂会谈结果，决定以该《协议纪要》的内容作为近卫内阁第三次声明，予以发表。之后，今井回上海等候汪精卫的答复。梅思平回重庆向汪精卫汇报。

重光堂密约和近卫声明草稿，抄在丝绸上，缝在梅思平西装的马甲里，于11月26日由香港带到重庆，向汪精卫、周佛海等汇报。事到临头，汪精卫动动摇摇，决定了又推翻，推翻了又决定，出尔反尔，最后还是横下一条心"跳火坑"。梅思平要离重庆赴上海向日方回话，汪精卫设家宴为之饯行。梅思平要离去时，陈璧君厉声对汪精卫说："梅先生明天要走了，这次你要打定主意，不可反悔！"汪连连点头说："决定了，决定了！"

梅思平于12月1日回到香港，将汪精卫的答复通知今井：汪精卫承认上海重光堂会谈的《协议纪要》；近卫声明中应明白宣示不进行经济垄断和不干涉"新生"中国的内政；汪预定12月8日从重庆出发，经成都，12月10日到昆明，希望12月12日左右发表近卫声明；汪在昆明、河内或香港中任何一地宣布下野。日本也通知汪精卫方面，表示对重光堂协议无异议。

近卫首相原准备于11日在大阪大礼堂发表演说，向全国广播第三次声明，9日到了京都。由于汪精卫预定出逃之日，蒋介石由外地返回重庆，汪以为行动计划暴露，暂不行动，拖了几天。近卫于是取消大阪之行，以患病为由，把演说和广播延期到14日；因仍不见汪精卫的行动，近卫停止了全部工作，返回东京。

汪精卫确知蒋介石那边无事之后，才开始行动。去香港的路有两条：一是从重庆直飞；一是经昆明到越南，再北上。前者风险大，后者须有龙云支持。为此，陈璧君早已以视察为名到昆明，见过龙云。她一把鼻涕一把泪地诉说汪精卫在重庆无权，想换个环境；又挑拨说蒋介石以非嫡系做牺牲，共产党势力已坐大，抗战结束后，西南风云恐亦变色。龙云表示：欢迎汪来昆明，如出国，负责护送。汪精卫对龙云有了底，决定从昆明出逃。

为了遮人耳目，汪精卫等以公事为名，分别去昆明。12月5日，周佛海以中宣部代理部长身份，飞昆明"视察"宣传工作。以送孩子到香港读书为名，陈璧君派侄儿陈春圃于12月8日送子女汪文悌、汪文恂飞昆明，然后转飞河内去香港。陶希圣用参政员、中宣部宣传委员身份，以讲学为名，于10日由成都到昆明。最后，于12月18日，汪精卫以外出演讲为名，偕陈璧君、曾仲鸣、女儿文惺、女婿何文杰、侄儿陈国琦和陈常焘等飞昆明。第二天，集中到昆明的汪精卫叛国集团共十余人，由龙云代包一架欧亚航空公司的飞机，直飞河内。四川省国民党党部主任陈公博则于21日离开成都，经昆明去河内。高宗武、梅思平、周隆庠等已在香港。

第三次近卫声明出笼以后

日本方面确知汪精卫已经出逃到达河内后，立即于1938年12月22日发表了日本政府的第三次对华声明，即第三次近卫声明。

声明说日本一贯以武力扫荡抗日的国民政府，同时，与中国"同感忧虑"的人士合作，为"建设东亚新秩序而迈进"。日本与"新生"的中国调整关系的总方针是：日、满、华以建设"东亚新秩序"为共同目标，实现"善邻友好""共同防共""经济合作"。

首先，中国必须放弃抗日，同"满洲国"建立完全正常的外交关系。

其次，根据日、德、意"防共"协定精神，签订日华"防共"协定。要求

日军在山海关附近设立的"王道乐土大满洲国"界碑

中国承认在"防共"协定继续有效期间，在特定地点驻扎日本军队进行"防共"，并以内蒙古地方为特殊"防共"地区。

中国承认日本人在中国内地有居住、营业的自由，促进日华两国国民的经济利益。特别在华北和内蒙古地区的资源的开发利用上，积极地向日本提供便利。日本无意在中国实行经济垄断。不仅尊重中国主权，而且对治外法权的废除和租界的归还，进一步予以考虑。

近卫内阁的第三次声明，基本是日汪重光堂谈判协议的内容，即日本与汪精卫叛国集团事先秘密约定的。不过，关于日本撤兵的条文被删掉。

抗战之初的蒋介石

蒋介石痛斥近卫声明，对其诱降之词做了坚决的、毫不含糊的批驳。他在 12 月 26 日发表的演说中揭露：日本帝国主义的所谓"新生中国"，就是要消灭独立的中国，另产生一个奴隶的中国，世世受其支配；以"防共"名义，控制中国的军事；以拥护东亚文明的名义，消灭中国的民族文化；以撤除经济壁垒的名义，排斥欧美的势力，独霸太平洋；再以"日、支、满"经济单元，或"经济集团"的工具，扼制中国经济命脉。"建设东亚新秩序"七个字，包藏着祸心。

汪精卫则于 12 月 29 日发表响应近卫声明的声明，这天电报代号是"艳"字，故称之为"艳电"。

这个"艳电"不是宣布汪精卫与日本"合作"的声明，而是以公开向国民党中央党部、向国民党总裁蒋介石、向国民党中央执监委员会提出建议的形式发表的。在此后一段时间，汪精卫对外讲话都说自己不是与蒋介石决裂，而是为了争得一个公开发表自己意见的场所和机会而离开重庆。但"艳电"完全站在卖国立场上解释近卫第三次声明中的所谓"善邻友好""共同防共""经济提携"，为日本侵略者涂脂抹粉，胡说什么日本对中国无领土要求，尊重中国主权独立，并公开要求重庆政府以近卫第三次对华声明为根据，与日本政府"交换诚意"，以期"恢复和平"，不可失此"良机"。还叫嚣共产党应彻底抛弃其组织及宣传，取消边区政府及军队，否则"吾人必自动的、积极的加以裁制"。汪精卫还把近卫声明中没有的内容——日本从中国撤兵，一厢情愿地鼓吹一番："其尤要者，日本军队全部由中国撤去必须普遍而迅速，所谓在防共协定期内、在特定地点允许驻兵，至多以内蒙附近之地点为限。"

汪精卫叛国集团错误地估计了形势。他们原以为，此电一发会得到热烈呼应，蒋介石不打自倒，汪精卫就可以用国民党和国民政府的最高领导人的身份，造成一个和日本"合作"的政权。事实恰恰相反。如果说，汪精卫出逃，人们不了解其内幕，还可能相信他因病转地治疗的话，看到"艳电"，就完全识破其汉奸卖国贼的真面目了。于是一个声势浩大的愤怒声讨叛逆汪精卫卖国集团的浪潮席卷全国。陈嘉庚通电怒斥汪精卫是"先总

守卫在山海关的中国守军的阵地

理之叛徒""中华民族之国贼",要求国民政府"宣布其罪,通缉归案,以正国法,而定人心"。

共产党及其领导的八路军、新四军、抗日根据地的人民,对汪精卫的声讨之激烈,自不须多加介绍,《新华日报》把汪精卫同中国最声名狼藉的卖国贼画等号。

值得注意的是,一些被汪精卫视为知己,寄以希望的人们,不仅不跟着汪精卫"跳火坑",而且和中国抗日的人们站在一条阵线上。人所共知的改组派顾孟余,追随汪精卫多年,是汪很信任并经常依靠的骨干。"艳电"由周佛海、陈公博带到香港发表时,顾孟余见电文大吃一惊,说:"万万不能发表,这是既害国家又毁自己的蠢事,我马上去电力争,未得他(汪精卫)复电之前,千万不要发表,如怕迟误,一切由我负责。"可惜顾孟余无力回天。国民党中宣部特派员、《南华日报》社社长林柏生,顽固地坚持照汪精卫的命令办事,"艳电"如期在《南华日报》上发表。顾孟余从此与汪精卫分手。龙云亦如此。

龙云帮助汪精卫出逃后,与汪精卫、蒋介石都有联系。蒋介石派李宗仁、唐生智等先后赴滇,晤谈忠奸不两立。汪精卫欲以西南为基地,另起炉灶,与重庆对立,实现与日本密谋之计划,指望云南、四川、广东等拥有军队的实力派能跟他走,曾派人拉张发奎、薛岳、邓龙光等国民党将领,但未得到响应。1939年3月30日,汪精卫亲笔致函龙云,告以他与日本谋和情况,说他希望日本与蒋介石议和,他愿以在野资格从旁协助。"艳电"主张,如中国政府同意,则日本

1938年12月,(自左至右)褚民谊、曾仲鸣、龙云、何应钦四人合影

可以接受。但其中撤兵问题，日本主要是考虑：日本撤兵后，中国军队，尤其共产党的军队，将以收复失地为名，卷土重来，故须视中国政府"诚意"，日本方可逐渐撤兵。还有，日本只同有诚意的国民政府谋和，不再信任蒋介石。言外之意，只有他汪精卫才可得到日本的信任，为日本所接受，暗示龙云反蒋附汪。他要求龙云公开表示同意"艳电"主张，然后，他到昆明，声明以在野资格，贡其所见，以供政府及国人参考。这样，便于取信国人，各方趋附有其目标，国际视听亦有所集，和日本交涉容易有效。毕竟邪不压正，在龙云的天平上，国家、民族自有分量。5 月 2 日，他给汪精卫复信说，汪的信是欲使他破坏统一，断送国家民族之前途，使无数将士与民众陷于万劫不复地步。这哪是和平救国之本，简直是自取灭亡，以挽救敌人的命运！龙云劝汪精卫与敌人断绝往来，命驾远游，暂资休息，斩除一切葛藤，免为敌人摆弄。这封信无疑宣告龙云与汪精卫在政治上一刀两断。

日本和汪精卫预料能追随汪精卫投降日本的中国军政要人，都不支持汪精卫，使他在西南不能插足，只得放弃了在中国境内日本未占领地区建立伪政权的计划，改去上海。

蒋介石先教后诛

汪精卫紧锣密鼓地谋划出逃的时候，蒋介石正在湖南。他于 1938 年 11 月 25 日，也就是梅思平带密约回重庆的前一天，去湖南主持南岳军事会议。正好给汪精卫一个活动的空隙。汪精卫打算利用这个时机出逃，预定的时间是 12 月 8 日。不巧，12 月 7 日，即周佛海离开重庆的第三天，有消息说蒋介石回重庆，实际这天回重庆的是陈布雷，蒋介石 8 日才回重庆，正好是汪精卫预计动身的那天。

作贼心虚，在昆明的周佛海，在重庆的汪精卫，都以为事情暴露，惊恐不安。周佛海叹息"万事休矣"，"午睡不能成寐，苦心焦思为平生所未有。"汪精卫取消 8 日出逃——飞成都计划，通知周佛海，一切慎重行事，并将不能如期成行事转告日方。因为汪精卫行期改变，日本近卫声明也随之延期发表。12月9日，蒋介石召集国防最高会议，研究今后抗日问题，汪精卫仍持"和平救国"论调，极力主和，谓"现在中国之困难在如何支持战局，日本之困难是如何结束战局，两者皆有困难，两者皆自知之及互知之，故和平非无可望"。他的主和建议又没有被采纳。蒋介石因为身体不适，在重庆休息几日，即将在西安武功召开的军事会议还等着他，他决定12月18日飞西安。汪精卫获悉，订购了同日飞昆明的机票，然后就同他的第三次合作者不辞而别了。

19日，汪精卫在昆明临动身去河内时，给蒋介石拍了一个电报，说是在赴昆明途中，因"飞行过高，身体不适，且脉搏时有间歇现象，决多留一日，再行返渝"。20日，即汪精卫到河内的第二天，电告对日主和的行政院副院长张群，说"拟对和平及防共问题以去就争"。

蒋介石于12月21日从张群那里得知汪精卫离昆明去河内，急忙向龙云询问详情。龙云回电说：汪精卫到滇之日，身体不适，临行时说与日本有约会，须到香港商洽中日和平事，若能成功，则国家之福；万一不成，暂不返渝，亦不离开蒋介石。龙云没说出全部实情。当时外国广播说，汪精卫外出是代表国民政府军事委员会与日本谈判和平问题。由于汪精卫在国民党的身份，此种舆论很容易被接受，且造成严重影响。12月24日，蒋介石飞回重庆的当天晚上，就让顾问端纳转告美、英驻华大使，声明："汪兆铭无权和任何人谈判和平。中国不但没有意思和日本谈和，而且现在正准备做大规模的抵抗。"在一次演说中，蒋介石又对汪精卫河内之行做了说明。他说：汪精卫去昆明途中，忽然心

蒋介石与时任云南省政府主席龙云第一次在云南会面时留影

脏病复发，脉搏不良，遂赴河内治疗。其离渝转赴河内，"实为转地疗养，纯系个人行动，毫无政治意味。此行不仅与军事委员会无关，即与中央与国民政府亦皆毫无关涉"。故外间一切猜测与谣言，都不可信。蒋介石还说：汪精卫"爱党爱国"，与他个人之间有着久共患难的"深切关系"，如果对国策有意见，无不可明言，必在中央公开讨论或私下商量。以如此关系国家存亡大事，决不致中央同仁与中正个人事前毫未知闻。

与此同时，蒋介石多方对汪精卫做工作，争取其回心转意，或不要走得太远。12 月 27 日，他给在河内的汪精卫发电，劝其从速回重庆。蒋介石还电告驻英大使郭泰祺，要他恳劝汪精卫。郭于 27 日电劝汪精卫"勿公开主和，表示与中央异致，免予敌人以可乘之机。并早日来欧，暂事休养"。他将"辞职随侍"。蒋介石还让外交部长王宠惠及陈布雷去劝汪精卫，使之悬崖勒马。宋子文得悉汪精卫将发表响应近卫声明电，按蒋介石的意思让香港各方劝阻，并电请汪将此举取消。总之，蒋介石在努力争取汪精卫，力图阻止汪精卫与日本勾结，给汪精卫留有退路，避免事态进一步恶化。

"天要下雨，娘要改嫁"，没有办法阻挡。1938 年 12 月 28 日，汪精卫发出《致中央常务委员会国防最高会议书》，要求接受日本政府的"和平"条件，反共降日，并告"有上中央一电"拍发。12 月 29 日，汪精卫发表了"艳电"，响应近卫声明，问题明朗化，事已无可挽回。12 月 31 日，国民党中央执监委开会，讨论汪精卫叛逃一事，与会者愤怒至极，纷纷痛斥汪精卫叛国罪行。

汪精卫在河内发表"艳电"，公开投敌叛国后当时媒体的报道

辛免一死的林柏生

1939 年元旦，国民党中常会决议永远开除汪精卫的党籍，撤销其一切职务。全国一致声讨汪精卫叛国集团的罪行。

军统特务头子戴笠，奉命去香港除奸。他亲自前往，决定拿陈璧君、林柏生开刀，给汪精卫汉奸集团以警告。由于港英当局对华人带枪限制很严，军统有人无枪，决定用斧头砍杀。1939 年 1 月 17 日，林柏生漫步于皇后大道，突然被人用斧头在头上砍了两下，受伤倒地。但因林头带软质薄绒帽，伤口不深，未危及生命。林因此更受汪精卫器重。

与此同时，蒋介石仍拟阻止汪精卫进一步走向深渊。他考虑若劝汪回重庆，汪不会接受，而且"必以恶意推测"；如让他回国在某地居住，日本会借此造谣或引诱，致国际怀疑，全国军民惶惑。龙云从陈璧君的弟弟陈昌祖（在昆明任飞机制造厂副经理）处获悉，国民党中央开除汪精卫党籍后，汪精卫、陈璧君情绪不好，正密商去欧洲。他把这个消息电告蒋介石，蒋以为汪精卫"当以赴欧为唯一上策"。

1939 年 1 月的国民党五届五中全会，曾讨论汪精卫叛逃一事的善后处理问题。会议决定派谷正鼎去河内劝汪精卫赴欧洲，不要同日本进一步勾结。谷正鼎是谷正纲的弟弟，他俩原都是改组派成员，1932 年蒋汪合作后，同进南京，均为国民党第五届中央执行委员。2 月 15 日，谷到河内会见了汪氏夫妇，说明来意，并带去汪、陈及曾仲鸣三人的出国护照及旅费。谷转达蒋介石的意思说：汪如对国事发表主张，写文章，发电报，任何时候都欢迎；如果有病需要赴法国等地疗养，可先送旅费五十万元，以后随时筹寄，但不要去上海、南京，不要另搞组织，免得为敌人利用，造成严重后果。汪精卫不听劝告，反而骂蒋介石，他对谷说："以前我因蒋介石的凶残暴虐自私，我反对他，他用尽各种方式来危害我，中伤我，下流到要绑我及璧君的票。我被他苦迫出国，去来何尝要过他什么护照？！"汪精卫还要谷转告蒋介石：

逃离重庆前夕，曾仲鸣（右）与汪精卫夫妇在一起

"他如把党国搞得好，我便终身不回国亦得，如搞得不好，我去了，还是要回来。"

谷正鼎规劝无效，蒋介石决定动用军统特务刺杀汪精卫。戴笠事先已派人在河内监视汪精卫，侦察他的住处。汪精卫住在河内高朗街27号一幢西式三层花园洋楼。其三楼临街的一间卧室比较整齐，汪精卫常在此室与人交谈，军统特务陈恭澍经过侦察，已经瞄准了这间房。3月19日，戴笠电令陈恭澍"着即对汪逆精卫予以严厉制裁"。21日凌晨，陈恭澍组织几名特务执行计划，特务们越墙攀上三楼走廊，在黑暗中对着预定目标卧室里一个穿白睡衣的人射弹数十发，以为汪精卫必死无疑，哪知被杀的是曾仲鸣。三楼四个房间，汪精卫夫妇、汪的女儿文惺与女婿何文杰、朱执信的女儿各住一个房间，把最好的一间让给了曾仲鸣夫妇。结果，曾仲鸣当了替死鬼，其妻方君璧受了伤。

曾仲鸣早年留学法国，1925年回国，在广州中山大学任教。同年7月1日成立国民政府，汪精卫任主席，曾仲鸣任秘书，从此一直相随左右。抗战开始后任中政会副秘书长，国防最高会议成立，任秘书主任。1938年12月18日与汪精卫一起叛逃。其死亦属罪有应得。

曾仲鸣死后，汪精卫于1939年3月27日发表《举一个例》，披露了1937年12月6日国防最高会议常务委员会会议记录。这次会议听取外交部次长徐谟报告：陶德曼在南京会见蒋介石，蒋接见陶德曼之前，曾与顾祝同、白崇禧、唐生智、徐永昌等将领讨论日本提出的和谈条件，同意以日本的条件为和谈基础。汪精卫用这个实例说明，与日本谋和，并非自他开始，以蒋介石为首的国民党、国民政府领导集团早已秘密进行了。汪精卫用这个报复性行动回答蒋介石的刺杀。

曾仲鸣被刺杀致死后，汪精卫叛国集团和日本方面都担心汪精卫在河内的安全。日本政府派影佐负责把汪精卫运送到安全地点。影佐由陆军省调到参谋本部，专门负责与汪精卫联系。加之，汪精卫以西南为基地的计划成为泡影，再留在河内毫无意义，便在日本"保护"下，于1939年5月6日逃到上海。

七　蒋记，汪记，
　　真假国民党

汪精卫投敌叛国后，到南京建立了日本卵翼之下的伪政权，其实质与东北、华北、内蒙古、华东、华南等地伪组织没有什么两样，但却打着国民党、国民政府的旗号，乃至不惜玷污孙中山的名字，以孙中山思想继承人自诩。在这些冠冕堂皇的外罩下，做尽了卖国求荣的丑事，犯下滔天罪行。

重庆有以蒋介石为首的国民党，以林森为主席的国民政府。南京有以汪精卫为头子的"国民党""国民政府"，一个真，一个假，一个抗日，一个卖国。

汪精卫和他的日本主子，用"国民党""国民政府"招牌，别有一番用意。首先是用来欺骗视听，掩盖汪精卫的卖国嘴脸。日本更注重用南京的"国民党"引诱重庆的国民党投降，妄想导演一场蒋介石与汪精卫的第四次合作。最后的事实粉碎了日本和汪精卫的阴谋，证明他们是白日做梦。

汪精卫的哭容与笑脸

汪精卫不甘心当蒋介石的副手，却情愿做日本人的奴才。日本人并不比蒋介石尊重他，也不很信任他。试想，谁能信任一个叛变自己祖国的人呢？哪个国家能说卖国求荣者道德高尚呢？侵略国家的侵略强盗打出各种各样的假招牌，招降纳叛，不正说明他不敢公开宣布使用和赞赏叛国者吗？

侵略者需要在占领地利用那里的叛国者。尤其日本侵华，以小国侵大国，无力管辖广大的占领地，于是"以华制华"政策应运而生，用残茶剩饭喂养几条狗、几个傀儡，为他们效力。

利用归利用，利用不等于信任。日本侵略者在华用过的许多汉奸卖国贼，真正信任的不多，由怀疑而杀掉的不少，更谈不上尊重。很显然，卖国贼就是他们的一条狗。既然利用，必然要看利用价值，有用，汉奸卖国贼会得到主子的赏赐，无用则一脚踢开，卸磨杀驴。

汪精卫向日本摇尾乞怜，求做傀儡，日本是需要的。汪精卫身为国民党元老、国民党副总裁，对日本不能没有吸引力。可是，日本不能不怀疑他。

一个堂堂大国、大党的副帅，灵魂如此廉价，让人无法置信。重光堂会谈在进行中，双方观点摆明之后，即 1938 年 11 月 15 日，今井飞回东京汇报，陆军大臣板垣、参谋长多田等十多个日本高级军官到会听取今井的汇报。会议开了两个小时，会后，一般官员继续研究。日本军官们首先想到的是：汪精卫是不是在搞缓兵之计？今井不得不反复说明他没有被汪精卫欺骗。汪精卫出逃时间因故推迟，日本官方马上想到上当受骗的事，以致汪精卫真的逃到河内，还要继续在中国从事策反活动的今井等，再三电告其上司，才被相信。到了第二年，也就是汪精卫已经发表响应近卫声明的"艳电"，表示了同重庆政府、蒋介石决裂之后，日本人还是不相信汪精卫及其同党。尽管汪精卫一再表白他所要求的一切就是为了"和平"，并把他同蒋介石私下争论的内容，以及与蒋介石"争论得满面通红，像要扭打起来的气势"等细节都拿出来向日本人讨好，证明他投降日本是真心实意的，日本人还是怀疑他与他的同党的动机，普遍认为汪精卫与蒋介石是互相勾结在一起的，"和平运动"不过是缓兵之计，是一个企图松懈要粉碎中国全面抗战的帝国陆军决心的诡计。汪精卫的"艳电"出卖国家领土主权，与日本做交易，日本《国民新闻》还认为汪精卫出卖得很不够，说汪精卫的条件根本不可能被日本作为谈判基础来接受。对于要日本军队离开中国，尤其反感。

重光堂谈判时期，汪精卫一伙充满信心地向日本夸下海口，说能得到一批中国政府军政要人的支持，并能立足于西南数省，进行"和平运动"。但事实偏偏不作美，汪精卫和他手下的人费了九牛二虎之力，也实现不了他的计划。日本对汪精卫的价值不能不产生动摇。在 1939 年最初的几个月里，日本方面对汪精卫的支持不甚积极。近卫内阁倒台，继任者平沼内阁对汪精卫采取"等着瞧"的态度，显得相当冷淡。主持"渡边工作"的今井，奉命返回东京。他的注意力已转到拉拢吴佩孚等的活动上去了。汪精卫很泄气，曾考虑流亡欧洲，并分别在德国大使馆和英国大使馆办理了签证。但他很快又打消了这个念头，继续厚着脸皮乞求日本，争取当傀儡。

汪精卫从这年春天起，就一再向日本乞求组建伪政权，提出各种方案和办法，日本政府一拖再拖。汪精卫急不可耐，又要求"首先亲自赴日，同日本当权的人士交换意见，然后再做最后决定"。5 月 31 日，汪精卫到了东京，

1939年5月，急不可耐的汪精卫等人飞抵东京，与日本商谈组建伪政权等事宜

下榻在北郊泷野川古河男爵别墅。

这时，日本政府内部对扶植汪精卫建立伪政权意见不统一：陆军方面，土肥原贤二、头山满一派主张用吴佩孚；堀场一雄一派主张和蒋介石直接交涉。陆军最重视有无实力，即军事实力和财政实力，用以衡量谁能替日本统治中国。在这些方面，汪精卫没有优势。海军方面则认为应引导陆军全力集中于结束事变上来，以免陷于对苏联、对中国两面作战。外务省支持汪精卫建立伪中央政府。

由于日本政府内部对汪精卫的利用价值评估与使用方式的严重分歧，忙着开会研究，汪精卫便住在古河男爵别墅等着。中国《上海导报》于1939年6月14日，报道日本的分歧和汪精卫的情绪变化说：日本元老派认为汪精卫充其量不过起一部分宣传"和平"的作用，每月宣传活动经费至多不超过二十万元，其工作管辖应交给在华日军地方特务机关；军部方面认为，汪精卫可以出面为伪"华中政府"元首，每月经费除武汉的石音矿及统税收入外，可酌给五十万元。其工作管辖，应交武汉陆军特务机关；激进少壮派对汪精卫估计特高，认为其第一可宣传，第二可"收买"中国军队，第三可为将来"统一政府"元首，目前汪应着重军事活动，每月应酌给军事活动费五百万至一千万元，工作管辖应交东京直辖。因此种种，汪精卫到东京后，竟"难于自持"。尤其因为日本争论是否加入德、意同盟而引起的日本海陆两军内争问题，竟影响到对汪精卫的使用"不仅一度搁浅，而且日本各派亦争避嫌疑，有数日无人至汪住所往返者。汪乃大起恐慌，面呈哭容，遂称病不起"。1939年6月8日，中国政府通缉汪精卫，消息传到东京后，日本担心汪精卫会更加消极，6月9日乃由影佐等到汪精卫的住所谈话，决定由汪发一宣言等，"汪闻之顿敛哭容"。

　　这时，日本对汪精卫建立伪中央政府的要求已做出决定。1939 年 6 月 6 日，日本内阁五相会议决定了《建立新中央政府的方针》，规定：伪中央政府由汪精卫、吴佩孚和华北伪中华民国临时政府、华中伪中华民国维新政府，以及将来改组后的重庆伪政府等组成。其中否定了汪精卫的一些打算，特别是日本还没放弃吴佩孚，不打算由汪精卫单独进行"组府"，而力主吴、汪"合作"。关于国民党和三民主义，在不妨碍亲日亲满和反共的原则下，可以允许存在。

汪精卫拜会日本军政要员

不论如何，汪精卫东京之行，总算有了结果。为了讨主子的喜欢，取得信任，汪精卫即使心中有不满足之处，也不得不强作笑脸。

　　日本决定由汪精卫组建伪中央政府之后，从 6 月 10 日，日本首相平沼骐一郎召见汪精卫，之后，至 15 日，日本政府要员分别与汪精卫会面，交谈，灌输日本的意图使之服从。汪精卫受宠若惊，以一副奴才相，卑躬屈膝，一次又一次地表态。与日本陆相板垣征四郎会谈时，不顾事实，低三下四地说中日战争"责任"在中国，他作为国民党的领导人，"乐于承担责任"。大藏相石渡庄太郎说，中日战争的发生，是由于蒋介石采取容共抗日政策造成的。汪精卫立即附和，说："蒋介石是以容共抗日的政策误国的，我曾多次劝他，致力于纠正这种错误，因力不能及，终于发生这种情况，但本人也有责任。现

汪精卫与板垣征四郎会谈

在我决心与蒋脱离，重新建立日华关系。"他对板垣也说，反共是他最为重视的。他向首相平沼表白：为了阻止抗战，他数十次劝蒋介石与日本"和平"，但蒋介石认为如果与日本言和，会失去独立和自由。他责怪蒋介石对日本的"美意"不理解。他对日本同意建立伪中央政府，非常感激，表示要一个人负起责任。近卫也与汪精卫会见，汪精卫自吹自擂地说，他正争取重庆政府的军队，目标是五分之三以上，只要反共就联合；对重庆政府，只要促使蒋介石下野，由国民党的第三者出面收拾时局，然后各方面合作，统一于"中央政府"，重庆政府面目必然改变，"中央政府"定与日本"亲密合作"。

汪精卫的卖国罪行够多了，他觉得仍不够，向日本主子道歉："我惭愧万分。"表示今后要"宣传日本的真意，恢复三民主义的真精神，并决心使国民党正式接受日本要求的原则"。

两个对立的纲领

汪精卫在筹备伪中央政府的时候，向日本献策：采取"不变更政体和法统"，只"变更国策"的手法，以达到欺世盗名、笼络人心的目的。此所谓政体和法统，不外以党治国原则，三民主义招牌，中政会——国民政府——五院组织体系等。国民党系伟大的革命民主主义者孙中山缔造，在历史上曾是一面革命的旗帜。虽然1927年以后，由于蒋介石、汪精卫改变它的性质，用它镇压革命人民，人民远离了它，但七七事变后，国民党举兵抗日，与中华民族根本利益一致，得到人民的拥护和支持。汪精卫在历史上一贯以国民党正统领袖自居，现在又想用国民党掩饰他投敌叛国罪行。日本侵略者同意汪精卫的主意，1939年6月6日，日本五相会，对其名义并不反对，但必须在改变其性质、内容，"放弃容共抗日，以亲日满防共为方针"时，方可以允许其存在。这是一种用表皮去内核的策略。汪精卫的本意也是如此。

据此，1939年8月28日，汪精卫在上海沪西极司菲尔路76号，举行伪中国国民党第六次全国代表大会（以下简称"伪六大"）。叫"第六次"，是想作为 1935 年国民党第五次全国代表大会的继续，表明是国民党的"正统"。参加会议的代表二百四十余人，内有随汪投敌附逆的国民党党员，有会前拉来凑数的国民党员，有的根本没加入国民党。上海新闻记者公会执行委员金雄白不是国民党员，却作为代表参加大会。高宗武也不是国民党员，以代表身份出席了大会，并为大会主席团副主席、伪中央执行委员会常务委员。更出奇的是，重庆国民党也跟着把高宗武当成国民党员，宣布开除高宗武的国民党党籍。

上海极司菲尔路 76 号院，是汪伪政权的重要活动场所，后成为臭名昭著的汪伪特工总部

　　另外，中共地下党员、重庆国民党情报机关的人员以各种"合法"身份"出席"了大会，以侦察日伪情况。

　　"伪六大"的宗旨在于修改重庆国民党的抗战建国纲领。早在 1938 年 3 月于武昌召开的国民党临时全国代表大会上，就通过一项《抗战建国纲领》的决议案。这项决议案规定了抗战时期国民党的纲领："中国国民党领导全国，从事于抗战建国大业，欲求抗战必胜，建国必成，固有赖于本党同志之努力，尤须全国人民戮力同心，共同担负。"为了实现抗战建国纲领，该决

167

议案中对外交、军事、政治、经济、民众、教育各纲领，都做了若干具体规定，并公布实施。其中如：外交方面本独立自主精神，联合世界上同情我国的国家与民族，促进和平友谊，制止日本侵略，否认及取消日本在中国以武力造成的一切伪组织及其对内对外行为；军事上，集中、充实抗战部队，保卫祖国；等等。

"伪六大"则相反，通过一项所谓"和平、反共、建国"纲领。此所谓"和平"，即停止抗日，和平地满足日本的侵夺、索要，而将国家主权领土、资源、人民拱手相送。所谓"建国"即另建一套与重庆同名不同性质的党、政机构，充当日本侵略者的傀儡与帮凶。其所谓"反共"即以抗日最坚决的共产党及其军队为死敌，并以反共为名反对重庆国民党及其抗战纲领，又以反共作为日本在华驻兵的借口，掩饰日本侵略军侵占中国领土的罪行。

1939年8月30日，"伪六大"通过、发表的宣言中，接受近卫声明中三原则。据此，宣布："自今以后，当易抗战建国之口号为和平建国"，"以反共为和平建国之必要工作。盖和平所以顺利建国之进行，反共则所以扫除建国之障碍"。为实现这个纲领，修改各项具体方针政策。外交方面尤为明显，明目张胆地否定国民党临时全国代表大会通过的抗战建国纲领规定的关于反对日本侵略者及其走狗的方针，强调要"尊重友邦""欢迎友邦"、励行睦邻政策，以奠定东亚永久和平，并联合非共产主义各国。

汪精卫叛国集团不仅背叛了孙中山的国民党和"三民主义"，也背叛了蒋介石的国民党和由临时全国代表大会制定的抗战建国纲领，走上了卖国之路，组建了另一个党——汉奸党。汪精卫硬说他们的"伪六大"与国民党的各次大会是连续的、一致的，是"正统"的。他从1924年的第一次全国代表大会说起，说革命的目的始终如一，但各次大会根据环境的变化，改变、确定其方针，这些方针是后面跟着前面走的。他说：国民党"五大"宣言里有几句话，和平没有到完全绝望的时候，决不放弃和平，牺牲没有到最后关头的时候，决不轻易牺牲，这是跟着"四大"精神走的，不愿意和日本决裂。这就是"五大"的最大用意。"七七"事变后开了一个临时全国代表大会，这个大会的宣言是"兄弟所起草的"，是根据"五大"的方针做的，我们把抗战的原因说出来，我们把我们对于和平的希望，及和平的条件也说出来，说明白如果达到这个和平的希望，我们就恢复和平，达不到，我们就继续抗战。"伪六大"宣言是跟着临时全国代表大会走的，是"一线相沿的""先后衔接，没有中断""连体裁都是一样的"，这是根据环境来的。"在临时全国代表大会的时候，还没有得到和平的条

一脸媚相的汪精卫在东京拜见东条英机时的情形

件，当然还是讲抗战，希望和平，到现在和平条件已经得到了，我们就要实现和平。这就是说，两次代表大会的宣言，不只没有矛盾，并且没有不联结的。"

照此说来，他起草国民党临时全国代表大会宣言的时候，就留下伏笔，那时没有"和平"的条件，所以抗战；现在有了"和平"的条件，就改抗战建国为"和平建国"了。中国人民并不反对和平，而且渴望和平，汪精卫所说的"和平"和抗日的人们理解的和平不是一回事。他有意抛开实质，而在字句上做文章，想让人们相信他的"伪六大"是继承国民党的党统，其降日反共纲领与抗战建国纲领一脉相承。汪精卫自作聪明，花言巧语，自欺欺人，自以为得计，其实枉费心机。

汪精卫的"伪六大"宣言，以"三民主义"为最高指导理论，根据日本的意图，重新解释其含义，在民族主义中，只字不提反对日本侵略和保卫中华民族独立。关于民权主义，汪精卫知道全国人民对蒋介石的专制独裁不满，有意哗众取宠，声言因为战争既息，要召集国民大会制定宪法、实施宪政。

汪精卫在日本广播电台发表"反共建国"讲话

169

重庆国民党中政会为最高政治指导机关，人选仅限于国民党员，汪伪国民党，为破除此例，授权汪精卫延请国内"贤智之士"参加中央政治委员会，除共产党员外，不分派别，共同担负收拾时局之责任，以此表示他汪精卫比蒋介石讲民主，肯于开放政权。关于民生主义，则着重说其与共产主义水火不相容，大谈其反共谬论。这样，汪精卫的"三民主义"符合日本帝国主义的需要，便可以当作标签到处贴，亦可以挂在嘴上到处讲。

汪精卫当了卖国贼，仍然把自己装扮成孙中山的信徒，招摇撞骗。他除了曲解"三民主义"外，还把孙中山讲演的大亚洲主义中关于中日"宜携手协力""共谋两国前途的发展""中日两国当为亚洲民族独立的原动力"等字句，牵强附会地用作他与日本"和平"的根据。

在南京接受记者采访的汪精卫

既然汪精卫宣传自己的"伪六大"是合乎国民党党统的，就必须否定重庆的国民党。所以大会标榜重光党统，通过整理党务案，其中主要内容有：自1939年1月1日起，重庆国民党中央执行委员会、监察委员会的一切决议及命令完全无效；所有中央、地方党务机关，听候改组；修改党章，废除总裁制，中央执行委员会设主席一人，代行总理职权；第五届中央执行委员、候补执行委员、中央监察委员、候补监察委员，由大会推选继任原职。此外，并由大会增选中央执行委员三十八人、候补中央执行委员二十人、中央监察委员二十六人、候补中央监察委员十六人，共同组成中央执行委员会和中央监察委员会；由大会电请各地中央执监委员和候补执监委员，立即到上海，共商国是；中央各委员未齐集前，中央各种会议以实际能到会者之过半数为法定人数。

汪精卫"伪六大"选汪精卫为中央执行委员会主席，并选出中央执监委员等。会期一天，草草收场。

汪精卫对日本人说，重庆国民党"大多数"赞同他的"和平建国"主张，因为受共产党威胁，或受蒋介石独裁势力之挟持，虽有意见，不能发表，不能出行。随着他的"和平运动"进展，这些人可得解放，脱离重庆。

国民党中央委员追随汪精卫叛国的确实不少，说"大多数"，则离事实太远。无论如何，蒋介石国民党的纲领是抗日，汪精卫国民党是降日，这种大是大非还是泾渭分明、有严格是非界限的，有祖国观念的国民党人，决不跟着汪精卫去"跳火坑"。

"宋子良"与日本的"蒋汪合流"梦

汪精卫组建的中央政府的筹备活动，在马不停蹄地进行，日期一天天临近，一切基本就绪，汪精卫只等"黄袍加身"了。他是多么盼望这一天的到来！1925年7月1日，他当上孙中山逝世后组建的国民政府的第一任主席，为时不到一年，就被蒋介石一箭射到欧洲去了。过了一年，武汉国民党和对共产党大开杀戒的蒋介石，都请他回国主持大计。他踌躇满志地回来，本打算"骑墙"观望，两面逢迎，当上宁汉共同拥戴的"正统"领袖。蒋介石一个"四一二"，堵死了他到南京当元首的路，胡汉民在蒋介石枪杆子支持下，接受了南京政府大印。之后，他今天反蒋，明天拥蒋，威信扫地；时而国内，时而国外，始终不如意。1936年，一度出现当总统的幻梦，很快便破灭了。好不容易盼来一个西安事变，乘蒋介石"危难"之际，匆匆回国，拟收拾残局，出乎意外，蒋介石获释，重回南京。西安事变发生后，他一直骂张学良，表示同情蒋介石、拥护蒋介石，满以为蒋介石会感激他、尊崇他，让他稳坐中政会的第一把交椅，哪承想为时仅数月，蒋介石变换一个花样，又把他降到副手的位置。他哭天喊地、卑躬屈膝地乞求做日本的傀儡皇帝，历经"千难万险"，终于要实现了。

汪精卫掐指计算，到了1940年3月17日，离预定"组府"之日——3月26日，还有九天。偏偏就在汪精卫如饥似渴地侧耳等待开台锣鼓声的时刻，意外地接到日本侵华军总司令部总参谋长板垣征四郎的命令，将"组府"延

在上海发表反动演说时的汪精卫

到 4 月 15 日。汪精卫如遇冷水浇头，可又无可奈何，只得再等，再乞求。

日本的葫芦里卖的是什么药呢？原来，汪精卫乞求日本批准他成立伪中央政府时，打保票说，他能把重庆国民党拉过来降日反共。这当然是日本愿意得到的不战而获的结果。但事实表明，汪精卫没有这种神通和力量。不但重庆国民党主体他拉不动，就连他昔日同党、同盟，都没有多少人来替他捧场。日本对他不能不有几分保留，一而再再而三地修改"组府"方案。

日本政府批准的伪中央政府建立方案，先是吴佩孚、汪精卫合作的伪中央政府，即所谓一武一文，这显然是注意到了汪精卫在武的方面的弱点。吴佩孚不上日本的圈套。日本和汪精卫开足了马力去拉吴佩孚，竟毫无效果。同时，又一个新方案在酝酿和操作。

日本侵略者们异想天开，以为当初"出乎意外地汪兆铭跳了出来"，日本轻而易举地得到了国民党的二把手；如果努一把力，也许能拉过它的一把手蒋介石，因而试图让蒋介石和汪精卫合组这个伪中央政府。

早在 1939 年五六月间，日本便和汪精卫秘密谈判，并决定建立以汪精卫为中心的伪中央政府的同时，也和重庆政府秘密进行和谈。它的动因就在于，日本支持、利用汪精卫的目的是让他当诱饵，实现"全面和平"——中国政府向日本屈膝投降，签订卖国和约。但汪精卫在日本未占领的中国西南地区建立基地，招降纳叛，以瓦解诱降重庆政府的计划落空；到上海后，突然要在日本占领地区内建立伪政府，用"自己建立的和平政府"推动重庆政府转向"和平"，从而与"和平政府"合并。原先从事拉汪精卫降日工作的今井，对汪精卫的新计划不以为然，认为那样很快就会暴露汪精卫的汉奸卖国贼嘴脸，建立的组织也明明白白是傀儡，与"临时""维新"两政府没有什么区别，不能发挥对重庆的诱降作用，反而会成为"全面和平"

的障碍。但他又不想在汪精卫同日本政府谈判成立伪中央政府时，公然提出反对意见。

今井于 1939 年 3 月被晋升大佐，任参谋本部中国课课长。日本政府决定以汪精卫为中心组建伪政府之后，他请求从中央调到中国派遣军，进行新的对重庆"和平"工作。他派铃木卓尔去香港开辟对重庆政权工作的路线。和铃木有联系的少壮派军官认为：要解决陷入泥潭的事变，"不管你愿不愿意，非得和重庆直接谈判不可"。其中参谋本部中佐秩父宫雍仁，于 1938 年 9 月曾向天皇申诉：应"以蒋为对手，立即无条件停战"。这些人对建立汪伪政权持批评态度。今井并不主张放弃汪精卫，而是只把他作为诱导重庆政府放弃抗战主义，转向"全面和平"的"中日合作"的实验。今井等人的想法被采纳。9 月 15 日，参谋本部起草的文件《以建立中央政府为中心处理事变的最高方针》中，写上了这样的字句："建立新中央政府的工作，其实质包括促成重庆停战的指导，吸收其武力、财力。"于是，日本把支持汪精卫建立伪中央政府和对蒋介石诱降并列起来，同时进行，力争在汪伪政权建立之前和重庆停战，不得已时才在汪伪政权建立之后与重庆讲和，并使蒋汪合流。其方向就是：停战，汪、蒋合流，"全面和平"。

1939 年 11 月 21 日，铃木调到中国派遣军总司令部。他以日本驻香港武官的名义，向香港当局申报设立"香港机关"，随后开始活动。他的目标是宋子良，宋子良是宋子文和宋美龄的弟弟，中央银行理事，以西南运输公司董事长的身份常驻香港。宋美龄常往来于香港、重庆之间。铃木有意利用宋子良和宋美龄、宋子文的关系，把日本的"和平"条件转达给蒋介石。12 月中旬，铃木通过香港大学教授张治平沟通，要与宋子良会面。宋子良以需其兄宋子文同意为理由，予以拒绝。

时隔不久，12 月 27 日，出现一位"宋子良"，表示同意与铃木会面。于是铃木得以与"宋子良"开始第一次会谈。日军总司令部、日本参谋本部、陆军省，都十分重视与"宋子良"的谈判，将谈判计划上奏天皇，并正式派参谋本部第八课课长臼井茂树、中国派遣军总司令部铃木和今井武夫为代表，以"桐工作"命名，与"宋子良"进行谈判，确定的方针是："对重庆，或者把它包括进来，或者使之瓦解"。

1940年3月7日至10日，双方在香港举行圆桌会谈。中国方面的代表，除了"宋子良"，重庆行营参谋处副处长、陆军中将陈超霖，原驻德国参赞、最高国防会议主任秘书章友三外，副侍从长、陆军少将张汉年作为候补代表，张治平作为联络员，也参加了会谈。陈超霖说：从重庆出发前，蒋介石特别指示注意三件事：（一）必须取得日本撤兵的保证；（二）明确日本的条件；（三）会谈在秘密中进行。

会谈中争论的中心问题有三：

一是承认伪满洲国问题。双方主张不同，经请求，重庆方面指示：对这个问题暂且避开，因为共产党坚持收复失地，东北系、西北系坚决反对承认伪满洲国，如承认，恐引起党分裂、国大乱。

二是驻兵问题。中国方面承认把内蒙古作为特殊地区，但反对华北驻兵，要求日军提出撤兵计划。关于驻兵问题，可在恢复和平后再行协商。

三是关于汪精卫伪政府问题。中国方面表示，由于中国国内反汪气氛强烈，不能考虑与其合流，将作为国内问题处理。

日本提出八项条件，作为备忘录交给中国代表：（一）恢复和平后，原则上承认伪满洲国；（二）放弃抗日容共政策；（三）缔结防共协定，以密约规定在内蒙古及华北若干地区驻兵；（四）经济合作；（五）保证两国人民的居住、营业的自由；（六）招聘日本军事及经济顾问；（七）停战协定后与汪精卫一派协力合作；（八）日本尽快撤兵。中国代表在3月10日答复日方说：接到蒋介石训令，不要签字，以相互领受对方意见形式暂时妥协。11日，"宋子良"回重庆，约定一周内带着正式答复返回香港，臼井于14日回东京汇报香港谈判情况，日本政府拟定了"桐工作"实施要领及停战条件等。

然而，日本的希望落了空，蒋介石的答复中说：承认伪满洲国的问题，遭到东北军将领的反对，现正在努力说服，要求延至4月15日再做答复。日本为了等待蒋介石的答复，所以推迟汪伪政府成立的时间。但拖得太久，日本恐怕两头落空，经过反复研究，于3月30日成立了汪精卫伪中央政府，但对重庆的诱降活动不停。"宋子良"于6月初在澳门与日本谈判，曾议定促成蒋介石、板垣、汪精卫在长沙或洞庭湖上会谈。但"宋子良"一拖再拖。

9月27日，日军总司令部中止"桐工作"。事后，日本查明"宋子良"是军统人员曾广。

日本向蒋介石诱降的活动，是多头的，不只"桐工作"一条线。1939年五、六月间，在上海从事对苏特务活动的小野寺信与国民党上海市地下党部执行委员姜豪，商谈中日"和平"问题。日本政界很担心苏联对日本开战，使日本两面受敌，迫切希望早日结束在中国的战争，腾出手来对付苏联。小野寺信说，日本元老重臣、资本家，乃至少壮派军人的一部分，都希望早日"和平"。他要求姜豪介绍重庆方面负责人和他接头。6月，姜豪到重庆汇报，10月回香港，以"私人"资格与日本人吉田东祐、铃木卓尔等人就日本撤兵问题、反共和经济合作等条件会谈，并随时把情况汇报给戴笠。这次会谈没有谈出结果就中断了。

1940年1月，日本首相阿部信行的秘书神田正雄到香港，通过原上海市政府法文秘书王长春，向国民党中央海外部部长吴铁城等提出中日"和平"条件。日本认为与汪精卫言和，不能结束战争，不如直接与重庆洽商，可望早日实现"和平"。但日本不能抛开汪精卫直接与重庆交涉，所以提出以蒋介石与汪精卫合作为前提。蒋、汪合作后，日本改变疏远蒋介石的态度，从而有与蒋介石妥协的可能。蒋、汪合作与日本缔结停战协定，日军撤退当能及时实现。神田的条件和日本让汪精卫"组府"的目的一致，因为担心汪精卫先"组府"后，实现不了拉重庆下水的目标，所以直接向重庆方面提出，促使蒋介石和汪精卫同上一条船。但无论从哪个角度，蒋介石都不会答应日本的条件，神田的活动成绩等于零。

日本还曾托司徒雷登转达"和平"意向给蒋介石。司徒雷登当时在北平燕京大学任校长，和王克敏比较熟。日本华北方面军司令官多田骏及兴亚院华北联络部长官喜多诚一，通过王克敏托司徒雷登与重庆联系。1940年2月，多田骏要司徒雷登向蒋介石转达：如果蒋介石肯根本改变容共抗日政策，肃清重庆共产党分子，与汪精卫合作，汪精卫可以接受。蒋介石对时局的意见，最好与汪精卫直接谈，否则，王克敏可从中传达，并盼派密使来谈。同月24日，周佛海在上海与司徒雷登会见，司徒雷登要他向蒋介石表示：建立伪中央政府势在必行，但绝不成为东京与重庆间的障碍。司徒雷登将了解到的蒋介石

八项 "和平" 条件，转达给日本，其主要内容是日本要以蒋介石为对手；以近卫三原则为和平的基本条件；华北、蒙疆为防共地带，但不意味日本驻兵；原则上日本必须撤兵，华北、蒙疆军队可暂时留下；东北问题待 "和平" 后妥善处理。

这样谈来谈去，蒋介石毫无与汪精卫上同一条船的意思，日本的 "蒋汪合流" 共组伪中央政府的计划落空。蒋介石留下抗日，汪精卫卖国，各走各的路。

两个神秘人物：高宗武、陶希圣

"有一件紧急大事！" 徐采丞向杜月笙报告。杜月笙时任国民政府军事委员会江浙行动委员会主任委员，住在香港。徐采丞是他派驻上海的代表，从上海到香港向他报告 "紧急大事"。

"什么紧急大事？" 杜月笙急忙问徐。

徐采丞从怀里掏出一张字条，递给杜月笙。上面写着：

"高决反正速向渝洽。"

"高——是否高宗武？"

"是的。"

这张字条是高宗武的老长辈黄溯初托人写了交给徐采丞转交杜月笙的。他要求帮助高宗武逃出上海，国民政府不咎既往，许高将功折罪。

杜月笙有个政治条件，即要高宗武把日汪密约带出来，公布于世。徐认为没有问题。杜月笙于 1939 年 11 月 5 日由香港飞重庆见蒋介石，请示高宗武反正之

1930 年代的杜月笙、张啸林和黄金荣

事如何办理。蒋介石批准杜月笙营救高宗武，并将一封致高的亲笔信交杜转高。杜回到香港将信捎去上海。

高宗武本是重庆国民政府外交部亚洲司司长，受蒋介石委派驻香港从事情报工作，并和日本交涉"和平"之事，后来成了汪精卫降日的牵线人。汪精卫叛逃后，高宗武一直负责办理对日交涉，并充当汪精卫的高参。高宗武从 1937 年底 1938 年初发起对日"和平"交涉，到 1940 年初逃出上海，为时两年。其活动显得有些离奇，有人说，发起"和平运动"的是他，破坏这一运动的也是他。起先是悄悄地、遮遮掩掩、鬼鬼祟祟地进行，突然在 1940 年 1 月的第一周里以闪电般的速度将"和平运动"来了个大曝光。高宗武脱离了"和平运动"，并向香港报界发表了一批文件。这些文件表明，汪精卫及其"和平运动"已经变成了日本帝国主义的工具。

此间的内幕如何，不无令人感到神秘莫测之处。高宗武说，他本人对这些事情的记述在他死前是不会发表的。同时，"为了不被人曲解"，他还要对自己的私事和回忆严加保密。自从离开汪精卫叛国集团之后，他没发表过关于"和平运动"的文字，并谢绝学者们关于讨论这一问题的邀请，只在 1969 年 12 月，与《中日战争时期通敌内幕》一书作者、美国约翰·亨特·博伊尔有一次谈话。我们只能从现有材料中了解事情的表象。

据说，高宗武在替汪精卫集团办理和日本勾结的过程中，先与日本、后与汪精卫产生分歧。高宗武是一个"非常精明，而且擅长辞令"的人，遇事有自己的见解。犬养健是他留日时的同学，前日本首相犬养毅的儿子。高宗武在香港由从事情报工作转入对日谋"和"，与当时从事特务工作的犬养健有某种关系。重光堂会谈时，关于承认伪满洲国的方法问题，双方有难接近之处。会议结束时，犬养健和高宗武谈话时，高宗武就"非常关心"在即将发表的近卫声明中，将如何处理承认伪满洲国的问题。他认为：这一点如果处理不当，中国人民会反对，汪精卫也会立即被迫逃亡到河内或法国去。1939 年夏，汪精卫去日本东京乞求日本允许成立伪中央政府。事先讨论此事时，陈公博不赞成，高宗武劝汪精卫不要去东京。高宗武的方案是在日军占领区以外，建立"新政府"。拉拢西南两广实力派计划破产后，高主张汪精卫留在河内从事"和平"宣传。汪精卫已经改变了这个方案，要在日本占领区"组府"，所以一意孤行，非去东京不可。高宗武曾考虑要不要随行的问题，后来因为"作为一个朋友"，觉得离开汪精卫不对，才决定同去东京。

但这时，日本和汪精卫集团，尤其周佛海，已经不相信高宗武，有些汪日交涉极秘密的事被泄露出去，日本人怀疑是高宗武所为。而重庆方面已在争取高宗武。宋美龄派人做高宗武妻子的工作；河内刺杀案发生前后，杜月笙曾找高宗武谈话，高表示：近虽自动去东京，但不敢做不利于国家民族之事，并将去东京经过及结果写成书面报告，交杜月笙呈报蒋介石。1939年高宗武随汪精卫再去东京后，一再劝汪谨慎从事，因此更引起日本方面的怀疑和不满。汪精卫、周佛海、梅思平、周隆庠住在东京北郊泷野川的古河男爵别墅，借口高宗武有肺病，让他住在隅田川西岸桥场町大谷米太郎的家里，连犬养健都相信这是日本故意安排的。日本还把高宗武列入毒死的名单，犬养健坚决反对这种阴谋，把他的同学从厄运中拯救出来。影佐祯昭对汪精卫说：日本有很多人怀疑高宗武，说他靠不住。他们主张以养病为名，把他扣留在日本，暂时不让他回上海，过一个时期再说。汪精卫不同意，问有何根据，影佐说：高宗武可能被重庆利用。汪精卫仍持反对态度，说扣留不大好。由于汪精卫的反对，高宗武才得以回国。高宗武曾到长崎晓滨村找到黄溯初，表示对汪精卫勾结日本进行"组府"活动不满，说他从事的是"和平救国"工作，决非卖国求荣，拟脱离"和平运动"。黄答应帮忙，代向重庆方面接洽。高宗武回上海时，黄也到上海，设法与杜月笙取得联系。

高宗武回上海后，不同汪精卫、周佛海、梅思平、陶希圣等人住在愚园路，而是仍居法租界。自1939年11月1日起，汪精卫与日本影佐、犬养健及"梅机关"其他成员谈判。汪方代表为周佛海、梅思平、陶希圣、高宗武四人。谈判先在"六三花园"，后改到愚园路1136弄60号举行，以日方提出的《日支新关系调整要纲》作为谈判的基础。汪精卫承认该"要纲"是成立伪中央政府的前提，用"要纲"确定伪政府与日本关系。它是秘密条约，被称为"日汪密约"。汪伪政权建立后，与日本签订的卖国条约即以其为蓝本。它远远超出了重光堂会谈的内容。日本人连近卫三原则的声明都不肯遵守，得寸进尺，要汪精卫在更大范围内、更深的层次上出卖中国的领土主权，以致汪精卫和他的同伙难以接受，连影佐都对日本政府的做法感到惊异和失望。汪精卫说："日本如能征服中国，就来征服好了。他们征服中国不了，要我签一个字在他的计划上面，这种文件说不上什么卖国契。中国不是我卖得了的。我若签字，就不过是我的卖身契罢了。"他曾打算放弃成立伪中央，迁到另外的地方去住。但日本人做了点

上海愚园路 1136 弄 60 号院旧影

微不足道的让步后，汪精卫就全部屈从于日本的条件，甚至犬养健也不否认，汪精卫对日本政府"的确让步太多"。

高宗武和陶希圣劝汪不要签字，但无济于事。高宗武这时很少参加愚园路的正式谈判，他写了一首诗：

北方，

南方，

高山，

海洋。

它们全都不属于中国，

中国百姓将何处为家？

1939 年 12 月 30 日，参加愚园路会谈的双方代表集中在汪精卫的住处，祝贺新年，并签署日汪密约。高宗武和陶希圣称病不参加。事后，陈璧君逼着他们在日汪密约上补办签字手续，但高已经偷偷拍摄了日本提出的《日支新关系调整要纲》草案。

这时，日本控制的"七十六号"汪伪特务机关，要杀害高宗武和陶希圣。1940 年元月 5 日，高宗武和陶希圣在徐采丞和杜月笙的总管家、驻上海代表万墨林的帮助下，乘"胡佛总统号"船到达香港。1 月 7 日，高宗武会见了杜月笙、黄溯初后，立即写信给蒋介石：

　　项晤玉笙（杜月笙）、溯初两先生，得悉钧座爱护之情无以复加，私衷铭感，莫可宣言。宗武于五日抵此，回顾一年以来，各方奔走，只增惭愧而已。今后惟有杜门思过，静倾尊命。先此奉达，并托玉笙先生代陈一切。另带上密件共三十八纸，照片十六张，敬请查收。

　　高、陶揭发了日汪密约——《日支新关系调整要纲》，重庆轰动。蒋介石致信高宗武，夸他是"浙江才子"。同年4月，高宗武持重庆国民政府发给他的护照，经欧洲赴美国旅学。第二年2月17日，重庆国民政府撤销了对高宗武的通缉令。蒋介石对高、陶表示关心和信任，对他们做了周到的安排，通过陈布雷致电中国驻美国大使胡适，请使馆及领馆对高宗武多予照顾和保护。1942年5月27日，蒋介石又以贺耀祖的名义，汇美金四千元，给高做旅学费。陈布雷极力称赞高宗武的"爱国之心"。

　　高一直寓居美国，隐姓埋名，他的日本朋友犬养健改称他为"康绍武"。

　　与高宗武一同离开汪精卫的陶希圣，本是一个知识分子，早年毕业于北京大学，当过北京大学教授，参加过改组派反蒋活动。蒋、汪合作，汪精卫任行政院长时，陶希圣进入农村复兴委员会，主编《农村复兴》杂志。抗战开始后，赴南京，任国防最高会议委员、国民参政会参政员。那时，汪精卫负责领导这两个机构，陶充任汪精卫的顾问，与汪朝夕相处，并在对日主和、反对抗战、反对共产党方面，极其一致。艺文研究会成立，陶是其主要组织者和领导人之一。陶以其为"政府的一个小小的部门"，笼络从华北到武汉的学者进行反共。陶希圣和周佛海来往也很密切，中原大战后，他逃到广州，通过周佛海的疏通，取得CC系的谅解。在"低调俱乐部"里以及汪精卫叛国集团出逃降日过程中，陶希圣是摇鹅毛扇子的人物之一。汪伪国民党第六次全国代表大会召开后，他和高宗武同是汪伪国民党中央常委，他任宣传部长。

　　陶希圣人品名声不好，属于"首鼠两端，见风使舵"之人。抗战时，他"见汪主和，见冯言战，见蒋委员长和战皆好，遇国骂共，遇共骂国，遇法西斯国共都骂"，所以被舆论归入无行文人之列。他在汪精卫"艳电"发表后，就一直在香港采取观望态度，曾派他的学生到北平，向那里的大学教授们探询对汪精卫"和平运动"的态度，他们的回答多数是反对的。1939 年 8 月，陶希圣到上海后，曾劝汪精卫放弃"组府"计划。11 月初，日汪密谈开始，他被指定为谈判代表之一，态度犹豫，顾虑重重。12 月下旬，汪精卫召开干部会议，讨论承认谈判结果问题。陶希圣不肯出席，签字时更不露面。陶希圣反对的不是日汪勾结，狼狈为奸，破坏中国抗日，灭亡中国，而是认为汪精卫无能力实现"和平"，前景不佳，故不肯与之"同患难"。1940 年 2 月 26 日，陶希圣写信给今井武夫，支持今井的不依靠汪精卫、"解决中日事变，必须另觅途径"的主张，说："今日中日之和平，断不能得之于汪政权，必须另觅途径。弟追随汪氏十四年，以主张和平，又相随之至上海。深知汪氏无力量解决中日问题，其他诸氏，只求利禄权位，毫无和平诚意，弟由失望以至于出走，决非改变和平初衷，只欲打破此障碍和平之烟幕而已。"

1940 年元旦前几日，有人暗中通知陶希圣，说李士群、丁默邨主持的"七十六号"特工总部，正计划刺杀他和高宗武。元旦那天，高宗武忽到法租界环龙路陶的住宅来"探病"和拜年。陶说："他们有阴谋不利于你，你怎样？"高说："走了吧。"于是，他们约好，分别到码头登船离沪。陶到香港后，接受蒋介石交给的任务，留在那里从事宣传活动。日军占领香港后，陶希圣于 1942 年 1 月随难民逃出香港，经桂林转赴重庆。1943 年，他替蒋介石写《中国之命运》一书，充满反共的火药味。

高宗武、陶希圣的"再叛逃"，是轰动国内外的事件，对蒋介石、汪精卫的影响都不小。关键还不在于他们两人在蒋、汪之间做何等选择，而是他们带出的那批密件。1940 年 1 月 21 日，高宗武、陶希圣写一封《致香港〈大公报〉信》，该报于 22 日予以发表。该报同时刊载了《日支新关系调整要纲》及附件的原文照片、译文、汪日往复文件，以及高、陶给汪精卫等人的电报等。在电报中，高、陶要汪精卫等人"悬崖勒马"。这件机密材料一公布，立即引起国际国内的震惊和哗然。汪精卫叛国集团"和平运动"的面纱被扯得粉碎，卖国贼真面目暴露无遗。他们急急忙忙地"辟谣"，恼羞成怒地叫骂，但都无法挽回丑行败露。最早、最积极的反共降日的发起人，在共同迈

汪伪特务头子李士群向汪精卫等人汇报工作

向罪恶深渊的时刻，丢下他们走了，痛恨、伤心、流泪……又得不到同情。1940年1月24日，汪精卫发表《关于高、陶事件的谈话》，说高、陶"毫无坚强决心"，自曾仲鸣被刺，"即怀极度戒惧心理"，故而"退却"。他想让人们相信他俩是"胆小鬼"。为了否认高、陶披露的日汪密约，他说因为发现这二人形迹可疑，故遇重要交涉，不使参加，其向重庆告发和发表的和约，是一部分日本人的主张，并非日汪所订，高、陶"完全"出于"向壁虚造"。他骂高、陶是自堕人格的卑劣、腐败分子。

事实胜于雄辩。汪精卫之前和尔后的行动，证明了高、陶揭露的日汪密约千真万确。

重庆国民政府充分利用高、陶叛汪造成的有益于抗日的政治气氛和条件，揭露汪精卫集团的卖国罪行和日本帝国主义肢解、灭亡中国的狼子野心。对公布日汪密约极为重视，派中央通讯社社长肖同兹坐镇香港主持其事。1940年1月18日，陈布雷密电指示肖同兹，发表的文件加标题为"日汪秘密协定全文"；次日，又电指示发表文件标题改为"日汪协定原文"。不仅在香港公开日汪勾结罪行，且扩大到国外，尤其注重对英美宣传。陶希圣致函驻美国大使胡适，谓日汪另组政府妨害英美等国的经济利益和政治利益，建议将实情告知美国政府，2月15日以后可宣布于美国国民。这封信写于1月15日，这时陶希圣的妻子和子女尚未逃出魔窟上海，所以要求胡适晚一些扩大公布范围。1月22日，重庆国民政府参事室主任王世杰致电胡适：高、陶所发表的日汪协定，绝对真实，请指导在美国宣传人员，充分利用这些文件，打击日本政府对英、美的假妥协。

1月23日，蒋介石发表《为日汪密约告全国军民书》，结合日汪密约内容揭露日本近卫三原则的实质，说：

　　所谓"善邻友好"，就是"日支合并"，所谓"共同防共"就是"永
远驻防"，所谓"经济提携"就是"经济独占"，这就是近卫声明中所
希望于汪兆铭将要成立的"更生中国"，亦就是"奴隶的中国"的要纲，
这就是敌阀以"分担建设新秩序职责"的名义，强迫"中国分担"肢解
"中国自身"的任务。

　　同一天，他还发表《告友邦人士书》，希望共同合作制止日本的侵略行
为，迅速采取有效办法，断绝日本物资及武器原料来源，立即对日禁运，援
助中国抗战。

　　高宗武和陶希圣的行为让人感到反常。加之蒋介石在这个过程中的
表现，蒋、汪分手后配合默契继续共同反共，也让人不能不感到疑惑不解。

　　高宗武是蒋介石和汪精卫都器重的人物。蒋介石先派他与日本谋和，中
间他转而抛开蒋介石，帮助汪精卫"跳火坑"。结果，蒋介石留在抗日阵营，
汪精卫投降了日本。

　　高宗武、陶希圣是汪精卫投敌叛国的直接促成者，最早的发起人。因为
"和平运动"的发动，起于近卫三原则声明，而近卫三原则，则意出于高宗
武向日方提出的试探。获得日本同意之后，汪精卫最初还摇摆不定，由于陶
希圣的力劝，才使汪精卫接受。而高宗武和陶希圣，一等锣鼓喧天，汪氏骑
虎难下之际，立即远走高飞，叛离而去，造台人一变而为拆台人。

　　蒋介石一生最痛恨叛逆者。凡背叛他的人，不论是对是错，不论是否悔
过，概不宽容。高、陶背叛他附汪，又叛汪归来，蒋介石对他们优待有加，
悉心照顾高宗武赴美旅学，重用陶希圣。

　　由此牵出一系列疑问和猜测：这是不是蒋介石和汪精卫操纵与精心策划
的骗局，演的"双簧"？蒋介石未阻止汪精卫投敌，是不知情，还是明知汪
精卫要投敌，而有意听之任之？甚至是否故意推汪精卫跳火坑？

　　总之，人们不清楚高宗武、陶希圣活动的真相，以及他们在蒋介石、汪
精卫之间扮演的是什么角色。至于有没有尚未揭露出来的深层的内幕，最知
道内幕的高宗武始终对这件往事持缄默态度，不仅不利于真相大白，而且为
这桩历史旧案罩上一层阴影。

盗用国民政府之名的伪中央政府

1940年3月30日，在南京成立日本导演下的中国沦陷区的伪中央政府，名为"国民政府"，汪精卫等举行"就职典礼"。这个政府的建立，不叫"建立"，而叫"还都"，是合法的国民政府迁回南京的意思。汪精卫宣读了《还都宣言》，要求在重庆和各地的国民政府公务人员到南京报到；一般将士即日对日停战待命；各地游击队遵命停止活动，听候点验收编。宣布该"政府"执行"实现和平、实施宪政"两大方针，全国"只有此唯一的合法的中央政府"。

汪精卫是重庆国民政府通缉的罪犯。早在1939年6月8日，即汪精卫已逃往日本占领区上海，并由上海去东京向日本政府乞求当傀儡之际，重庆国民政府就以其自附于汉奸之列，与敌往还，图谋不轨，似此通敌祸国行为，显属触犯惩治汉奸条例第二条之规定，并海内外民众同深愤慨，先后呈请通缉严惩者，不下千余起之多，下令：应即由全国军政各机关一体"严缉务获，依法惩办，以肃纪纲"。伪中央政府成立前后，陆续被重庆政府通缉的还有褚民谊、周佛海、鲍文樾、李圣五、林柏生、杨揆一、叶蓬、陈璧君、陈春圃、缪斌、陈群、陈公博、温宗尧、梁鸿志、王揖唐、赵正平、赵毓松、诸青来、岑德广、陈济成、麦奇峰、任援道、刘郁芬、王克敏等汉奸百余人。南京"国民政府"就是由这些重庆国民政府的罪犯们冒国民政府之名拼凑的日本傀儡组织。

汪伪国民政府的头目是汪精卫，但成立时却以"行政院长"的身份代理主席，声称主席是林森，因其被"劫持"不能就任，故由汪精卫代理。之所以这样做，一是冒名，冒政府之名，必无法不冒主席之名；二是日本还沉浸在"蒋汪合流"实现"全面和平"的梦幻之中，用"主席"头衔引诱重庆。

不论日本和汪精卫怎么打算，林森是不会就任伪政府主席的。林森是国民党元老，跟着孙中山革命多年，在国民党内资历深，有威望，抗日坚决，不会做人类所不齿的事。况且，他对于个人地位、权力向来看得很淡，与那种利欲熏心，不顾国家、民族利益的无耻之徒不属同类。

林森出任国民政府主席是 1931 年年底的事。那时宁粤由对立到和平，蒋介石下野，政府改制，实行行政院负责制，国民政府主席为国家元首，不负实际政治责任，不兼其他官职。国民党四届一中全会讨论国民政府主席人选标准时，定为"年高德劭者"，林森是符合标准者之一。在"年高德劭者"中，他更是不负实际政治责任的最佳人选。国民党派系林立，斗争激烈复杂，他虽为西山会议派成员，在多年派系纷争中，却经常处于超然地位，与世无争。用蒋介石的话说，他"一向爱清闲"，所以当选为国民政府不负实际政治责任的主席。按国民政府组织法的规定，国民政府主席任期两年，连任一次。但林森实际担任主席 12 年，直到 1943 年 8 月 1 日逝世，蒋介石才继任国民政府主席。之所以超期任职，固然与 1936 年要开国民大会有关，更主要的还是林森"雍容垂拱""始终维持超然的地位，'恬静守法'"。这种品德的人，怎么会出卖灵魂换取高位呢？

汪精卫并非真心肯把"主席"的位置让给林森。到同年 11 月，日本和重庆的谈判没有进展，"全面和平"无望，日本决定和汪伪签订条约，承认汪伪政权时，让汪精卫正式当伪国民政府主席。汪精卫欣然服从，于 11 月 29 日宣誓就任"主席"之职。

汪精卫不但盗用国民党和国民政府名称，而且"党旗""国旗"也要和重庆方面相同。汪精卫坚持这样做，目的还是掩盖卖国罪行，伪装"正统"，"笼络人心"。日本方面最初不同意，汪精卫竭力说服日本人，要考虑中国人的民族意识，要善于利用中国人的爱国心，保留他们的希望。日本同意了汪精卫的要求，不过要求他在国旗、党旗上附加大三角形黄色布片；军队则用大黄旗，上写"反共救国"等字样，不许悬挂其他旗帜，如国旗等。日本方面解释说，之所以让军队用黄旗，不用国旗，是因为在前线日伪军正和用青天白日满地红旗的抗日军队进行战争，敌对的军队用同一旗帜，会发生混淆，引起误会。板垣告诉汪精卫：这是日本政府和军方研究决定的，意思是提醒汪精卫不要再坚持自己的意见。最后汪精卫服从了日本主子的决定，在原国民党党旗和国旗上附加三角黄色布片，上书"和平、反共、建国"六字，作为汪伪的标志。这个标志被周佛海称为"猪尾巴"。汪精卫觉得这个"猪尾巴"

不体面，要求南京、上海、广州三市悬挂不带"猪尾巴"的国旗。日方为表示让步，允其在伪府室内，挂旗时不用"猪尾巴"；在伪府门前挂旗时，把"猪尾巴"穿在另一旗杆上，斜插在国旗上面。直到1943年才取消了三角小黄旗。陈公博说，因为已对美英宣战，任务扩大，六个字的口号概括不全。实际也是日本对汪精卫做一点小让步，实现了汪精卫取消小黄旗的要求。

重庆国民政府以汪伪"国民政府"为敌。汪伪政府成立的同一天，重庆国民政府重申此前对汉奸的通缉，并新通缉一批汉奸。1940年11月30日，日汪签订以"日汪密约"为蓝本的《日本国与中华民国关于基本关系的条约》及附属秘密协约。同日，日本承认汪伪国民政府。就在这一天，重庆国民政府悬赏十万元，拿办汪精卫。

抗战阵营的军民同仇敌忾，纷纷通电讨汪，誓与日伪血战到底。1940年4月15日，八路军、新四军发出讨汪救国通电，全军誓为祖国流尽最后一滴血，驱除敌伪，还我河山，虽赴汤蹈火在所不辞。全国各党派参加的国民政府咨询机关国民参政会第一届第五次会议的声讨汪伪组织的通电中，揭露其由敌国庇护指使，在南京设立伪组织，盗称中央，其各项伪机关，悉盗用国民政府原有名义，欲以伪乱真，实行卖国密约，以亡中国的罪行，并回顾中华五千年历史，虽也偶有叛国通敌之事，然"从无目降敌为救国，称亡国为和平，助敌进攻而有理论，代敌招降而讲主义，颠倒黑白，丧尽羞耻，如汪逆兆铭其人者"。与会同人，对汪精卫叛国卖国行为，一致深表愤恨，激励全国军民同申诛讨，加强中国民族抗战之决心，以尽速求取最后之胜利。

汪伪"国民政府"奉其主子之命，用"条约"的形式，承认日本侵占中国"合法"，出卖中国领土主权及各种利益，让日本得到从重庆政府手中得不到的东西。1939年12月30日，汪精卫与日本签订的《关于调整日中关系协议书》（即日汪密约，含《日支新关系调整要纲》和"极密谅解事项"）及其前后的一系列卖国条约，向日本割地、赔款；供给日本进行侵略战争的人力、物力；准许日本在华驻兵；以"合作开发"名义，由日本掠夺中国经济资源及航空、通信、水陆交通；日本人在中国可居住、营业；伪政府用日本军事、经济、财政、自然科学顾问等。总之凡日本需要，汪精卫概行应允，出卖中国主权领土，从黑龙江至海南岛，自天空气象，到地下宝藏，由领海到内河，从军事、政治到经济、文化，无所不包。

汪伪国民政府拼凑伪军多达百万，参加日军侵略战争。其一部去南洋参战，镇压华侨及当地土著居民，大部用于以反共为目标的对解放区的"清乡""扫荡""蚕食"。

其对重庆国民政府，一方面在前线对垒交战时，充当日本军队帮凶；另一方面向重庆军政人员诱降。重庆部分官员和军队，以"曲线救国"的名义叛国投敌，到1943年8月，投敌的国民党中央委员二十人，旅长、参谋长以上高级将领五十八人，军队五十万。

仍唱同心曲

抗战时期川南乡下流传一首民谣，题为《弓与弦》：

> 你是弓，
> 我是弦，
> 你走曲线我直线，
> 反正大团圆。

> 一手弓
> 一手箭，
> 盘马弯弓杜美原，
> 箭箭射燕然。

这里"杜美原"是土肥原，指日本侵略者；"燕然"即延安，指共产党。

日本侵华，中国抗日，两军对垒，敌我分明，你死我活，不共戴天。在中国内部，是战、是降，阵线分明；抗日者救国，投敌者卖国。这些都是显而易见的道理。

奇特的事情竟发生在中国神圣抗战的年代：敌国政府与中国政府，抗日者与投敌者，竟会有共同目标。其方式不同，程度不一，音量高低不等，但合唱一个调：反共。日本帝国主义要反共、反赤，本可在他国内去反，何苦跑到中国来反？其实反共何曾是日本侵略者侵华的真正目的？它的真正目的，是灭亡整个中国，把中国变成它的殖民地，而非某一地区；是要奴役整个中华民族，而非某一个党、某一部分人。之所以到中国来反共，一是中国共产党始终反对日本侵略，从九一八事变起，就用武装的、非武装的方式抗日；南京中央政府的"不抵抗"政策，中国无论中央的、地方的军队都须执行，唯独共产党的军队不执行，即使中央政府与日本讲"和"，把日本要的东西用什么协定之类的文件肯定下来，共产党还是高举抗日救国的大旗打个不停，这的确使日本帝国主义发怒，视之为死敌，非反共不可。二是日本帝国主义有意施放烟幕弹。明明要侵占中国，偏说要反对苏联；明明要吞全中国，让中国人做它的奴隶，偏说只要消灭中国共产党。它知道中国内部有国共两党的合而分、分而合的历史，利用这个矛盾，拉国民党上它的圈套，分化与削弱中国抗日力量。以为只要拆了国共联盟，就可以不费吹灰之力而得中国。所以，日本向国民党营垒的人招降的时候，高叫"共同反共"，"易抗日联共"为"和平反共"，这是一种特殊的诱饵。

民谣中的弓和箭，说的是国民党营垒中出现的投降派和留在抗日阵营里的反共顽固派。本来一个在敌人营垒，一个留在抗日阵营，是处在势不两立的敌对地位，但投敌的说自己是"曲线救国"，那么留在抗日阵营的是直线救国。直线、曲线都"救国"，而且迟早大团圆。团圆的连接点就是反共。他们异口同声说"救国"必须反共。汉奸们把它再引申一步，说只要反共，降日也是"救国"。共产党是抗日的，救国的，非打击抗日的共产党不可，不知他们要救谁的国？奇就奇在此种荒谬的理论、行为，存在于八年抗战时期。这就导致蒋介石和汪精卫之间，尽管在汪精卫投敌后，又是对骂，又是通缉，又是暗杀，势不两立，而与此同时，二人暗里明里，心照不宣，仍唱同心曲，共做一件事：反共。

汪精卫打着"和平、反共、建国"的旗号，充当日本侵华的走卒。汪伪政权建立后，根据其日本主子的意旨，在沦陷区推行"以战养战""以华制华"的侵略方针。自 1941 年 5 月 11 日起，成立"清乡委员会"，在华中地区实行"清乡"。沦陷区——敌后是共产党开展抗日游击战争的区域，"清乡"的打击目标是在敌后抗日的共产党领导的军民。汪精卫宣布"清乡委员会"的主要职能是"确立治安""使'共匪'绝迹"。"清乡"分军事、政治两个方面。军事方面，由日军、伪军进攻共产党领导的抗日军队和抗日根据地、游击区，实行烧光、杀光、抢光的"三光"政策。政治方面，由汪伪"清乡委员会"主要负责，包括"政治工作"，颁布相应的"规则""办法""条令"等。"清乡"先从江苏开始，逐渐扩展到浙江、上海、安徽等省市的一些地区，规模时大时小，直到日本投降，汪伪政权覆灭为止。日伪"清乡"所到之处，奸淫、烧杀抢掠，无恶不作，其罪行累累，罄竹难书。仅举一例：1943年4月起，汪伪在苏中进行了九个月的"清乡"，仅海启地区，据不完全统计，即焚烧民房四千余间，屠杀老弱妇孺一千二百余人，奸淫妇女一千三百余人，捉壮丁一千九百多人，抢劫事件比比皆是，以致不论贫富，十室九空。"清乡"后的华中地区，哀鸿遍野，饿殍载道。

在抗日方面，蒋介石和汪精卫有实质性的区别。他一直站在中国抗日军民阵营里，站在领导抗日的岗位上。虽然也曾经和日本谋和，但有底线，有顾忌，没响应近卫三原则声明。这样，国民党内的爱国人士和爱国官兵就能够放开手脚抗战。但自1938年武汉、广州失守后，抗日不如此前积极，而

汪精卫视察苏州等地的"清乡"状况

汪精卫给汪伪政权有"功"人员颁发奖状

对共产党则采取一系列措施，加以防范和打击，制造出一起接一起的军事摩擦流血事件。众所周知的，如：1939年1月召开国民党第五届五中全会，蒋介石在会上解释抗战到底的"底"字，是恢复到七七事变以前的原状。这样，东北可以丢给日本，华北也仅能维持形式上的统治，与日本的"和平"条件靠近一步。同时，确立了"容共、防共、限共、反共"的反动方针，设立了"防共委员会"，以防共、反共作为"整理党务"的中心任务。会后，陆续秘密制定和下达《限制异党活动办法》《异党问题处置办法》《处理异党实施方案》《沦陷区防范共产党活动办法草案》《陕甘两省防止异党活动联络办法》《运用保甲组织防止异党活动办法》等反共文件。根据这些文件，重庆国民政府的军队，在各地武装袭击八路军、新四军和华南抗日纵队。1939年4月，山东省主席沈鸿烈指使秦启荣部在博山等地袭击八路军山东纵队第三游击支队，惨杀指战员四百余人；6月，河北省保安司令张荫梧部，袭击冀中深县八路军后方机关，惨杀指战员四百余人；同月，湖南军队和特务，依蒋介石密令，包围新四军后方平江通讯处，惨杀涂正坤主任、罗梓铭少校及以下全体工作人员；9月，程汝怀部，在湖北省东部围攻新四军后方机关，惨杀共产党员五六百人；11月，河南军队和特务，围攻确山县竹沟镇新四军留守处，杀害新四军伤病员及家属二百余人。蒋介石的反共行径从小摩擦发展到反共高潮。1939年12月至1940年3月，蒋介石发动第一次反共高潮，胡宗南部侵占了共产党领导的陕甘宁抗日民主根据地五个县。1941年1月，蒋介石发动第二次反共高潮，在皖南包围、袭击遵令北上的新四军军部，致九千余人大部壮烈牺牲，军长叶挺被扣，副军长项英遇害。1943 年 6 月，蒋介石调动黄河防军等达四五十万人，集中于陕甘宁边区周围，准备分兵九路，闪击延安，7 月 7 日炮击陕甘宁边区关中军分区，掀起第三次反共高潮。可见，蒋介石、汪精卫都在反共，彼此遥相呼应。

不仅如此，蒋、汪还有直接合作反共的行动。因为蒋介石既然在实行联共抗日政策，再公然反共说不通；制造阴谋事件又往往被戳穿，皖南事变真相被揭露后，国际国内一片谴责声；而派人到汪伪政权中去，"曲线救国"，既可公然反共，又不受舆论谴责。汪精卫收留这类人，作为向重庆诱降的成绩，在其日本主子面前亦好报账。那些不肯吃抗战之苦的软骨头，正好借着蒋介石、汪精卫的意图，去走"曲线"。所以有些蒋介石领导的重庆政府军政人员投降汪精卫伪政权。汪精卫对重庆投降的军政人员授以高官，既示嘉奖，又造声势。如：任命任援道为伪第一方面军总司令，孙良诚为伪第二方面军总司令，吴化文为伪第三方面军总司令，张岚峰为伪第四方面军总司令，庞炳勋为伪第五方面军总司令，孙殿英为伪第六方面军总司令，李长江为伪第一集团军总司令，杨仲华为伪第二集团军总司令，容子恒为伪第三集团军总司令，黄大伟为伪第四集团军总司令。这些军队编成伪军，当然不打日军，也不打国民党的军队，而专打共产党、新四军。

杨仲华是江苏省地方团队旅长，因与省长韩德勤及保安处长李守淮不和，1940 年离职飞香港，拟去重庆。重庆军统人员得知，劝他回苏北，召集旧部投靠汪精卫，保证为其出具证明，以示投敌事为重庆方面谅解。杨仲华于是到上海见周佛海，周与军统的安排意见相同，汪精卫对杨颇为器重，故授以第二集团军总司令头衔。直到抗战胜利后，杨仲华始终

褚民谊、林柏生、吴化文在一起

191

随身带着军统给他开具的"曲线救国"者函件证明,作为护身符,逃脱汉奸罪名。庞炳勋是河北省政府主席、国民党河北省党部主任委员、国民党中央监察委员,1943年到南京投靠汪伪,向汪伪日本军事顾问及汪精卫本人,申明他投降日伪得到了重庆蒋方的谅解,其驻渝办事处继续保留,并可以通讯联系。山东省党部委员刘延福同来南京,担任与重庆联络工作。汪精卫派其为第五方面军总司令,由汪伪特工总部拨给电台一部,用于通讯。日伪投降后,蒋介石任其为先遣军第一路军司令,1949年去台湾。

唐生智的弟弟唐生明,黄埔军校毕业生,任常(德)、桃(源)警备司令兼湖南省第二区行政督察专员与区保安司令。1940年奉蒋介石之命调到重庆。由戴笠告诉唐生明:"校长"(蒋介石)要他去上海、南京执行"特殊任务"。然后蒋介石接见了他,对他说:"我是你的校长,你是我的学生,你要听我的。"戴笠转达蒋介石给他的"特殊任务"是去上海,投入汪伪政权,做三件事:

第一,运用关系,掩护上海、南京的军统特务组织,使不被破坏,把已被日伪逮捕的军统特工人员,设法营救出来;

第二,相机转达蒋介石对大小汉奸的"宽大政策"和关怀;

第三,运用一切办法,限制新四军的发展,随时予以打击。为了抵制新四军,要帮助敌后军统的忠义救国军发展。

汪精卫非常欢迎唐生明,虽然他怀疑唐生明可能是蒋介石的特务,被派来杀他,但又迫切需要他联络黄埔同学,建立军队,"反共建国",仍任命他为伪政府军事委员会委员,并担任"清乡委员会"军务处处长。唐生明密电请示是否接受此职,蒋介石非常支持他搞"清乡",指示:利用日本军队和伪军去消灭新四军;同时保护军统的忠义救国军,不但不使受损失,还要使其能够扩大和发展。

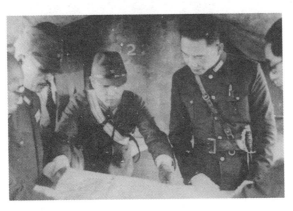

汪精卫与日军研究作战方案

重庆国民党特务搜集到新四军的情报，报到重庆，蒋介石令戴笠转给唐生明，唐绕个弯子，把情报交给手下人员，作为他们搜集到的情报，送给日伪，然后据此由日伪军对新四军进行"清剿"。国民党在华中敌后的忠义救国军，打着抗日招牌，专门攻打新四军，避免与日军作战。重庆政府指示他们要不留痕迹地堵截、夹击被日伪军攻击的新四军，并要唐生明与他们保持联络。但新四军的消息更灵通，往往使日伪军不是中埋伏，就是扑空，从而打破了日伪蒋顽的夹攻。

到抗日战争胜利前后，蒋介石和日伪之间，在反共这个共同点上，公然合流。

蒋、汪之间的周佛海

"周的真正作用恐怕就在于保持蒋、汪之间联系渠道的畅通，以备日后两人言归于好之用。"周佛海随着汪精卫投敌后，日本方面负责与汪精卫一派谈判的人觉得周格外显眼，他们在考虑他是一个什么角色，有什么独特的作用。

事情并不复杂。周佛海与蒋介石的关系非同一般。他离开共产党，投入国民党，并飞黄腾达，获得"国民党内最博学的理论家"的声誉，晋升到国民党中央执行委员、代理中央宣传部长的高位，并担任蒋介石最亲信的侍从室副主任，全靠蒋介石的提拔重用。应当说，蒋介石对他有知遇之恩。蒋介石最欣赏他的坚决反共主张，对此一直抱有好感。在这方面，即使周佛海叛逃之后，与蒋介石也极一致。在汪精卫叛国集团中，有蒋系，有汪系，有为蒋、汪共同信任之人。周佛海不仅属于蒋系，而且个人感情又和蒋介石最亲近。即使离开重庆，周佛海对蒋介石的这种感情也不淡化，甚至毫不隐讳。1939年，他在追述叛离重庆一事时，说："最使我难过的莫过于旧谊了。首先，十几年来，我是通过与蒋委员长的关系才爬上政治阶梯的。"他对日方代表犬养健也不隐瞒自己对蒋介石的感情。他俩单独在一起时，周佛海总是习惯于从自己的办公桌抽屉里拿出蒋介石过去写给他的私人信件给犬养健看。所以犬养健始终不真正相信周佛海与蒋介石确实已经一刀两断了，他说："因为他们俩以往的关系太密切了。"

周佛海追随汪精卫，离开蒋介石，主要是对日主降主战的政见不同。他不赞成蒋介石那些抗日的言论，认为那不是蒋介石的本意，而是被逼着"钻牛角"，"弄假可以成真，玩火适足烧身，前途是未可乐观的"。在对日问题上，论政见，论立场，周佛海和蒋介石尖锐对立，但即使谈论这些分歧时，也从不对蒋介石发不敬之语。他公开发表的文件中始终称"蒋先生"而不直呼其名，私室谈话更开口、闭口"蒋先生"，在日本人面前亦不改口。

果然如日本人的估量，周佛海一直不忘与重庆通话。其实，日本也需要汉奸队伍里有这样的人。汪伪政权建立前的一段时间，日本为了早日结束中日战争，拔出深陷泥潭的双脚，曾力争"与重庆直接媾和"，蒋、汪合流，实现"全面和平"。周佛海一面和汪精卫策划建立伪中央政府；一面根据日本的要求，与重庆蒋介石联系。他派段祺瑞的侄子段运凯、他的老同学王宏实，以及与重庆关系密切的几个人，通过钱新之、杜月笙、陈果夫等，向蒋介石进言，希望合作，实现日本的"全面和平"。1940 年 4 月 20 日，段运凯给周佛海信，告知周的意见已通过钱新之转告蒋介石，蒋介石说：对周很了解，但目前不宜和谈。同年 9 月 15 日，陈果夫、陈立夫转来回音，认为蒋介石在抗战，和谈时机尚早，蒋介石不会同汪精卫合作，希望周佛海从中布置，以便将来"去汪"。周佛海接受不了"去汪"的要求。他在当天的日记中写道：

> 余与汪先生生死相共，患难相随，无论在政治道德上及个人道义上，余决不能反汪，此与余离渝情形不同。蒋对余向未以国士相待，且和战政策与余不同，故承痛离渝。今汪先生与余，主张既同，而又以国士相待，余焉忍相离？全面和平为余主张，余本人决不能反汪。

1940 年 2 月 12 日，应司徒雷登之邀，周佛海与陈公博到清末两广总督岑春煊之子岑德广家密谈。关于这次密谈的地点，是岑德广的主意，为的是不易被人发现。本来岑德广是和周佛海联系，但这样容易引起汪精卫的不满，岑德广建议周佛海拉着陈公博一同来，便于事后得到汪精卫的谅解。司徒雷登建议中国与日本讲和，但不要组织伪中央政府，以免造成更严重的分裂，他愿将汪精卫的意见转给蒋介石。周佛海、陈公博同意司徒雷登的意见。周认为蒋介石无法与日本直接交涉"和平"，他愿从中斡旋，希望蒋介石捐弃成见，消除意气。表示如重庆与日本和谈已开始，汪伪政权成立可以从缓；如其达成协议，则伪政权即使建立，仍可随时解散。之后，陈、周向汪精卫汇报了与司徒雷登会面情况，汪精卫满心不高兴，但却说："只要蒋先生肯于此时和谈，则我主张和平的目的已达，尚复何求？"随后，双方又进行第二次会谈，讨论了"全面和平"的事项。司徒一去不复返，事情也就不了了之。

太平洋战争爆发后，周佛海对日本的蛮干不以为然，预料前景会更艰难，决定"随机应付"。1942年10月，他背着汪精卫等人，派重庆军统局潜伏在汪伪政权中的特务程克祥、彭寿，密赴重庆去见戴笠，转达周佛海向重庆自首以便自赎的请求。戴笠报告了蒋介石。戴笠写了致周佛海的亲笔信，蒋介石在上面批一个"可"字，托彭、程带到南京交周佛海。同时，把重庆的密电码带给周佛海，周可用它同重庆直接联系。这等于周佛海自首赎罪的请求被重庆方面批准了。从此，他这个人一半属于汪精卫，一半属于蒋介石，或者说，明里是汪精卫的人，暗中做蒋介石的事。

抗战胜利前，周佛海通过设在伪财政部上海办事处的秘密电台，给重庆方面提供情报，如：1943年4月，周佛海到长春访问伪满洲国，所了解的伪满情况；同年11月随汪精卫赴日本参加"大东亚六国会议"，得到日本国内经济状况及准备对美作战计划等情报；平日通过伪政权及与日本军官交往中得知的日本军事活动信息……不断输送到重庆。安插、掩护、营救重庆方面特工人员，使之在沦陷区开展活动，也是周佛海为蒋介石效力的一个方面。重庆特工组织在华东沦陷区被汪伪"七十六号"特工总部破坏得很惨。伪"特工总部"是周佛海任主任委员的伪国民党特务委员会下属机构，周对重庆特工的掩护、营救当然是得力的。重庆潜伏在上海以蒋伯诚为首的上海统一委员会，负责指挥潜伏人员，开展政治、经济、文化等方面的活动，1944年春被日军侦破，由日本宪兵负责处理。重庆电令周佛海营救。周佛海向日本人说：蒋伯诚是蒋介石驻沪代表，如果想实现东京和重庆之间的"全面和平"，应予释放。日军被说服，由周佛海将蒋伯诚及有关人员保释出来。蒋伯诚继续留在上海，受周佛海的掩护，从事重庆交给他的工作。戴笠要周佛海杀死"七十六号"特工总部特务头子李士群，周是李的上级，不便直接做杀害下级的事。他施用"借刀杀人"计，派人挑拨上海日本宪兵队特高课课长冈村与李士群的关系，借冈村之手杀李士群，终于如愿以偿。1943年9月6日，冈村请李士群等人吃饭，给李吃了放进毒药的牛肉饼，三十六小时后，毒性发作，9月9日死于苏州家中。汪伪汉奸们知道周佛海是此事的主谋，但因出自日本宪兵之手，不敢追究，只能暗地骂周佛海"无心肝的狗杂种"！这项暗杀，周佛海向重庆报功为："诛锄奸伪。"

日本战败投降的前一年，汪精卫死了。周佛海在汪精卫易地治病时，主持伪行政院、伪全国经济委员会事务。汪精卫死后，周佛海密电请示重庆得准后，就任了伪上海市市长兼警察局局长和保安司令，并安插亲信势力于上海一带，准备向重庆献礼。1945年8月16日，随着日本无条件投降，傀儡戏收场。这天，周佛海从上海到南京参加代理伪国民政府主席陈公博主持的中央政治委员会临时会议，决议解散伪国民政府，成立善后机构：南京临时政务委员会、治安委员会，陈公博任临时政务委员会委员长兼治安委员会委员长，周佛海副之。

汉奸们纷纷自找出路。8月25日，陈公博带着他的老婆李励庄、秘书莫国康及林柏生等一行七人在日本顾问小川带领下，逃往日本，隐名埋姓在京都附近的金阁寺住下。周佛海因与重庆早有联系，路子宽，安全系数大，不必逃遁，只等蒋介石下达新的任命令。

还在日本战败投降、中国抗战胜利大局已定的形势刚刚到来之际，蒋介石就为发布新令而忙碌着。从8月10日获悉日本乞降的消息，到15日日本正式宣布投降，那几天蒋介石左一道命令，右一条指示，不停地往外发。其中心是弥补由于重庆军队远在大西南、大西北避战观战造成的不能就近受降的不利局面，千方百计排斥共产党领导的军队受降，创造条件抢夺抗日胜利果实。为此，于10日，匆匆忙忙训令何应钦：命令敌军驻华最高指挥官"维持现状"；"警告辖区敌军，除按政府指定的军事长官的命令行动外，不得向任何人投降缴械"；命令伪军，要"等候国军到达"后投降。一言以蔽之：

不准向八路军、新四军投降。蒋介石的这个方针，把日军、汉奸们派上了用场，竟不惜认敌为友，以友为敌。11日，蒋介石连下三道命令：一是加紧作战努力，"积极推进"，勿稍松懈，这是给中央军的；二是"原地驻防待命"，各部勿再擅自行动，这是给八路军的，无疑对新四军也有效；三是"应就现驻地点负责维持地方治安，保护人民，乘机赎罪，努力自新"，不得接受非本委员长许可之军队收编，这是给伪军的。15日，又命令：日军在军事行动停止后，"可暂保有其武器及装备"，保其现有态势，并维持所在地之秩序及交通，听候中国陆军总司令何应钦之命令。此时此刻，蒋介石眼中的敌人是共产党，日伪军则是宝贝，至少是暂时依靠的力量。他任命了一批汉奸为"总司令""总指挥""绥靖司令"等，让他们与八路军、新四军为敌，做蒋介石抢夺抗战胜利果实的帮凶。

戴笠急急忙忙发出一批任命书给那些汪伪政权的汉奸们，让他们看守好京沪等大城市，不要被新四军接管。8月12日，国民政府军事委员会侍从室奉蒋介石之命，任命周佛海为军事委员会上海行动总队总指挥，指挥伪中央税警团、伪上海市保安队与伪警察、伪第十二军所属三个师，以及浙江伪保安队等，负责维持上海一带"治安"。周佛海认为官衔重量不够，恐压不住阵，电请蒋介石改任为总司令。8月20日，重庆第二次任命，满足了周佛海的要求，任其为上海行动总队司令。周佛海把他亲信的汉奸和潜伏军统特务，组织到他的司令部里，用总司令的名义，学着蒋介石的腔调，发出一份布告：

一、本司令部所辖区域内各部队，未得委员长（蒋介石）之核准，不得擅自移动，及受任何方面之收编。

二、与治安有关之集会等行动，未经本司令部核准，不得举行。

三、对已停战之日军及日侨，不得侮辱或伤害。

四、人民纳税之义务，仍当履行，不得借词拒纳。

五、工厂设备及一切公家重要物资不得毁损、买卖或赠与。

六、友军及中央派遣部队，希至本司令部联络。

周佛海身为罪行累累的汉奸卖国贼，日伪统治倒台后，比抗日有功的八路军、新四军神气百倍，为古今中外奇闻。他本人满肚子墨水，应当懂得此中之奥妙，不至于认为这种状况是正常、持久的。他诚惶诚恐地致电蒋介石，又是谢恩、又是谄媚，表示要把他手下一万多伪兵献给中央，还表示将自己的生死交给蒋介石处置，声称："与其死在共产党之手，宁愿死在主席之前。"他了解蒋介石的心思，知道蒋介石最愿意听这种话，誓死反共拥蒋会得到奖赏。周佛海够卖力气，一面请求上海日军司令部全力协助担任城市外围阻止新四军前进的任务，一面组织伪军警和伪"忠义救国军"接收市内，从而抢占了上海和南京。

到 9 月下旬，上海、南京的气氛突变，军统局的武装特务到处抓汉奸。不用说，阻止新四军占领大城市的任务已经完成，发委任状改为下逮捕令，汉奸们一个一个就擒。周佛海仍然受"优待"，戴笠劝他电呈蒋介石辞职，把伪军警及中央储备银行等一概交给戴笠。9 月 30 日清晨，周佛海偕罗君强、丁默邨、杨惺华、马骥良等，在戴笠陪同下飞往重庆，被幽禁于"白公馆"，享受优越的待遇。翌年 10 月 7 日，在南京，由首都高等法院对周佛海开审。周佛海自以为有靠山，明目张胆地拒绝认罪，说参加南京伪政权的前半段是"通谋敌国，图谋有利本国"；后半段是"通谋本国，图谋不利敌国"。11 月 7 日，周佛海被判处死刑。1947 年 2 月，蒋介石亲笔写信给司法院长居正、司法行政部部长谢冠生，证明他曾通过戴笠对周佛海表示过"准予戴罪图功，以观后效"的意见，据此提出"该犯似可免于一死"的建议。国民政府主席的"建议"，司法院不能不接受。3 月 26 日，蒋介石以国民政府主席的身份，发表"准将该犯周佛海原判之死刑，减为无期徒刑"令，说他在"敌寇投降前后，能确保京沪一带秩序，使人民不致遭受涂炭，对社会之安全，究属不无贡献"。周佛海幸免一死，乐得发狂，挥笔赋诗：

惊心狱里逢初度，放眼江湖百事殊。已分今生成隔世，竟予绝路转通途。嶙峋傲骨非新我，慷慨襟怀仍故吾。更喜铁肩犹健在，留将负重度崎岖。

其心迹很清楚，盼着有一天重整旗鼓，卷土重来。过了将近一年，周佛海病死狱中，时为1948年2月28日。

周佛海当汉奸，罪大恶极，不治以死罪，中国老百姓愤愤不平。

陈公博同样早已与重庆建立联系，合力反共，并提供过情报。周佛海被任命为

1946年10月8日，林伯生被押赴刑场执行枪决

"总司令"时，陈公博业已通过各种渠道向蒋介石汇报、请示，但得到的是无声的拒绝。有人劝他离开，说这是蒋介石的意思。他逃往日本不久，国民政府陆军总司令何应钦抵达南京，1945年9月9日向日本提出将陈公博押送回国的要求。日本政府表示承担一切责任，请求宽大处理陈公博，但事已无法挽回，早知今日，何必当初！10月3日，陈公博被押回南京，1946年6月3日执行枪决。陈公博罪该万死，死有余辜。周佛海同此。其所以不能如周佛海那样得到蒋介石的赦免，或说同罪不同罚，内幕还在于陈公博是汪精卫的人，是铁杆汪派，而对蒋介石多有得罪，不同于周佛海的两面逢迎，更不像周佛海那样亲蒋。几十年的纠葛历历在目，他只能认可。临死前，他给蒋介石的信中说：

1946年4月5日，接受审判、拒不认罪的陈公博，与周佛海相比就没有那么幸运了，于6月3日在苏州被枪决

199

我虽然死，我决不对先生有什么怨词。先生置我于死，自然有许多理由，或者因为我以前随汪先生反过先生，或者因为参加南京组织，或者因为国际的关系，或者因为国内政治的关系，甚至或者因为恐怕我将来对于国内统一是一个障碍。凡此理由，都可以使我死。而以上几种理由，我都愿意接受。

八　蒋介石掘
汪精卫的坟

汪精卫没等到日伪统治倒台就死了。

抗战胜利，收复南京，国民政府从重庆迁回首都。一切汪伪的遗迹统统要消除掉。汪精卫的尸骨埋在南京中山陵附近，国人不会答应。蒋介石采取断然措施，下令炸掉了汪精卫这个卖国贼的坟墓，算是蒋介石和汪精卫几十年分分合合的一个收尾吧。

汪精卫之死

汪精卫死于 1935 年 11 月 1 日孙凤鸣打到他背部的那颗子弹。那子弹是爱国志士惩办汉奸用的，不等审判汉奸卖国贼的法庭开庭，先射给汪精卫，因为他在卖国的道路上走得太快、太远，民愤太大了。

汪精卫之子汪文悌与其妻合影

汪精卫背部的子弹一直没取出来，久而久之，铅毒蔓延，浸及骨髓，以致背部时常作痛。1943 年 8 月，病情继续恶化，不仅背部，胸部及两肋也疼痛。经多方医治，均不见效，而且病痛日益加剧。同年 12 月，经南京日本陆军医院院长后藤诊断：疼痛由背部子弹所致，必须手术取出子弹，才能根治，而且保证手术可以成功。同月 19 日，后藤亲自主刀取出汪精卫背部的子弹，术后恢复亦好。但 1944 年元旦以后，汪精卫的病情再次复发，不仅疼痛，而且发烧，下肢麻痹，不能起床。侵华日军总司令部向日本政府报告汪精卫的病情，请求派各科医学专家到南京会诊治疗。日本政府派东北大学教授黑川利雄到南京。黑川于1943年11月曾到南京，为陈璧君和汪精卫检查身体，认为其背部子弹以不取出为宜。黑川受命再来南京，1944年2

汪精卫之女汪文惺与其丈夫何文杰的结婚照

月26日诊察，认为汪精卫术后发生两腿麻木，是脊椎骨压迫神经症，即"骨髓肿"。他建议送日本手术治疗。同时密告陈公博，汪的病很难治愈，让他有所准备。随后，日本又派神经科专家、名古屋帝国大学外科主治医生斋藤真到南京会诊，结论与黑川一致。

　　1944年3月3日，汪精卫在陈璧君和子女文惺、文彬、文悌及女婿何文杰，伪外交次长、翻译周隆庠及侍从医生、侍从官、司机、佣人等二十余人护送下，飞往日本，住进名古屋帝国大学附属医院。3月4日，斋藤真主持对汪精卫做了"椎弓切除术"。术后，病情有所好转。但为时很短暂，又出现反复。八、九月间，极度贫血。他的长子、幼子及其他亲友轮流为他输血，效果也不明显。医生确诊他患的是一种癌症——多发性脊骨肿瘤。

　　11月8日，美国飞机大规模空袭名古屋。汪精卫被抬进地下防空洞。那里没有暖气，寒气袭人，汪精卫无力抵御，病情急剧恶化，并引发肺炎，高烧到40度。11月10日，一命呜呼。同月12日，汪精卫的遗体用飞机运回南京，23日，葬于明孝陵前、中山陵右侧的梅花山。这是汪精卫生前自选的墓地。

　　对于汪精卫的死，有传说是被日本人毒死的。一直没离左右的他的长女汪文惺、女婿何文杰断然否定："哪会有这种事！"

　　据说在汪精卫病重期间，日本尽力抢救。汪感激不尽，表示要努力于"东洋和平",以报其主子救治之恩。这与日本在战争后期,即汪精卫病重以后,对汪精卫还不想抛弃,而要继续利用有关。

虽然日本在侵华战争的最后阶段,因急于结束战争,曾加紧对重庆的诱降活动。蒋介石派到汪伪政权中的唐生明,身份暴露后,日本不但不抓、不杀,还加以保护、利用。日本派遣军总司令部参谋部,正苦于找不到适当的、同蒋介石有关系的人,去重庆商谈"和平"一事,发现了唐生明,如获至宝,让他从事日本同蒋介石的联络工作。日军总参谋长河边正三对唐生明说:"我们因为找不出办法,才拉汪精卫出来。希望通过你能和蒋介石阁下直接商谈中日合作方式,请你多从中协助我们,早点完成这个任务。"他对蒋介石恭维一番,又自欺欺人地说:"大家都是一致反共的,都是为了大东亚共存共荣,日本对中国没有野心,决没有打算长期占领,我们应当很好地合作起来反共。"唐生明与重庆通电后,蒋介石指示他先以个人名义同日本往来,对日方提出的问题,不要做具体答复,多试探日本的条件和是否有诚意,随时向重庆报告,但这个关系一定要好好保持。这说明蒋介石也有意与日本讲和,但仍不肯承担派人与日方谈和的责任。唐生明家设有电台,公开与重庆通报,日方代表松井每天到唐家"办公"。蒋日双方都愿保持这种联系,但又不急于亮出各自的底牌,就这样毫无结果地"联络"到抗战胜利。

日本和蒋介石谈和,汪精卫从内心不高兴,因为那意味着日本对他的作用不重视,但他又不敢反对,只能忍气吞声。其实,日本加紧对重庆的和平攻势时,不但不放弃汪精卫,相反,依旧器重他。日本一直把通过汪精卫等与重庆方面联系,作为诱使重庆与日本和谈的重要途径。他们认为,唯一能理解日本"真意"的,除了汪精卫以外,"是找不出来的"。在这个问题上,"具有能和重庆方面站在对等立场进行对话的有见识和威信的人物",也是只有汪精卫"一人"。所以日本对于汪精卫之死,是感到惋惜的。

掘墓焚尸

1946年1月15日夜,在南京黄埔路陆军总部会议厅,何应钦主持召开一个秘密会议。参加会议的有南京市市长马超俊、陆军总部工兵指挥官马崇六、南京宪兵司令张镇、陆军总部参谋长萧毅肃、陆军总司令部直辖七十四军负责人邱维达。

何应钦说："请你们来商量一件事，希望绝对保守秘密，不得向任何方面泄露。委员长不久就要还都，汪精卫这个大汉奸的坟，居然在梅花山，和孙总理的陵墓并列一起，太不成样儿。如不把它迁掉，（否则）委座还都看见了，一定要生气，同时，也有碍各方面的视听。你们详细研究一下，怎样迁法，必须妥慎处理。"

汪精卫的坟工程很大，但只完成了核心工程。由于战争结束，工程停了下来，外层没有造。内层是钢筋混凝土结构，坚固不易拆。何应钦转达重庆的指示，限十天以内处理完。为了抓紧时间完成任务，最后决定用炸药炸开。为了保密，爆破时，放音响配合。

抗战时期出任国民政府军事委员会总参谋长的何应钦

1946年1月21日拆墓。提前三天，宪兵司令部派兵警戒，断绝中山陵与明孝陵之间的行人交通，禁止游览。七十四军派工兵用"TNT"烈性炸药一百五十公斤爆破。先炸开外层，再炸开盛棺内窨，露出楠木棺材。由于使用过防腐剂，汪精卫的尸体尚未腐烂，上覆青天白日满地红旗一面，身着伪政府文官礼服，即藏青色长袍马褂，头戴礼帽，腰佩大绶；面呈褐色，有些黑斑点。棺内检查，只在死者马褂口袋里发现约三寸白纸一张，上用毛笔写"魂兮归来"四字，落款：陈璧君。这是从日本接运汪精卫尸体时，陈璧君用以招魂的。检查后，将汪精卫尸体连同棺材，运往清凉山火葬场焚化扔弃。

在平整后的汪精卫原墓地之上，建一小亭，供游人憩息。梅花山南北两面，修出两条小径，种植花木，环境焕然一新。

被爆破拆除的汪精卫墓

　　蒋介石于1946年5月3日偕宋美龄飞回南京，5月5日，国民政府宣布还都南京。这时，蒋介石正在美国支持下，准备对共产党领导的解放区发动大规模军事进攻，全面内战已如箭在弦上，一触即发。

在日本宣布无条件投降的次日，中国报纸以整版篇幅予以报道

　　反共，是蒋介石和汪精卫的共识、共信。他们为此而合作过；分手后，不论如何敌对，仍从不同方面，用不同方式分别反共，相互默契、配合。汪精卫死了，蒋介石在大陆的最后三年，和共产党决战胜负，汪精卫不能再帮他一把。最后，蒋介石被共产党打到台湾，1975年4月5日病逝于台北。

　　蒋介石在抗战时期，不向日本投降，到台湾后反对制造"两个中国"的阴谋，反对"台独"。海内外炎黄子孙对此一致予以肯定。汪精卫之流，认贼作父，出卖祖国，分裂祖国，则是中华民族共同声讨的千古罪人！

九　政治舞台上的宋美龄和陈璧君

蒋介石的夫人宋美龄（1897—2003）、汪精卫的夫人陈璧君（1891—1959），论智能、才干，都不平常，非普通女流之辈可比。在政治上，她们基本上沿着"夫唱妇随"的常规行事，或者说，她们都与自己的丈夫志同道合。但这两人和自己丈夫合作的方式大不相同，性格特征、人生经历差异也不小。

宋美龄与蒋介石形影相随

宋美龄在西安事变和平解决中的作为不是偶然的。她和蒋介石结婚后，一直支持、追随蒋介石的政治主张和活动，全身心地做他最忠实、最得力的助手，出入形影相随。对蒋介石在性格上、知识结构上的弱点，考虑问题的疏漏，宋美龄经常给以弥补。

宋美龄是上海富豪宋耀如的三"千金"。大姐宋霭龄，是孔祥熙夫人；二姐宋庆龄，是孙中山夫人；长兄宋子文，系国民党中政会委员，金融界要人；还有两个弟弟，宋子良、宋子安。这个家族，从宋耀如起，就支持孙中山的革命。孙中山逝世后，宋庆龄坚持孙中山的革命立场，继承孙中山的事业，支持中国共产党建设新中国，并成为中华人民共和国的领导人。这个家族其余成员则同蒋介石国民党"同呼吸，共命运"。

据说，宋美龄与蒋介石结婚时，提出三个条件，蒋介石同意，作为双方的守则：第一，蒋介石必须信奉上帝，受洗礼，成为基督教徒。因为宋美龄是虔诚的基督教徒，两人必须有共同的宗教信仰。第二，

蒋介石和宋美龄的结婚照

宋美龄不生小孩，以保持身材，献身事业。第三，宋美龄不担任政府公职，不参加正式的高阶层决策会议，只以蒋介石私人秘书的身份，对外从事政治活动。不论是否有约在先，后来的事实基本如此。

宋美龄是一位对事业有热情的女性。1917 年她大学毕业后，从美国回到上海，立即投入教会工作和各种社会活动中去，成为电影审查委员会的成员和上海工部局所任命的童工委员会的第一个中国委员。结婚后，她任蒋介石的秘书和英文翻译，竭尽全力协助丈夫。她在国民党中的职位，最高达到中央执行委员会委员和中央常务委员会委员。那是 1945 年 5 月，国民党第六次全国代表大会和六届一中全会上选举的。到 1946 年 3 月，六届二中全会时，她辞去国民党中央常务委员之职。她的主要政治活动不在国民党中央领导机关，不在最高层，而是协助蒋介石做某一方面的工作，如翻译、外交工作，或者从事社会活动。

当时，那些国民党的官太太们，不愿去南京居住。她们嫌那里没有上海那种五光十色的社交场合和繁华的市区。南京的房屋简陋、阴冷，气候也不好，严冬寒风刺骨，盛夏暑气逼人。她们宁愿夫妻两地分居，也不去南京，而住在上海。宋美龄不同，她不在意这些生活条件上的差别，一直随蒋介石住在南京。蒋介石在自己举办的宴会上，总是让宋美龄陪着他，并坚持让她作为女主人出场。宋美龄常常是这种场合中绝无仅有的一位女性。起初，她感到不自由。她后来说："我认为官员们也觉得我是一位妇女。后来我索性忘掉自己，一心一意帮助丈夫工作，他们也就不再把我看作一个妇女，而当成他们之中的一个成员了。"

宋美龄在南京，投身于社会工作。她创办国民革命军遗族学校就是从这时开始的。关于办国民革命军遗族学校的动机，宋美龄说："我认为，这些孩子如果培养得当，将会成为极为有用的人才，因为在他们血管里，流的都是革命的血液。"她在办学过程中，摸索和总结教学

宋美龄看望孤儿们

经验，改变教育制度与现实生活之间存在着的某些脱节现象，比如：仅仅注重书本知识，而不强调学习与现实生活相结合的重要性。在国民革命军遗族学校里，学生们学习用自己的双手进行劳动。学校里组织了农村服务俱乐部，使学生们能够学以致用，并帮助当地农民。

在南京，许多黄埔军校的毕业生都来拜访他们的前校长蒋介石，宋美龄因此常有机会和他们在一起闲聊。在攀谈当中，宋美龄发现有一个问题引起大家的普遍不满，这就是在南京除了待命奔赴前线之外，别无他事可做。许多年轻军官的生活相当乏味、枯燥。他们没有小家庭，工作之余，难得消遣一下。南京没有条件向这些军人提供娱乐活动场所，街道冷清枯寂，一团漆黑，连一家酒吧间都没有。于是，宋美龄主动为自己安排一项工作：由蒋氏夫妇组织了一个军官"励志社"，基督教青年会干事黄仁霖，由上海到南京筹办军官"励志社"事宜。1928年夏，"励志社"成立，黄仁霖先任副总干事，后任总干事。"励志社"举办的文化娱乐活动，吸引着青年军官们。

蒋介石的母亲王采玉，1921年临终时留下三个遗愿给蒋介石。其中第二项，是办一所学校，培养乡里子弟。早在1920年初就办过。溪口有武山、溪西、西河三所国民小学，都是初级学校，学生升学必须外出。1923年，蒋介石资助将这三所初级小学校合并为禽孝乡完全小学，并暂以自家故居前屋做校舍，使镇上适龄儿童上学较从前方便些。1926年，该校改名为武岭学校。

1928年，蒋介石得宋美龄的赞成与合作，在原武岭学校基础上扩建。宋美龄具体提出学校扩建要求，过问设计和施工，连教室门的颜色都注意到。学校扩建之后，包括农科中学、完全小学和幼儿园三部分，并附设武岭医院。仿照法国乡村学校的方式，以学校为中心，把溪口镇的社会福利事业都包进去，如：医院门诊、阅览室、消防队、电厂、电影院、公园等等。农业有实验场，分动、植物两部分，培育良种，研究推广。校舍的布局和设备都是新式的，卫生设备一应俱全，还备有来宾客房。1930年，学校建成，蒋介石和宋美龄前往巡视，逐项仔细检查。学校改为"奉化县私立武岭农业职业学校"。从1932年起，蒋介石自兼武岭学校的校长，宋美龄曾任校董。抗战胜利后，改为普通中学。蒋介石、宋美龄回奉化，必到学校看看，向师生训话。

1928 年 10 月，南京国民政府改组，实行五院制。立法院组成时，宋美龄任立法委员。

抗日战争爆发前，蒋介石以主要精力"围剿"中国工农红军。与军事"围剿"相配合，1934 年，蒋介石发动"新生活运动"。7 月，成立"新生活运动"总会，宋美龄主持妇女部及其他重要职任。这是全国性的思想文化运动。它使用的精神武器，是被他们刻意曲解的中国传统道德文化，以他们解释的民族固有道德"礼义廉耻"为中心准则，用"忠孝仁爱信义和平"八字，约束老百姓当他们的"良民"，家庭的"肖子"，学校的"守规矩的学生"，社会的"守礼法的君子"，而不要被中国共产党"赤化"。

宋美龄积极投身于"新生活运动"之中。她根据自己的理解和条件，身体力行，每到一个驻地，都一定要求拖地板，擦桌子，洗床单，擦窗户。"新生活运动"有这方面的规定：不许随地吐痰；见苍蝇要消灭；要搞大扫除；天天刷牙，每天洗三次手、洗三次脸，每周洗一

1930 年代新生活运动中的蒋介石和宋美龄

次澡；青菜要洗净煮熟再吃；修建下水道，改进饮用水的供应；改革葬礼；举行集体结婚仪式，节省费用；批评烧香、烧纸、放鞭炮、送葬时撒买路钱等旧风俗；开展戒烟运动；等等。这些规定对改进社会文明、卫生风貌，树立良好习俗不无益处，但实际实行得很少。因为当时的中国，兵荒马乱，贫穷落后，广大工农群众在帝国主义和封建势力压迫下，饥寒交迫，连生存都无法自保，哪里顾得上这些可望而不可即的事。

宋美龄推动"新生活运动"，主要活动在社会上层。她努力借助于西方传教士和在华外国人的夫人们。每到一地，她总是要将那里的传教士及外国太太们召集一起，征询意见，并向他们发表演说。1934 年，宋美龄与蒋介石一起在桂林度假时，会见了正在那里度假的英国和美国传教士。宋

1930 年代中国传统与完全西化融合在一起的第一家庭

美龄征得蒋介石的同意，与这些传教士一起制定"新生活运动"的方案，并由蒋介石下令广泛推行。

1934 年 10 月 4 日，蒋介石和宋美龄在张学良、顾问端纳和其他将军的陪同下，到达汉口。这时，蒋介石和张学良分别担任鄂豫皖"剿共"总司令部正副总司令。他们在汉口召开了几次会议，讨论制定了新的大规模的反共军事计划。10 月 10 日，蒋氏夫妇一行前往洛阳，第二天下午，登上专车，准备离开。端纳提议去西安看看，蒋介石、宋美龄都很赞成。在西安，蒋氏夫妇召集会议，宣传新生活运动，邀请所有外国传教士参加茶话会，蒋宋先后发表演说。宋美龄用英文解释说，委员长和她本人都渴望改革，请他们诚恳陈言，政府保证合作。与会者于是畅所欲言，发表了看法。

宋美龄还把西安高级官员的太太们召集到一处开会，敦促她们热衷于公共事业，还和她们一道参观了省立孤儿院和为贫困人家少女开设的生意学校。这些太太答允开设一个治疗鸦片瘾的诊所。

在开封，蒋介石和宋美龄等一行，继续邀请传教士讨论问题。在传教士参加的省政府举行的茶会上，宋美龄用英语讲话，她特别呼吁女传教士们与官员的夫人合作，掀起美好家庭运动。她认为家庭是一切需求之根本。开封高级传教士、加拿大教堂传教团的坎农·西蒙斯，表示最由衷地响应。他代表在座的二十几位传教士向他们及当地官员表示，将不惜一切努力真心合作。

蒋氏夫妇对发动传教士活动所收到的效果非常满意。

宋美龄每到一个城市，都把妇女们召集起来，敦促她们为全国改革尽力。在演讲中，她大反中国的旧习，大反大家闺秀的深居简出，大反吸食鸦片和不清洁的习惯。她呼吁妇女要有责任感，并任命一些各地的官员的夫人为"新

212

生活运动"的领导人。

1936年，宋美龄为了分担蒋介石的困难，出任全国航空委员会的秘书长。早在1933年，蒋介石就决定改善空军装备，进口大量空军器材。暑期，笕桥航校仓库起火，损失惨重，蒋介石震怒，把有关责任者关进监狱。蒋介石感到发展空军需款巨大，而人事又难以安排，便由宋美龄担任航空委员会秘书长，负责空军事务。

抗战初期，中国曾派三架轰炸机用"纸弹"空袭日本东京，安全返航。宋美龄说明这一行动的意图："我们派飞机空袭东京，一则表明我们有能力轰炸东京，但我们是正义的斗争，不伤及日本的妇孺百姓，我们只带上数十万份传单散发遍告日本国民，中国是不会屈服的，全民抱'抗战到底，最后胜利必属于我'的决心，而你们却是危险的，趁早回头吧！"

中国空军力量薄弱，抗战时期，可用于作战的飞机只有两百架，而日本帝国主义已有两三千架。中国空军战机消耗后，无法补充，迁都重庆时几乎无飞机可以应战，日机则常来狂轰滥炸。从1938年春起，苏联空军航空志愿队分批来中国，对日空战，并帮助中国训练空军作战人员。宋美龄觉得航空委员会事情不多，在军事委员会改组时，推荐钱大钧任航空委员会主任，自己于1938年3月辞去秘书长职务，致力于对外特别是对美国方面的宣传和呼吁工作。

抗战既兴，宋美龄陪同蒋介石在南京，直至南京沦陷前不久才撤离去武汉。这期间，他们住在中山陵园树木深处一个花园里，花园内小屋数间，日军飞机曾多次轰炸。有一夜的空袭，将相隔数十步的一个同样的小屋夷为平地。宋霭龄偕孔令俊亲自来劝宋美龄随孔家先去武

抗战期间宋美龄劳军画面一瞥

213

汉，宋美龄婉言谢绝。她说："为了国家大事，我一定要陪他在一起，很多场合里能帮助他做些事，对私是给他精神上的安慰和信心，对公则是我们两人都在首都，能安定民心和军心。"

国民政府从南京迁到武汉，从武汉迁到重庆，宋美龄随着蒋介石先后居住在武汉和重庆。

抗战期间，慰问伤兵，是宋美龄经常从事的工作。她还协助政府做收容救济工作，安排从沦陷区逃难到后方来的妇女儿童，组织生产自救和义务教育，向美国教会，并转向美国社会和华侨，请予救济。世界各地寄来物资、现金和信件。军事委员会政治部将从沦陷区拍来的照片及战地实况，中国军队英勇杀敌、视死如归的记录，实录南京大屠杀的《日寇暴行录》的照片集，分发给各国记者。宋美龄也亲自将这些真实资料通过各种渠道发向国外。

从抗战开始，直到抗战胜利以后，宋美龄协助蒋介石争取外援，做了大量的外事工作。

蒋介石是中国封建式的君主，对外国，尤其对西方国家的了解不算多，对外交往非其所长。宋美龄恰恰能补其不足。

宋美龄留美十年，几乎全盘西化。她曾说："只有我的颜面是东方的。"在美国，她穿洋服，说洋话，而对中国话却很陌生，讲起来颠三倒四，满腔洋味。回国后，她不得不重新学汉语，读中文书。不必说，她熟知美国，英语讲得很流利，并精通英国文学。早在宋、蒋结婚最初的那些年，她就担任了蒋介石的外交助手。蒋介石身边有不少外交干才，但宋美龄的作用更特殊，别人不易取代。蒋介石会客，一般在下午，常由宋美龄陪同。凡是军事、党、政部门的来客，先由侍从副官领到会客室，再由蒋、宋会见。外宾、外国顾问等来访，先由侍从秘书在会客室陪同寒暄，等待蒋、宋到来。如来宾是法国人，由汪日章当翻译，其他用英语交谈的外宾，由宋美龄当翻译。

1938年1月3日，美国《时代》杂志专题报道蒋介石的对外发言："……告诉美国，请完全相信我们，战争的形势正在扭转，最后胜利定属我们……"这个发言，由宋美龄译成英文传播出去。

中国抗战初期，美国政府对华态度冷淡，还想从中日战争中发财。宋美龄搜集了许多日军暴行材料，写文章，利用报纸杂志和广播对美国人民宣传，并揭露美国政府的恐日病，及怂恿批准把汽油、轻重武器、军用物资大量卖给日本，支持侵略者屠杀中国人民的罪恶行径。宋美龄在文章中报道了中国战场的情况，在缴获和击毁的日方坦克和飞机中，有美国制造的零件，毫不隐讳地指责美国的两面手法。美国各报刊抢着转载，敦促美国政府转变对华态度。

1940年，日本飞机大肆轰炸重庆后，宋美龄对美国国会议员广播说："我不知你们国会议员是否想到过，如果中国屈服于日本，那将发生什么样的情况？无疑，日本将利用中国的资源转向美国进军，美国也将受到自食其果的惩罚。支持野蛮的日本军的侵略战争，本身就是不义的。……"她严正地谴责美国纵容日本侵略，对中国的正义自卫战争不及时援助的政策，表达了中国人民对美国政府的愤慨。她以为从日本的全球战略看来，美国是不会坐视日本独吞中国的，但她看不透美国资本家的幸灾乐祸、趁机敛财的贪婪本性。

在全面抗战开始后四年多，她不断呼吁并敦促美国政府改变政策，对美国朝野人士产生了很大影响。部分代表某些财团利益的议员，主张派少量战斗机作为"志愿队"支援中国。1940年7月，中国向海外取得援助的道路——滇缅公路被封锁。日军又占领了越南。这时，美国将现役空军一百二十架飞机，包括空、地勤人员，器材，以国民政府聘请名义，组成"航空委员会美籍志愿军总队"（飞虎队）参战，其总队长就是美国退役空军中校陈纳德。早在宋美龄任职航委会时，曾邀请陈纳德来中国，帮助中国训练空军，担任过航校教官、总教官、顾问等职。

苏德战争爆发后，世界反法西斯各国加紧联合。1941年9月29日至10月1日，苏、英、美莫斯科会议签订了三国协定，规定三国在反法西斯战争中联合行动，为建立反法西斯联盟奠定了基础。但美、英的注意力和重心在欧洲，即推行所谓"欧洲第一"战略；对于中国，仅限于维持住能与日本打下去，而避免英、美同日本交战。11月22日，美国国务卿赫尔紧急接见中国驻美国大使胡适，通知中国，美国有意与日本签订协定。蒋介石立即表示反对，并向英国政府发电，要求与中国站在同一立场。丘吉尔很快致电罗斯福，反对日美协定。

宋美龄于同年11月10日和12月4日，两次在无线电广播里向美国呼吁：

"我觉得美国这样一个国家，决不会因势乘便，以作便利自己的打算的。美国决不会像法西斯国家那样，认为牺牲弱小是正当的行为。我们中国为了正义与人道，流血斗争，迄今已四年有半了。因此，我相信我中美两国的友谊是建基于一致的理想上的……"

美国仍同日本谈判着。直到1941年12月8日日本突袭珍珠港之后，美国政府才如梦初醒。

宋美龄及时对美国广播，措辞更为激烈。指出：中国独立对付凶残的日本已经四年多，中国对世界正义事业做出了巨大贡献，现在要看美国的态度了。

1942年元旦，共同反对德、意、日法西斯的二十六个国家在华盛顿发表联合宣言，声明一致对抗德、意、日，决不与敌国单独媾和。1月3日，盟国单独划出中国战区，成立中国战区盟军统帅部，越南、泰国划入中国战区，蒋介石任最高统帅，美国陆军中将史迪威任统帅部参谋长。

这时，美国援助中国抗战较从前积极。特决定将美国空军志愿队扩充，改组为美国陆军航空第二十三大队，复又扩编为第十四航空队，拥有各种飞机一千架，从日本手里夺回了制空权。中国又选送了空军人员去美国培训。

1942年10月1日，重庆国民政府迎接了美国总统罗斯福的第一位来华特使温德尔·威尔基。蒋介石打算在他身上下一番功夫，目的一是要美援，让美国更多地投入空军力量；二是想通过他向罗斯福施加影响，赶走与蒋介石意见不合的中国战区盟军统帅部参谋长史迪威。

蒋介石根据威尔基的建议，决定由宋美龄赴美。1942年11月16日致函罗斯福："内子非仅为中（正）之妻室，且为过去十五年中，共生死、同患难之同志，对中（正）意志甚明了，当非他人所能及。故请阁下坦率畅谈，有如对中（正）之面馨也。"

宋美龄于1942年11月18日，由重庆乘飞机秘密启程，辗转非洲、南美洲，于11月27日抵达纽约。

1943年2月18日，宋美龄由罗斯福夫人陪同，向美国国会发表演说。关于美国和中国的关系，她说："我们两个伟大民族之间，有着一百六十年的传统友谊……这种友谊从来没有被误解、削弱过，它在世界历史中是从未

1943年2月18日在美国众议院发表演说时的宋美龄

有过的。"

关于中国的抗战，她说："我们决不能忘记，在遭到全面侵略的头四年半中，中国是在没有援助的情况下，单独抗击日本残暴战祸的。""在中国人经过五年半的抵抗之后，确信应该'宁可光荣冒险，不愿屈辱认输'。"她的这番话博得了议员们起立鼓掌。

宋美龄讲话的重点是强调：盟军应改变偏重欧洲战线的观点，打败日本比打败德国更为重要，美国应当援助中国的抗战，彻底摧毁日本的武力，解除法西斯对文明的威胁。

2月19日，宋美龄在罗斯福的陪同下，在白宫椭圆形办公室举行了有一百七十二名新闻记者参加的招待会。她穿了一套礼服，佩戴了中国空军的双翼徽章。因为她要当着全美国主要报刊记者的面，说明现在中国需要更多的弹药，尤其急需飞机，迫使罗斯福更多、更快地对华援助。

1943年6月28日，宋美龄乘专机自美国启程归国，7月4日返回重庆。

1943年冬，宋美龄随蒋介石赴开罗，蒋介石以中国国民政府主席的身

1943年就任国民政府主席的蒋介石与夫人宋美龄于双十节的合影

217

份，与美国总统罗斯福、英国首相丘吉尔举行"三巨头"会议，史称"开罗会议"。宋美龄为蒋介石担任翻译，并穿梭、周旋于各国政要之间，做了不少事。事后丘吉尔曾对罗斯福说："这位中国女人可不是弱者！"第二年6月，美国副总统华莱士访华，与蒋介石举行"中、美合作对日作战会谈"，双方的传译工作，也是由宋美龄负责。

抗战胜利后，蒋介石发动反共内战。1947年，宋美龄再到美国，向美国朝野宣传，要求美国政府援助国民党的反共内战。美国确实大力支持和帮助国民党与共产党作战，但无法挽救蒋介石国民党的败亡命运。宋美龄随蒋介石去了台湾，晚年定居美国，2003年去世。

总之，宋美龄作为蒋介石的"外助"，和充当处理国内政务的"内助"一样，有些工作是值得称道的，如抗日，又如解决西安事变问题；有些则相反，如反共、内战。

陈璧君与汪精卫"划地"分权

陈璧君是汪精卫叛国集团的主要骨干，对汪精卫走上投降日本，充当卖国贼的道路，起了推波助澜的作用。汪精卫在"跳火坑"的时候，有过迟疑和犹豫。这种时候，往往陈璧君不是从背后推一把，就是到前面拉一把，或者干脆代汪精卫做决定。

1938年下半年，日本有意拉汪精卫下水，出面"收拾残局"。汪精卫一则"感激"，二则害怕，召集周佛海、梅思平、陈璧君等人密商办法。陈璧君迫不及待地表示："只要日本在御前会议上承认汪先生出来领导'和平运动'，汪先生是愿意出来的。"

陈公博是汪精卫的死党和手下得力谋士和骨干，反共，反蒋，和汪精卫一个鼻孔出气，但对投降日本，最初他持异议。陈璧君出主意：既然他反对，就不同他商量，等事情办成后再通知他。她断定："若是我们都走，他是不能留的。"汪精卫出逃前夕，约陈公博到重庆商量，陈公博不赞成离开重庆，陈璧君毫不客气地对陈公博说："好了！我们一定走的。你不走，你一个人留在此地好了。"陈公博不买她的账，她又以大姐的口气劝说。最终如陈璧君所料，陈公博还是跟着汪精卫走了。

汪精卫当上日本侵略者的傀儡，既是伪国民党的"主席"，又是伪国民政府的"主席"。陈璧君是"主席"夫人，挺荣耀的。不仅如此，她还是伪国民党中央监察委员。但她不满足于从属丈夫的荣耀和委员"闲职"，不愿像宋美龄那样做一些"协助"性的事。她要显示她"独有"的地位，并要有一块属于她个人的"地盘"和实实在在的"权力"。

汪伪政权对"清乡"特别重视和宣扬。因为"清乡"主要对象是共产党、新四军，既是其日本主子给的任务，又可讨好重庆政府，表示和强调彼此的共同点：反共，达到诱降重庆的目的。所以"清乡"活动，大张旗鼓，大吵大闹，绝不像与日本订密约那样偷偷摸摸。伪政府高级官员汪精卫、周佛海等亲自下去"指导""视察"，一时"视察清乡"成了挺出风头的差使。陈璧君在"清乡"机构中无职务，也要借机张扬一下她的"要员"身份。她去苏州"视察"一次，既不听报告，也不参加会议，只沿着汪精卫走过的路线，在苏州、常熟转了一圈，让记者拍照片，发新闻，之后带一些古玩回南京。此后再去"视察清乡"，又有所不同，事先由汪精卫通知"清乡委员会"副秘书长，陈璧君这次不是以"夫人"身份，而是以"监察委员"去"视察"。

1939 年 12 月陈璧君与汪精卫一同出席汪伪中央陆军军官训练团开学典礼

于是，江苏省沪杭铁路沿线各县的欢迎标语，不再写"夫人"，一律写"陈委员"。她带了一群随从和亲属，包一节专车从上海到杭州，接受夹道"欢迎"，之后的活动就是：出席"群众欢迎大会"，参观丝绸厂并受赠衣料，接见杭州特务头目，住西冷饭店，吃奎元馆面点、西悦来杭州风味、王顺兴杭州名菜，再就是去绍兴为汪精卫的祖先扫墓，最后带着满车厢的杭州土特产回到上海。这种"视察"真可谓神气十足，享乐十足，口袋十足。

在南京伪政权中，有陈璧君的私人势力，被称为"夫人派"或"公馆派"。其与汪精卫的"先生派"、陈公博的原改组派或汪记"正统派"、周佛海的"湖南派"或"CC"派，各自代表一部分汉奸，互相钩心斗角，你争我夺。

在中央的权力、地位和势力，陈璧君嫌不够气派，又把手伸向广东。广东原已有日军扶植的伪治安维持会组织。在陈璧君操纵下，广东成立了伪省政府，陈璧君提名她的弟弟陈耀祖担任伪省长，遭到反对，汪精卫让陈公博以立法院长兼任广东省省长。陈公博知道陈璧君视广东为私有地盘，不想再去插手，始终不赴任；由陈耀祖代理，并于1941年正式就任省长。1944年陈耀祖被刺身死，由陈璧君的侄子陈春圃接任省长。陈春圃辞省长后，陈璧君强行要求南京伪中央任命她的妹夫褚民谊任广东省省长。不论谁当省长，她都是广东省的"太上皇"，安插亲信就是为了便于控制。她有一个特别的头衔——广东政治指导员，作为伪中央派出的"钦差大臣"，坐镇广东，操纵省政，指挥省长。

陈璧君在广东大肆聚敛钱财，广收古玩。求官求荣者，投其所好，登门进献各种古董。

人们以为她是凭借汪精卫的地位，而有一股骄矜之态，实际不全是这个原因。陈璧君还有着很值得夸耀的过去。她是同盟会——国民

权利欲极强的陈璧君

党的老革命。1907 年，同盟会派汪精卫到马来西亚槟榔屿进行反清革命宣传时，她才十六七岁。她的父亲陈耕基，是马来西亚经营橡胶业的华侨巨富。母亲卫月朗，同情革命党人，加入了当地革命组织。陈璧君自幼受到革命的影响和教育，汪精卫等在马来西亚槟榔屿进行反清革命宣传、筹款，发展组织等活动。陈璧君听他们的演说，对革命党的事业无限向往，并被汪精卫的堂堂仪表和演说才能所吸引。她毅然选择了革命道路，参加各项革命工作，并资助汪精卫在新加坡创办《中兴日报》。当汪精卫完成了孙中山交给的任务去日本的时候，陈璧君决定同往。她的母亲私下给她一笔款，支持她去日本。孙中山批准她加入同盟会，让她和秋瑾、何香凝、方君瑛、曾醒（曾仲鸣的姐姐）住在一起。她把母亲给的钱物全部献给了组织。如此小小年纪，竟满怀革命大志，勇于奉献，使革命同志为之赞叹，孙中山对她一直另眼相看。

1909 年，陈璧君随汪精卫入京做暗杀活动，时年仅十八岁。暗杀摄政王载沣，够得上是惊天动地之举。她和汪精卫，面对着死神，誓愿同生共死，遂在刺杀行动前订立婚约。事败，汪精卫被捕，她买通狱卒，传去书信。汪精卫为陈璧君的深情厚谊所感动，填词《金缕曲》：

> 别后平安否？便相逢，凄凉万事，不堪回首！国破家亡无穷恨，禁得此生消受。又添了离愁万斗。眼底心头如昨日，诉心期，夜夜常携手。一腔血，为君剖。
>
> 泪痕潦溃云笺透，倚寒衾，循环细读，残灯如豆。留此余生成底事？空令故人屡愁。愧戴却，头颅如旧！跋涉关河知不易，愿孤魂缭护车前后。肠已断，歌难又。

陈璧君全力奔走营救，主张开地道，通往牢内，将汪精卫救出。可贵一颗炽热的心，挖地道谈何容易？时值同盟会筹备发动广州起义，令留京人员至香港集中。陈璧君的营救计划未得实施，含泪南下。1911 年辛亥革命后，清政府开放党禁，10 月 27 日，汪精卫出狱。次年 4 月，他们在广州举行婚礼，之后，赴法国学习。

1917年，孙中山揭起护法旗帜，汪精卫、陈璧君先后回国，参加护法斗争。国共合作的国民革命即将开始，孙中山有了一个改组国民党，建立革命军队，推翻北洋军阀统治的新计划，但经费不足。孙中山考虑到陈璧君家在华侨中的影响，把筹款的任务交给了她。她于是远涉重洋去美洲，半年多时间，走过几个国家，筹款约三十万元。孙中山把这笔经费用于创办黄埔军校。这个功劳不算小。当年的陈璧君，是国民党中被赞赏、被羡慕的女干部。在国民党第一次全国代表大会上，她当选为中央监察委员。

前二十年的历史是光荣的、革命的、充满生机的。可是，陈璧君没认真地保护它的纯洁和高尚。1927年以后，她跟着汪精卫反共，进行国民党内争权夺利的派系斗争。1938年，向更深的地狱迈去，成为不齿于人类的叛国投敌分子。她背叛了孙中山的事业，也背叛了自己光辉的过去，还有什么值得趾高气扬的呢？

日伪倒台后，蒋介石没派人公开到广州逮捕汉奸陈璧君，而是由军统局郑介民出面，诱骗她和褚民谊入狱。1945年8月22日，郑介民交给褚民谊一封蒋介石的来电：

> 重行（褚民谊字）兄：兄于举国抗战之际，附逆通敌，罪有应得。惟念兄奔走革命多年，自当从轻以处。现已取得最后胜利，关于善后事宜，切望能与汪夫人各带秘书一人，来渝商谈。此间已备有专机，不日飞穗相接。弟蒋中正印。

陈璧君并没怀疑其中有假，以为蒋介石真的拿她当"老革命"而特殊礼遇和优待她，表示：所有老友，既都在重庆，也应该把汪政府六年来的情形，去渝开诚面告。她高高兴兴地整理行装，准备飞往重庆，并购买刚上市的广东特产洋桃一筐，准备送给宋美龄。

等到第三天，说是飞机来了，陈璧君、褚民谊等登上汽车去机场。汽车把他们送到珠江大桥附近，改乘汽船，到一个地方，把他们关押了起来。她和褚民谊等都成了囚犯。事已至此，陈璧君仍无自知之明，继续盛气凌人，抖威风。有一次，一个狱卒直呼其名，被她怒斥一顿，说："陈璧君这个名

1946 年 4 月 16 日，被戴笠诱捕的陈璧君出庭江苏高等法院（苏州）接受审判的场景

字是你叫的吗？当年国父孙先生不曾这样叫过我，你们的委员长也不敢这样叫我。你是国民党下面雇用的人，你配这样叫我？"由此可见，她"老资格"包袱之重，压得她不识时务，不知荣辱。

1946 年 4 月 23 日，江苏高等法院判处陈璧君无期徒刑，终身监禁。其罪状，除担任伪中央监察委员外，列五项：（一）残害地下同志；（二）取决粤政，目的在断绝政府物资来源；（三）与汪精卫同恶相济，陈春圃辞广东伪省长后，返粤主政达四月之久；（四）主持特务；（五）用人行政，一切仰敌鼻息。

陈璧君不肯认罪，不承认卖国，说沦陷区全被日军占领，没有国土好卖；重庆把国土丢了，是汪伪从日本人手里收回了国土。她说："我对判决绝对不服，但也绝不要上诉。因为上诉的结果，必然还是与初审一样。"

1949 年上海解放后，陈璧君被迁至上海提篮桥监狱继续关押。她当时身体虚弱，心脏病严重。人民政府一面对她进行改造，让她读书看报，了解形势，转变立场，向人民认罪；一面本着人道主义原则，适当改善其生活条件，及时为之治病。她又活了十年。中华人民共和国成立初期，她和人民政府对立的情绪很严重，后来逐渐转变。1955 年 7 月的一份交代材料中，表示信服共产党毛主席领导下的人民政府，还要求与其他反革命罪犯一起，到苏北劳改农场接受劳动改造。因其年老体弱，心脏病太重，未予批准。

1959 年 6 月 17 日，陈璧君死于上海监狱医院。她和汪精卫有二子三女，当时均不在上海，四个在香港，一个在国外，由一个亲戚将她的遗体领去火化。

十 结 语

蒋介石、汪精卫处于同一时代，一生从事政治，都是国民党的领导人。孙中山说："政治是众人的事，治就是管理，管理众人的事便是政治。"孙中山的解释，非常贴切，又浅显、易懂。

政治舞台上的蒋介石和汪精卫，和其他人一样，好比在战场上，征战有胜有负；好比在考场上，答卷成绩有优有劣。其胜负、优劣的标准，是对于他们所处的那个时代，对于祖国和人民做了什么，如何回答时代提出的问题，如何对待时代赋予的历史使命，是做了祖国需要做的事，还是做了背叛祖国的事。人们生在什么时代，个人无法选择，机遇好坏，个人不能支配，甚至从事什么职业，也不能全由着个人的意愿。但是，走什么路，做什么人，怎样做人，则完全取决于个人。即使有外力强制和影响，归根结底，掌握定盘星的还是本人。蒋介石、汪精卫和所有人一样，在战场上留下一份记录，在考场上交了一份答卷。历史对任何人都是公平的，会给他们评定出功过是非。

蒋介石和汪精卫在中国同一个政党——国民党及其政府里担任高层领导职务。他俩一武一文，理应合作共事，短长互补。但他们时而合作，时而分裂，甚至兵戎相见。第一次合作在国共合作进行国民革命时期，分裂为权力之争，蒋介石把汪精卫挤走。之后汪精卫与拥有武装的地方实力派合作，三次武装反蒋。第二次合作，两人志同道合，共同奉行"先安内后攘外"方针，面对日本侵略军的进攻，妥协退让，集中兵力"围剿"红军。爱国者愤怒的子弹把汪精卫打跑，他逃往欧洲，蒋、汪第二次分手。第三次合作在抗日战争时期，由于抗日与降日的势不两立，分道扬镳。只有这第三次分手，是大是大非的分歧，蒋汪各自为自己写下了历史的结论：一个爱国者，一个卖国贼。

从蒋介石、汪精卫参加孙中山领导的革命算起，他们经历了中国半殖民地半封建社会的最后四五十年。蒋介石在此后又度过了二三十年。他们具有时代特征的共同政治活动，主要在二十世纪前半期。1949 年以后的事，本书中只提到一两句，因为汪精卫早已不在人世。也就是说，他俩要共同回答的问题，主要是如何对待侵略中国的帝国主义和压迫人民的封建主义，如何对待祖国的独立与民主，如何对待苦难中的人民大众及革命的政党——中国共产党。

226　　　历史事实证明，1927 年以前，他们二人基本没偏离反帝反封建这个大方向，还合作过，做过有益的事。1927年4月和7月以后，他们则在毫无积极意义而有罪责的反共内战中分裂或合作。面对日本帝国主义灭亡中国的阴谋和暴行，他们先同流合污，对敌人妥协；后来蒋介石交的答卷，得到了中国人民的认可，而汪精卫背叛中华民族，助纣为虐，成为中华民族不可饶恕的罪人，受到历史的审判和惩罚。

抗战期间及其胜利，应当是蒋介石一生中的黄金时期。但保持成绩比取得成绩更难。也许是头脑发热，也许摸不准时代的脉搏，在民主大潮到来的时候，他竟逆流而动，转身把枪口对着抗日的同盟者——中国共产党，一场不该发生的内战发生了。结果，铸成他历史的大错，败退到台湾岛上。

不过我们看到，蒋介石在台湾，虽然依靠美国与大陆敌对，但不违背中国人的良心，坚持一个中国，反对台湾独立。值得一提的是，1974年南越侵略我西沙群岛时，在敌强我弱的形势下，毛泽东毅然领导中国军民进行西沙自卫反击战。中国东海舰队3艘导弹护卫舰南下，援助南海舰队。以往20年，中国舰队从东海到南海，需绕道琉球群岛，入太平洋，过巴士海峡，路途遥远，而这次，根据毛泽东的指示，中国东海舰队直接通过台湾海峡南下，其间，蒋介石国民党没予阻拦。中国的自卫反击战以大获全胜载入史册。敌对状态中的蒋介石和毛泽东，当时都是八十开外的高龄老人，在捍卫西沙主权的关键时刻，都以国家主权为重，心相通、意相连、手相携，也值得后世永记不忘。

附录

蒋介石和汪精卫大事年表

1883 年（清光绪九年）

5 月 4 日，汪精卫（名兆铭，字季新、季恂、季辛，号精卫）出生于广东三水县。父亲汪省斋，是县衙门幕僚。母亲吴氏。汪省斋有四子四女，汪精卫在兄弟中排行第四。

1887 年（清光绪十三年）

10 月 31 日，蒋介石（谱名周泰，乳名瑞元，学名志清。中正、介石是后来起用的）生于浙江奉化县溪口镇。父亲蒋肇聪，盐商，母亲王采玉。蒋肇聪有三子三女，其中最小的一子一女夭亡。蒋介石在兄弟中排行第二。

本年，汪精卫 4 岁，开始就读于家塾。自幼聪明好学，尤其注重文史。

1892 年（清光绪十八年）

本年，蒋介石 5 岁，始入家塾读书。自幼顽皮好嬉，爱冒险，爱作战斗游戏，自任领袖。

1894 年（清光绪二十年）

7 月 25 日，中日战争爆发。中国战败。翌年 4 月 17 日，清政府与日本签订丧权辱国的《马关条约》。

11 月 24 日，孙中山为振兴中华、挽救危局，在美洲檀香山（今属美国）创建兴中会。

1895 年（清光绪二十一年）

5 月 2 日，康有为联合各省入京会试举人上书，要求清帝拒签和约、迁都抗战、变法图强。史称"公车上书"。

7 月 5 日，蒋介石的父亲蒋肇聪病逝。从此家道中落，靠母亲开小商店和收微薄田租维持生活。

10 月 26 日，孙中山在广州发动第一次起义。

1898 年（清光绪二十四年）

6 月 11 日，光绪帝宣布变法自强，推行新政，史称"戊戌变法"。9 月 21 日，变法失败。

1900 年（清光绪二十六年）

春，义和团运动兴起。

8 月 14 日，英、美、德、法、俄、日、意、奥八国联军攻陷北京。翌年 9 月 7 日，清政府与八国及西、荷、比，共 11 国代表签订丧权辱国的《辛丑条约》。

10 月 8 日，惠州起义。

本年，因生活所迫，汪精卫开始一边读书，一边教书。

1901 年（清光绪二十七年）

冬，蒋介石与毛福梅结婚。

本年，汪精卫参加科举考试，番禺县试考取第三名，广州府试考取第一名。

1903 年（清光绪二十九年）

本年，蒋介石入奉化县城凤麓学堂，开始接受新式教育。

1904 年（清光绪三十年）

2 月 15 日，华兴会在长沙成立。

本月，日俄战争爆发。

9 月，汪精卫东渡日本，入东京法政大学学习。

秋，光复会在上海成立。

1905 年（清光绪三十一年）

7 月 30 日，汪精卫在日本东京参加中国同盟会筹备会，参与起草会章。

8 月 20 日，中国同盟会在日本东京成立。孙中山任总理，下设执行、评议、司法三部，汪精卫被推选为评议部议员，任议长。

11 月 26 日，同盟会机关报《民报》在东京创刊，汪精卫为主要撰稿人之一。

1906 年（清光绪三十二年）

4 月，蒋介石东渡日本，在东京清华中学学习日语。结识陈其美。冬回国。

12 月 3 日，同盟会联合洪福会、哥老会举行萍（乡）、浏（阳）、醴（陵）起义。

本年，汪精卫从日本东京法政大学毕业。此后数年，追随孙中山奔走于香港、新加坡、越南、泰国、马来亚等地，从事建立同盟会组织、出版《中兴日报》、筹募款项、发表演说等革命活动。

1907 年（清光绪三十三年）

5 月 22 日，潮州黄冈起义。

6 月 2 日，惠州七女湖起义。

7 月 13 日，秋瑾于绍兴大通学堂密谋起义，被捕，15 日就义。

9 月 1 日，钦州起义。

11 月 6 日，革命党人于四川江安、沪州谋起义，未果。

13 日，革命党人于四川成都谋起义，事泄。

12 月 1 日，广西镇南关起义。

本年，蒋介石考入全国陆军速成学堂（保定军官学堂）。

1908 年（清光绪三十四年）

春，蒋介石赴日本留学，入东京振武学校。同年，由陈其美介绍，加入中国同盟会。

3 月 27 日，革命军自安南进攻钦州。

4 月 29 日，云南河口起义。

11 月 19 日，安庆起义。

12 月 7 日，革命党谋广州起义，事泄。

1910 年（清宣统二年）

8 月，蒋介石在振武学校毕业，入日本陆军第十三野战炮兵联队见习，为日本士官学校候补生。

2 月 12 日，广州新军起义。

3 月 31 日，汪精卫与黄复生、喻培伦等在北京谋划刺杀清摄政王载沣，4 月 2 日，被发现，未果。4 月 16 日，汪精卫、黄复生、罗世勋被捕，汪被判永远监禁。

1911 年（清宣统三年）

4 月 27 日，广州起义，86 人牺牲。5 月 2 日，革命党人收得广州起义死难烈士遗骸七十二具，葬于黄花岗。

10 月 10 日，武昌起义。全国各地相继响应。

30 日，蒋介石回抵上海。11 月 4 日，参加杭州起义，成功后回到上海，被沪军都督陈其美任命为二师五团团长。

11 月 6 日，汪精卫被清政府释放。

13 日，清内阁总理大臣袁世凯秘密召见汪精卫。

15 日，汪精卫以民主立宪党身份与君主立宪党人杨度，发起"国事共济会"，鼓吹清政府与武昌革命军政府停战。此举有利于袁世凯，遭革命党批评。不久解散。

12 月 7 日，清政府命袁世凯为议和全权大臣。袁世凯指派唐绍仪为北方全权代表，18 日在上海与南方代表伍廷芳和议。26 日袁召见汪精卫，秘密任命为北方议和代表参赞。

27 日，汪精卫离京赴沪，又被任命为南方代表伍廷芳的参赞。之后，在唐与伍之间斡旋，阻止革命党发动起义，劝说革命党人让权。

29 日，十七省代表开临时大总统选举会，孙中山当选中华民国临时大总统。

1912 年（民国元年）

1 月 1 日，孙中山在南京就任临时大总统，宣告中华民国成立。

14 日，蒋介石受陈其美之命，暗杀了光复会的创立者和领导人陶成章。之后去日本。同年冬，回国返奉化闲居。

2 月 12 日，清宣统皇帝颁布退位诏书。

13 日，孙中山辞临时大总统职，推荐袁世凯自代。

3 月 10 日，袁世凯在北京就任临时大总统。

4 月，汪精卫与陈璧君结婚，之后，双双赴法国学习。

8 月 25 日，中国同盟会改组为国民党。孙中山被推为理事长，委宋教仁代理。

1913 年（民国二年）

3 月 20 日，宋教仁被刺，22 日亡。

6 月 2 日，汪精卫回到上海。奔走"调解"，以阻止革命党人起事讨袁。

7 月 12 日，李烈钧在江西湖口举兵讨袁，"二次革命"开始。

18 日，陈其美在沪通电讨袁。28 日，蒋介石等受命围攻江南制造局，战至翌晨，撤退。之后赴日本。

9 月，"二次革命"失败。孙中山到日本。汪精卫先随孙中山东渡日本，后去法国。

27 日，孙中山在日本东京筹组中华革命党。

10 月 29 日，蒋介石等在上海加入中华革命党。

11 月 4 日，袁世凯解散国民党。

1914 年（民国三年）

5 月 30 日，沪宁讨袁第一路司令蒋介石在上海谋起兵讨袁，失败。赴日本。

夏，蒋介石奉孙中山之命，赴哈尔滨视察东北革命形势，后赴日本复命。

7 月 8 日，中华革命党在日本东京开成立大会，孙中山宣誓就任总理。

1915 年（民国四年）

5 月 9 日，袁世凯承认日本提出的灭亡中国的"二十一条"。

12 月 5 日，陈其美与蒋介石、吴忠信等在上海策动肇和兵舰起义，失败。

12 日，袁世凯宣示承受帝位。

25 日，云南起义，讨袁护国运动席卷全国。

本年，蒋介石纳妾姚冶诚。

1916 年（民国五年）

2 月 14 日，蒋介石率革命军进攻江阴要塞，占领 5 天。

3 月 22 日，袁世凯被迫撤销帝制。6 月 6 日死。

1917 年（民国六年）

7 月 17 日，孙中山南下广州，举起护法旗帜。汪精卫奉孙中山之召回国。

21 日，海军总长程璧光发表宣言，响应护法号召，率第一舰队南下。唐绍仪、汪精卫偕行。

9 月 10 日，孙中山在广州就任中华民国军政府陆海军大元帅。

15 日，孙中山任命汪精卫代理大元帅府秘书长。

11 月 1 日，孙中山任命蒋介石、张群为大元帅府参军。

1918 年（民国七年）

3 月 11 日，蒋介石受孙中山派遣，赴汕头参加陈炯明粤军总司令部工作，任作战科主任，7 月 31 日辞。

5 月 4 日，孙中山电辞大元帅职，护法运动失败，21 日离粤赴沪。朱执信、汪精卫、廖仲恺、戴季陶等随行。

9月26日，蒋介石出任粤军第二支队司令官，驻长泰。12月8日，率部收复永泰。

1919年（民国八年）

5月4日，五四爱国运动爆发。

7月12日，蒋介石辞粤军第二支队司令官。

10月10日，孙中山改组中华革命党为中国国民党。

本年，汪精卫赴法国。

1920年（民国九年）

8月12日，粤军总司令陈炯明奉孙中山之命，在漳州誓师回粤讨桂。

10月29日，攻克广州。

10月5日，蒋介石抵汕头，参加粤军讨桂作战。

11月12日返沪。

本月，汪精卫奉孙中山之召回国。

11月29日，孙中山回广州，重组军政府。

1921年（民国十年）

5月5日，孙中山在广州就任非常大总统。任汪精卫为广东教育会会长。

7月1日，中国共产党诞生。

12月5日，蒋介石和陈洁如在上海结婚。

23日，孙中山在桂林会见共产国际代表马林。马林向孙中山建议，国民党应当改组为密切联系群众的政党；建立自己的军官学校。

1922年（民国十一年）

5月6日，孙中山抵韶关，誓师北伐。

6月16日，陈炯明叛变，围攻总统府。孙中山脱险后登永丰舰，率海军讨伐叛军。

234　29日，蒋介石奉孙中山电召抵粤，上永丰舰，随护孙中山。

8月9日，孙中山离粤赴香港，转上海。汪精卫、蒋介石等随行。

23日，中国共产党人李大钊会见孙中山，讨论振兴国民党以振兴中国的问题。之后，孙中山主盟，李大钊以个人身份加入中国国民党。

本月，马林与苏俄特命全权大使越飞一同来华。下旬，马林向孙中山提出：中国共产党员以个人身份加入国民党和对国民党进行改组的建议。

9月22日，孙中山派汪精卫赴奉天，与奉张商谈合作事宜。

本月，孙中山开始进行改组中国国民党的工作。

10月10日，孙中山为蒋介石著《孙大总统广州蒙难记》撰序。

18日，孙中山任命许崇智为东路讨贼军总司令，蒋介石为参谋长。22日蒋介石到闽就任，11月27日赴沪，返奉化。

11月15日，孙中山在沪召集会议，审查中国国民党改进案；推举胡汉民、汪精卫为《中国国民党宣言》起草人，翌年1月1日，《宣言》发表。

1923年（民国十二年）

1月16日，滇桂军打败陈炯明，将其逐出广州，电请孙中山回粤。

26日，发表《孙文越飞宣言》。

2月3日，孙中山委任柏文蔚、蒋介石等13人为中国国民党本部军事委员会委员。

3月2日，陆海军大元帅大本营在广州正式成立。孙中山任陆海军大元帅。

6月16日，蒋介石任大元帅行营参谋长。7月12日辞。

本月，中国共产党在广州召开第三次全国代表大会，决定与中国国民党合作。

8月16日，蒋介石与沈定一、张太雷、王登云等，组成孙逸仙博士代表团赴苏联考察政治、党务和军事。12月15日回到上海。

10月28日，中国国民党临时中央执行委员会正式成立，共产党员谭平山、李大钊等参加其中。汪精卫为候补执行委员。该委员会负责起草党纲、章程，准备召开全国代表大会。其第十次会议决议以蒋介石为军官学校校长。

11月，发表《中国国民党改组宣言》，公布《中国国民党党纲草案》《中国国民党党章草案》。

235

12 月 12 日，孙中山正式任鲍罗廷为顾问。

1924 年（民国十三年）

1 月 16 日，蒋介石到广州。

20 日至 30 日，在广州召开中国国民党第一次全国代表大会，国共合作正式建立。汪精卫被孙中山指定为大会主席团 5 成员之一，参与大会宣言起草工作。并被推选为中央执行委员会委员，为常务委员兼上海执行部常务委员。

2 月 8 日，蒋介石召集陆军军官学校筹备会议。21 日，请辞职，即赴沪。孙中山一再挽留、催促返粤，直至 4 月 26 日始到黄埔军校视事。5 月 3 日孙中山正式任命蒋介石为黄埔军校校长。

6 月 16 日，黄埔陆军军官学校开学。孙中山任总理，蒋介石任校长兼粤军总司令部参谋长，廖仲恺任党代表。

本月，中央党部增设实业部，汪精卫任部长。

7 月 7 日，孙中山任命蒋介石兼长洲要塞司令。

11 日，国民党设立中央政治委员会，孙中山自任主席，指派胡汉民、汪精卫等 7 人为委员。首次会议指派 9 人为中央军事委员会委员，蒋介石为委员之一。

8 月 9 日，孙中山命蒋介石处置广州商团私运军械事件。缉获其哈佛轮。10 月 11 日，为平定商团叛变，组织革命委员会，孙中山自任会长，后命胡汉民代理；蒋介石、汪精卫等 6 人为全权委员；蒋介石为军事委员会委员长，统率各军围剿商团。15 日平定。

14 日，汪精卫改任中央宣传部长。

11 月 10 日，孙中山发表北上宣言，13 日，离粤北上。令胡汉民留守广东，代行大元帅职权；宋庆龄、汪精卫、戴季陶、孙科等随同北上。

11 日，孙中山任许崇智为军事部长，蒋介石为军事部秘书。

1925 年（民国十四年）

1 月 26 日，孙中山病重入协和医院治疗。中央政治会议（因中央政治委员仅汪精卫一人随侍，遂加派于右任、李大钊等 5 人为政治委员）召开紧急会议，主持总理遗嘱事宜，汪精卫代拟。3 月 12 日，孙中山在北京逝世。

2 月 1 日，第一次东征开始。蒋介石率军官学校学生和教导团会同许崇智部粤军担任右翼。东征捷报频传。

4 月 13 日，中央执行委员会议决，成立党军（建制为旅）。廖仲恺任党代表，蒋介石任司令官。

6 月 4 日，杨希闵、刘震寰的滇、桂军在广州叛乱。

5 日，代大元帅下令免杨、刘职，命令各军讨伐。6 月 10 日，党军司令官蒋介石命令各军向广州叛军进攻。12 日，克复广州。

7 月 1 日，中华民国国民政府在广州成立。汪精卫、胡汉民等 16 人为委员，汪精卫任主席。

3 日，国民政府成立军事委员会，汪精卫、胡汉民、蒋介石等 8 人为委员。汪精卫任主席。

8 月 20 日，廖仲恺在广州遇刺身亡。中央党、政、军开联席会议，组织特别委员会，推汪精卫、许崇智、蒋介石为委员，授以政治、军事及警察全权，应对时局。其下设检察委员会，清查廖案。

24 日，蒋介石兼广州卫戍司令。

26 日，国民政府各军统一编组为国民革命军，共 5 个军。蒋介石任第一军军长。

9 月 14 日，中央执行委员会推汪精卫为党军及军校党代表。

20 日，蒋介石派人将许崇智部军队缴械，编入第一军。令许去职离开广州。

23 日，国民政府派胡汉民赴苏联考察。

28 日，中央政治委员会议决第二次东征计划，并特派蒋介石为东征军总指挥。10 月 6 日，蒋介石率参谋团及司令部人员出发东征。

本月，汪精卫担任中央政治委员会主席。

11 月 23 日，"西山会议派"在北京西山集会，反对孙中山的"三大政策"，反对中国国民党"一大"宣言和决议。之后召开非法的一届四中全会，在上海另立中央党部，召开非法的国民党第二次全国代表大会。

12 月 25 日，蒋介石发表《忠告海内外各党部同志书》，谴责、批判"西山会议派"，并驳斥右派对汪精卫攻击之言论。

1926 年（民国十五年）

1 月 1 日至 19 日，中国国民党在广州召开第二次全国代表大会，进行反击"西山会议派"的斗争。汪精卫为大会主席团成员。汪精卫和蒋介石均当选为中央执行委员。二届一中全会，汪、蒋均被推举为中央常务委员和中央政治委员会委员，汪精卫当选中央政治委员会主席。

2 月 1 日，军事委员会任蒋介石为国民革命军总司令。

3 月 1 日，中央军事政治学校（陆军军官学校改称）举行成立典礼。校长蒋介石，党代表汪精卫。

20 日，蒋介石以广州卫戍司令名义宣布广州戒严，制造"中山舰事件"。

22 日，在汪精卫病榻前开中央政治委员会会议，研究与"中山舰事件"有关的问题。之后，汪精卫以病休假，辞职，6 月中旬去法国。其国民政府主席一职由谭延闿代。

25 日，蒋介石呈文军事委员会，将"中山舰事件"归罪于海军局代理局长、共产党员李之龙。并以事先未及报告临机处理，自请处分。

4 月 16 日，中央政治委员会与国民政府联席会议推选谭延闿为政治委员会主席，蒋介石为军事委员会主席。

5 月 15 日至 22 日，中国国民党在广州召开二届二中全会，会上通过蒋介石等提出排斥共产党员的"整理党务案"。

6 月 5 日，国民政府任命蒋介石为国民革命军总司令。

11 日，蒋介石任中央组织部长（后由陈果夫代）。

29 日，蒋介石任国民政府委员。

7 月 4 日，蒋介石任中央军人部长。有任免所辖革命军及军事机关党代表之权。

6 日，第二届中央执行委员会临时会议议决，中央政治委员会与中央执行委员会常务委员会每周合开一次政治会议，取代政治委员会会议。13 日，中央常务委员会推汪精卫、胡汉民等 21 人为政治会议成员。蒋介石任主席（后由谭延闿代理）。

7日，国民政府颁布国民革命军总司令部组织大纲。

9日，国民革命军总司令蒋介石行就职礼，誓师北伐。北伐进军顺利，把革命从珠江流域推进到长江流域。

13日，蒋介石任中央执行委员会常务委员会主席（后由张静江代理）。

本月，国民党一些省市地方党部纷纷电请汪精卫销假复职，掀起迎汪复职的热潮。汪来电表示有意复职。

9月9日、10月22日、11月19日，蒋介石均致电中央，主张中央党部和国民政府迁到武汉。

10月17日，在广州召开的国民党第二届中央委员及各省、特别区、市，海外各总支部代表联席会议上，通过《请汪精卫销假案》，决定电请汪回粤销假视事。并派何香凝、彭泽民、张曙时、简琴石四同志为代表，会同张静江、李石曾赴法国迎汪。蒋介石致电联席会议，请汪复职。

20日，汪精卫从法国启程回国。中途因病返回巴黎。

28日，国民政府决定迁移武汉。中央党部和国民政府人员分批由广州出发北上。

12月13日，中央执行委员和国民政府委员在武昌成立中央临时联席会议，为中央人员到齐之前临时执行最高职权的机构。徐谦为主席。同月19日、20日，蒋介石两电武汉表示同意。

本月起，蒋介石接连电催汪精卫回国。翌年2月致汪电称，汪再不回来，他也要走了。汪甚感动。

1927年（民国十六年）

1月5日，蒋介石在南昌发出通电，谓政治会议临时会议决定中央党部和国民政府暂驻南昌，武汉设政治分会。武汉方面拒绝改变原定的迁都方案。

11日，蒋介石由南昌赴武汉。武汉人民集会，质问蒋介石违抗中央决定事。

25日，蒋介石返回南昌。

2月21日，武汉中央临时联席会议结束，中央党部和国民政府即日在汉口正式开始办公。随后，停留在南昌的中央党部和国民政府领导人到武汉。

本月下旬，汪精卫离开法国，经德国、波兰至莫斯科。会见斯大林，然后返国。

3月10日至17日，中国国民党二届三中全会在武汉举行。会议中心议题是恢复党治，加强合议制，抑制军事独裁。在全会改组的机构中，中央常务委员会不设主席，汪、蒋均为常务委员；国民政府不设主席，汪、蒋均为委员，汪为常委；军事委员会不设主席，汪、蒋均为委员和主席团成员，国民革命军总司令为军事委员会委员之一；中央政治委员会不设主席，汪、蒋均为委员，汪为主席团成员。另，撤销军人部；组织部长为汪精卫（吴玉章暂代）。

3月26日，蒋介石到上海。

4月1日，汪精卫经莫斯科回国到上海。与蒋介石等商讨分共问题。

5日，汪精卫与陈独秀发表联合宣言，重申国共两党合作。

6日，汪精卫离上海，10日到武汉。

11日，汪精卫在汉口市民欢迎大会上讲演，大谈联俄、联共、扶助农工三大政策是革命胜利必由之路。同日，给《中央副刊》题词："革命的往左边来，不革命的快走开去。"

12日，蒋介石在上海发动政变，屠杀共产党员和革命群众。宁汉分裂。

16日，汪精卫发出铣电斥责蒋介石的背叛革命行为。

17日，武汉国民党中央和国民政府宣布开除蒋介石党籍，免去其本兼各职，通电讨蒋。

18日，蒋介石集团在南京成立"国民政府"，与武汉国民政府对立。

20日，武汉国民政府宣布进行第二次北伐。第四方面军总指挥唐生智率其第八军进入河南，张发奎的第四军支援。

5月13日，驻宜昌的独立第十四师师长夏斗寅通电反共，进攻武汉。被叶挺的第二十四师击败。汪精卫对叛军持妥协态度。

21日，三十五军驻长沙的独立第三十三团团长许克祥发动"马日事变"。汪精卫等将许克祥叛变归罪于工农运动过火，而对叛军妥协纵容。

6月1日，共产国际代表罗易将共产国际五月指示副本私自交给汪精卫。

6 日，江西省省长兼第三军军长朱培德，在"礼送"名义下，驱逐共产党员出境，杀害共产党员和革命群众。

本日，汪精卫赴郑州，令唐生智率部"回镇武汉"，镇压共产党。

10 日，汪精卫、谭延闿、孙科、顾孟余、唐生智等，以中央政治委员会主席团名义，在郑州与冯玉祥等举行会议。其中，在反共问题上达成共识。

19 日，蒋介石、胡汉民等与冯玉祥在徐州举行会议，决定冯在所辖地区"清党反共"，并督促武汉方面反共，"宁汉合作"。会后，冯玉祥将会议精神致电武汉国民党领导人。

28 日，驻武汉的第三十五军军长何键发表反共宣言，制造反共事件。

7 月 14 日，宋庆龄发表《为抗议违反孙中山的革命原则和政策的声明》。

15 日，宋庆龄拒绝出席汪精卫的"分共"会议。汪精卫集团在武汉举行政变，屠杀共产党员和革命群众。

8 月 1 日，共产党领导南昌起义，打响了武装反抗国民党反动派大屠杀的第一枪。

8 日，南京方面的李宗仁等致电汪精卫等，洽商宁汉合作。10 日，汪精卫等复李宗仁，主张召开四中全会，解决党内矛盾。

13 日，蒋介石离宁赴沪，次日通电下野。胡汉民等随之辞职。

19 日，汪精卫以武汉国民党中央和国民政府的名义，宣布即日迁都南京。主张召开二届四中全会解决党内问题。

20 日，汉方汪精卫、唐生智等赴江西九江，22 日，宁方李宗仁到九江，共商宁汉合作大计。决定武汉中央 9 月 3 日前迁宁。

9 月 6 日，汪精卫等自汉口抵南京。

9 日，共产党领导湘赣边界秋收起义。

13 日，汪精卫以"防共过迟"自清处分，通电下野。

16 日，宁、沪（西山会议派）、汉三方代表，在南京组成国民党中央特别委员会，代行中央执行委员会职权，筹备召开国民党第三次全国代表大会。汪精卫、蒋介石、胡汉民名列其中，但未参与其事。

21 日，汪精卫返回汉口，依靠唐生智，成立武汉政治分会，反对南京特委会。

10月20日，南京国民政府下令讨唐。唐生智失败。

28日，蒋介石东渡日本。请求宋夫人批准他与宋美龄结婚。争取日本、美国支持。

10月27日，汪精卫到广州。30日，与在粤中央执监委员开会，联名通电，主张在广州开四中全会。11月1日，开会决议中央常务委员会在广州执行职务，并设国民政府，与南京中央对立。蒋介石在日本致函汪精卫，表示赞成恢复中央执行委员会、召开四中全会。

11月10日，蒋介石由日本回到上海。电汪精卫到沪商谈党政统一问题。

11日，汪精卫在广州发表演说，表示愿与蒋介石合作。

16日，汪精卫偕李济深离粤赴沪开会。

17日，张发奎部黄琪翔乘李济深离粤之际，在广州发动政变，夺占广东，汪派夺取了广东统治权。

24日，由蒋介石、谭延闿、汪精卫、李济深发起，中央执监委在上海开谈话会，决定开四中全会预备会。

12月1日，蒋介石在上海与宋美龄结婚。

3日至10日，国民党二届四中全会预备会在上海召开。

11日，共产党领导广州起义。

16日，南京国民政府下令查办汪精卫及陈公博、顾孟余等汪派骨干。17日，汪精卫在蒋介石相劝下，宣布引退，出国。

28日，中央特委会宣告结束。翌年1月7日，国民党中央常务委员会通电恢复办公。

1928年（民国十七年）

1月3日，国民政府增推蒋介石、孙科、林森为国民政府常务委员会委员。

4日，蒋介石正式复任国民革命军总司令职。

6日，国民政府决定将查办汪精卫、陈公博等9人案及邓泽如、古应芬查复汪精卫等与广州起义关系案，一并移送中央监察委员会。

18日，中央政治会议决议：特任蒋介石为国民革命军北伐全军总司令；并通过战斗序列，组织北伐。

2月2日至7日，在南京召开国民党二届四中全会。会议推蒋介石等为中央常务委员；推丁惟汾等为国民政府委员，以谭延闿为主席；推于右任等为军事委员会委员，蒋介石为主席。汪精卫在国民政府委员、军事委员会委员中列名。

28日，蒋介石兼任第一集团军总司令。

3月7日，中央政治会议推蒋介石为主席（旋由谭延闿代理）。

4月4日，北伐大战开始。

7日，国民党中央执行委员会发表北伐宣言。蒋介石发布誓师词。

5月3日，日军制造"济南惨案"，阻挠北伐。蒋介石"忍辱负重"，一面派人与日方交涉，一面令部队绕道北伐。11日，日军占济南。

6月2日，张作霖通电退出北京。3日启程回东北。4日，在沈阳皇姑屯被日本关东军炸成重伤，身亡。

15日，国民政府宣告统一完成。

8月8日至15日，国民党在南京召开二届五中全会。汪精卫在政治会议委员中列名。

9月15日，胡汉民发表《训政大纲提案说明书》，阐明设立五院原则及其制度。

10月10日，蒋介石就任国民政府主席。

11月28日，陈公博等在上海成立"中国国民党改组同志会"，即"改组派"，总部设在上海，奉汪精卫为领袖，标榜恢复1924年国民党改组精神，进行反蒋活动。

12月29日，张学良通电宣布奉、吉、黑、热四省易帜。

1929年（民国十八年）

1月1日至26日，国民政府在南京举行军队编遣会议。

2月，"改组派"发表《中国国民党改组同志会第一次全国代表大会宣言》。

3月15日至28日，国民党在南京召开第三次全国代表大会。19日通过《中央监察委员会检举汪兆铭等九委员，迹近纵袒弄兵，酿成广州共变案》，处分汪精卫一派，永远开除陈公博、甘乃光党籍；开除顾孟余党籍三年；书面警告汪精卫。27日通过永远开除李宗仁、李济深、白崇禧党籍案。会后蒋介石任中央常务委员、中央组织部长、中央政治会议主席。

26日，国民政府颁发讨伐桂系令。29日，蒋介石赴九江前线指挥对桂系作战。

27日，蒋介石为讨伐桂系李宗仁等发表告将士文。次日，蒋介石率兵讨伐桂系。6月，桂系失败。

5月22日，蒋介石下令讨伐冯玉祥，蒋冯战争爆发。冯败。

本月，"改组派"组织"中国国民党护党救国革命大同盟"，唐生智、张发奎、石友三、李宗仁等派代表参加。策动武装反蒋，组建"护党救国军"。

9月17日，张发奎在鄂西宜昌通电反蒋。败。

24日，汪精卫与陈公博等联名发表《中国国民党第二届中央执监委员会最近对时局宣言》，宣布发起讨蒋战争。

27日，广西俞作柏在南宁就任"护党救国军总司令"，通电反蒋。败。

10月初，汪精卫由法国回到香港，以"中国国民党第二届中央执监委员联席会议"的名义，自立国民党中央。发起"护党救国运动"，委任"护党救国军"各路司令。

10月10日，冯玉祥属下西北军将领通电反蒋。14日，蒋介石发表《告全国将士书》，组织讨伐西北军；27日，发表讨冯誓师词。西北军败。

11月，汪精卫撮合桂系与张发奎联盟，组成桂张联军。26日，桂张联军在梧州设立大本营，李宗仁为"护党救国军"总司令。与拥蒋的粤军作战。败。

12月2日，汪精卫委任的"护党救国军第五路总司令"石友三从浦口进攻南京。"护党救国军第四路总司令"唐生智，立即于次日在郑州宣布讨蒋，唐石联合反蒋起事。败。

12月28日，国民党中央常务委员会决定永远开除汪精卫党籍。

1930年（民国十九年）

2月23日，阎锡山、冯玉祥、李宗仁等45人联名致电香港汪精卫的"中国国民党第二届中央执监委员联席会议"，提出党统问题。汪精卫赞成，派人北上。3 月，改组派上海总部转到北平。

5 月中旬，中原大战爆发。

7 月 13 日，以汪精卫为首的"改组派"，以邹鲁、谢持为首的"西山会议派"，以阎锡山为首的晋军和以冯玉祥为首的西北军等，联合反蒋，在北平中南海怀仁堂召开成立"中国国民党中央党部扩大会议"预备会。

23 日，汪精卫到北平。

8 月 7 日，"中国国民党中央党部扩大会议"在北平中南海怀仁堂正式召开。以汪精卫等 7 人为扩大会议常务委员。提出：以"整个之党还之同志，统一的国还之国民"为宗旨；号召依法召开第三次全国代表大会和筹备召集国民会议，制定约法。之后组织国民政府，与蒋介石的南京政权相对抗。

9 月 9 日，由"扩大会议"产生的国民政府正式成立，汪精卫等为委员，阎锡山任主席。

18 日，张学良发表和平通电，拥护中央，并派军队入关。23 日，接收北平。

20 日，汪精卫离开北平，"扩大会议"随之迁太原。

10 月 3 日至 27 日，"扩大会议"在太原开会，通过《国民会议组织条例》和《约法草案》。

31 日，公布《约法草案》。

11 月 1 日，汪精卫赴天津。6 日，表示愿做在野派。之后去香港。

1931 年（民国二十年）

1 月 1 日，汪精卫发表声明，宣布解散"改组派"。

2 月 28 日，蒋介石诱禁国民政府立法院长胡汉民。胡汉民被迫辞职，后被幽禁在南京郊外的汤山。

3 月 4 日，汪精卫在《总理逝世纪念日告诸同志》文稿末附语，及其后发表的《为胡汉民被囚重要宣言》中，谴责蒋介石扣押胡汉民是强盗绑票的非法行为。

本月底，全国各级党部共同组织的反蒋联合机关"中国国民党党权运动总同盟"发表讨蒋宣言，为胡汉民评功摆好，抨击蒋介石独裁专制。

4 月 30 日，国民党四位中央监察委员：古应芬、林森、邓泽如、萧佛成，发表通电，弹劾蒋介石，指责其排除异己，专制独裁。

5月1日，汪精卫发出致各同志电，响应四监委通电。并在《如何联合起来》文章中，倡导：认定倒蒋的意义是民主对于独裁的斗争，一切同志联合起来。

5月3日，两广将领陈济棠、李宗仁、白崇禧等数十人联名通电，拥护四监委弹劾案，要求释放胡汉民。

27日，胡汉民派、汪精卫派、"西山会议派"，及两广地方实力派陈济棠、李宗仁等，在广州成立"中国国民党中央执监委员非常会议"，为反蒋联盟最高机关。"非常会议"委员会互选常务委员邓泽如、邹鲁、汪精卫、孙科、李文范5人，组成常务委员会。

28日，"非常会议"在广州成立国民政府。唐绍仪等15人为国民政府委员，互推唐绍仪、古应芬、邹鲁、汪精卫、孙科为常务委员，汪精卫为首任主席。

6月2日，"非常会议"成立军事委员会，以徐崇智、陈济棠、李宗仁、唐生智为常委。

13日至15日，南京召开国民党三届五中全会，决定集中力量反共；对广东采取"和平攻势"、政治分化等绥靖政策。

7月20日，广州国民政府委任的第五集团军总司令石友三在石家庄发动讨蒋。

21日，广州国民政府正式颁发讨蒋令。所属各路军队相继"北伐"。

23日，蒋介石在南昌发表文告，说："攘外必先安内"。要消灭共产党，削平粤逆。

本月，蒋介石调集30万大军对中央革命根据地发动第三次"围剿"。

8月22日，蒋介石在南昌讲话，说："中国亡于帝国主义，我们还能当亡国奴，尚可苟延残喘；若亡于共产党，则纵肯为奴隶亦不可得。"

9月5日、11日，桂军、粤军分头北进，联合出兵讨蒋。中旬，桂军前锋到达湖南衡阳以南，蒋介石调3个师增援湖南。一场大战即将爆发。

18日，九一八事变爆发，日军侵占东三省，蒋介石奉行对日不抵抗政策。全国各界人民要求一致抗日。

本月，蒋介石亲自到武汉，布置对鄂豫皖革命根据地进行第三次"围剿"。

10月6日，粤方通电全国，提出蒋介石下野、宁粤召开和平统一会议等主张。

19日，国民党中央常务委员会决议，自二届四中全会以来，因政治问题而被开除党籍者一律恢复党籍。

22日，蒋介石、汪精卫、胡汉民在上海见面，决定宁粤代表在上海开和平会议。

10月27日至11月7日，宁粤代表在上海开和平会议，研究双方息争、和平统一问题。汪精卫、孙科、邹鲁、伍朝枢、李文范、陈友仁、马超俊等为"非常会议"推举的代表。李石曾、张静江、蔡元培、陈铭枢、张继为宁方派出代表。和会决定分别召开中国国民党第四次全国代表大会，然后共同产生统一的中央。

11月12日至23日，宁方蒋介石一派在南京召开中国国民党第四次全国代表大会。

18日至12月5日，粤方胡汉民等各派在广州召开中国国民党第四次全国代表大会。

12月3日，粤方汪精卫一派在上海开第四次全国代表大会。

6日，汪精卫接见首都高等学校代表团谈话时说：应付目前局势的方法，"就是一面抵抗，一面交涉"。

10日，汪精卫通电发起国民救国会。

15日，蒋介石辞去国民政府主席、行政院长、陆海空军总司令职务。

22日至29日，宁、粤、沪三个中国国民党第四次全国代表大会产生的中央委员，在南京开四届一中全会，推举胡汉民、汪精卫、蒋介石等9人为中央常务委员；选任蒋介石、汪精卫、胡汉民等33人为国民政府委员，林森为主席，孙科为行政院长；推举蒋介石、汪精卫、胡汉民3人为中央政治会议常务委员。但胡在广州，汪在上海，蒋于22日开幕式后回奉化。

22日，蒋介石特约陈公博、顾孟余、王法勤在南京密谈，希望向汪精卫转达："中兴本党非汪先生莫属。"

1932 年（民国二十一年）

1 月 1 日，孙科政府宣誓就职。

5 日，广州中央党部与国民政府通电撤销。设立中央执行委员会西南执行部、国民政府西南政务委员会、军事委员会西南军事分会。

9 日，孙科到上海吁请蒋、汪、胡到南京主持大计。

16 日，蒋介石密约汪精卫到杭州晤谈合作。

17 日，蒋、汪联名致电胡汉民请入京视事。

18 日，孙科应蒋、汪之召到杭州商谈，决定蒋、汪入京主持中央工作，并电请胡入京。胡拒绝，继续在广州依靠两广地方实力派，与南京抗衡。

28 日，召开中央政治会议临时会议，决定改组南京政府。其中，准孙科辞行政院长，汪精卫继任。决定成立军事委员会，统管全国军事。

本日，十九路军在上海抵抗日军进攻，是为"一·二八抗战"。

30 日，国民政府迁至洛阳。

2 月 13 日，汪精卫发表"一面抵抗，一面交涉"的外交演说。

3 月 1 日，日本在长春成立傀儡伪满洲国。

8 日，国民政府特任蒋介石为军事委员会委员长兼参谋总长。

4 月 7 日至 12 日，国民政府在洛阳召开"国难会议"，汪精卫主持，为阻止各界民主要求，定调只许讨论"御侮、救灾、绥靖"各事宜。

5 月 5 日，国民政府与日本签订《松沪停战协定》。汪精卫大谈是"平等"停战，是中国"外交的胜利"。

21 日，监察院长于右任与监察委员们对主持松沪停战谈判的行政院长汪精卫提出弹劾案。蒋介石出面为汪解围，使该案无法成立。

6 月 15 日，蒋介石在庐山召开豫、鄂、皖、赣、湘五省"清剿"会议，蒋亲兼鄂豫皖三省总司令，在"攘外必先安内"口号下，对红军进行第四次大规模"围剿"。

18 日，汪精卫偕宋子文等飞北平，往访国联调查团，并与张学良协商对日"交涉"及出兵问题。张答：须委员长亲自下令。汪一怒之下回南京。

28 日，在汉口成立"剿共"总司令部，蒋介石自任总司令，调集 63 万兵力向各革命根据地发动第四次军事"围剿"。

7月，热河告急，汪精卫电张学良出兵抵抗，张听命于蒋介石，不买汪精卫的账。

8月6日，汪精卫辞行政院长职。25日，中央常务委员会决议，行政院副院长宋子文代理院长职务，促汪精卫复任。

10月5日，汪精卫说：国联调查团报告书"明白公允"，"依赖国联并不错误"。

21日，汪精卫以养病为名去德国。

12月1日，国民政府迁回南京。

1933年（民国二十二年）

1月1日，日军炮击榆关，随即攻占。

11日，汪精卫应蒋介石的电催，启程回国，3月17日到上海。

2月25日，日军进攻热河，3月4日占承德。之后，攻击长城各口。

3月26日，蒋、汪在南京会晤，决定"全力剿共"。商定：对日交涉，汪有最后决定权；由汪主持南京行政，主要是对日交涉；汪销假视事。30日，汪精卫到行政院办公。

4月2日，蒋介石赴江西继续指挥反共内战。

5月1日，汪精卫在南京中央党部讲"抗日与剿共"时，强调"抗日必先剿共"。

5月26日，冯玉祥、吉鸿昌、方振武等国民党高级将领成立察哈尔民众抗日同盟军，冯任总司令，在察哈尔、绥远抗日。汪精卫与蒋介石联名致电责备冯玉祥妨碍中央政令统一。并打击同盟军。

31日，国民政府与日本签订《塘沽协定》。蒋汪为该协定辩解。

8月17日，汪精卫兼署国民政府外交部长。

9月12日，汪精卫与孙科、孔祥熙、宋子文相继去庐山，与蒋介石商讨第五次"围剿"革命根据地的政治、财政问题。

1934年（民国二十三年）

2月11日，蒋汪联名发表真电，重申"治标莫急于剿灭赤共，治本莫急于生产建设"的方针。

本年，汪精卫和黄郛主持办理与日方谈判华北与伪满洲国通车、通邮、设关问题，满足日方要求。7月正式通车。国民政府在榆关设立税关，在长城各口设5个税卡。1935年1月恢复通邮。

1935 年（民国二十四年）

6月19日，在中央政治会议上，外交部次长唐有壬报告华北对日外交经过。蔡元培质问汪精卫：对日外交抱何宗旨？壬答："这几年来均持'忍辱求全'四字而行"。汪受到抨击。蒋以沉默对之。汪愤然退席，30日因"病"入院，旋去青岛。孔祥熙代理行政院事。

27日，国民政府与日本签订《秦土协定》。

7月6日，国民政府与日本达成《何梅协定》。

8月1日，中国共产党中央委员会、中华苏维埃中央政府发表《为抗日救国告全体同胞书》，即"八一宣言"，主张停止内战，抗日救国。

8日，汪精卫辞职。中央政治会议和蒋介石慰留。

21日，蒋、汪在南京会晤，汪同意复职，蒋允诺汪的一些条件：对日外交、中日间的政治经济合作，由汪全权主持；行政院的政治、外交事项，不必都交中央政治会议议决；中央财政由行政院独立主持。汪还提出中日军事合作，蒋拒绝。

23日，汪通电复任行政院长兼外交部长职。

10月31日，蒋介石对汪精卫说："汪先生，我们以后不必再和六个月间一样受气了，我们的兵陆续调回来了。"指中央军撤回，"剿共"任务交给了东北军和西北军。

11月1日，国民党四届六中全会在南京召开。开幕式结束，中央委员合影后，汪精卫遇刺，身中三枪。陈璧君质问蒋介石：为何下此毒手？

12月2日至7日，国民党召开五届一中全会，改组中央机构。汪精卫向全会辞行政院及兼外交部长职，获准。蒋介石接任行政院长职。汪列名中央政治委员会主席和中央常务委员。

本年底、翌年初开始，蒋介石在武力"剿共"同时，谋求用谈判方式解决国共关系问题。

1936 年（民国二十五年）

1 月 22 日，国民政府外交部发表声明，否认中国政府业已同意日本广田对华三原则。

2 月 19 日，汪精卫从上海乘轮船去欧洲疗伤。

5 月 12 日，胡汉民在广州病故。蒋介石与西南两广矛盾尖锐化。

14 日，汪精卫给陈璧君电称：对蒋介石保持向来的合作关系，如果联合西南倒蒋，是尽毁数年来的立场，"我决不为"。

6 月 1 日，广东陈济棠与广西李宗仁、白崇禧，联合发动"六一事变"，通电反蒋。以国民党中央执行委员会西南执行部和国民政府西南政务委员会名义，将所部改称中华民国抗日救国军，出兵湖南。

7 月 1 日，汪精卫为表示拥蒋，电复陈璧君：可以签名取消西南两机构——广州政治分会、国民政府西南政务委员会。

13 日，蒋介石在国民党五届二中全会解释"最后关头"为保持领土主权完整。表示不能承认伪满洲国。

10 月 22 日，蒋介石飞西安，部署、督促张学良、杨虎城"剿共"。

12 月 4 日，蒋介石飞西安，以临潼华清池为"行辕"，严饬张学良、杨虎城加紧"剿共"。

12 日，张学良、杨虎城发动西安事变。

本日夜，国民党党政高级官员开会，汪派的陈公博主张明令讨伐张扬。

本日 21 时 40 分，陈璧君电告汪精卫，西安张学良兵变。翌日，陈璧君一日数电给汪精卫，报告西安事变和南京明后日下讨伐令等情况。并告知：中常会明日电汪促归。陈劝汪"应即归"。

14 日，汪精卫回电表示："不问中央有电否，我必归。"

16 日，汪精卫致电国民党中央执行委员会："事变突起，至为痛心，遂即力疾起程。"

22 日，汪精卫发表声明，指责西安事变，表示以中央对事变一切决议为目标，依靠蒋介石之领导。

本日，汪精卫由意大利启程回国。

24 日，西安事变和平解决。26 日，蒋介石回到南京。

29 日、30 日，褚民谊先后两电转达蒋介石对汪精卫、陈璧君的挂念及盼早日回国之意。蒋介石还亲自过问去香港迎接汪精卫之事。

1937 年（民国二十六年）

1 月 2 日，蒋介石回奉化休假。

17 日，汪精卫到南京。

18 日，汪精卫在中央党部纪念周讲话，曲解各党派联合主张，鼓吹取消红军，取消红色政权，"攘外必先安内"。

24 日，汪精卫去奉化，会晤蒋介石，力主"剿共事业不可中止"。

26 日，汪精卫主持中央政治委员会，力主对陕西实行武力惩罚。

2 月 15 日至 22 日，国民党五届三中全会在南京召开。汪精卫在开幕词中，鼓吹"尤勿使数年以来之剿匪工作功亏一篑，这也是一个当前待决的问题"。宋庆龄等 14 人提议恢复孙中山"三大政策"提案，主张联共抗日，与汪针锋相对。会议通过《关于根绝赤祸之决议案》和宣言，实际上承认了中共中央会前致该会电中的"五项要求"和"四项保证"的基本精神，顺应了停止内战、联共抗日的大趋势。

五届三中全会决定设国防委员会，为全国国防最高决定机关，对中央政治委员会负责。议长、副议长由中政会正副主席即汪精卫、蒋介石担任。

7 月 7 日，卢沟桥事变。全国抗日战争爆发。

17 日，蒋介石在庐山谈话会上，对卢沟桥事变发表讲话，指出：卢沟桥事变能否结束，就是最后关头的境界。"如果战端一开，那就地无分南北，年无分老幼，无论何人皆有抗战守土之责任，皆应抱定牺牲一切之决心。""如果放弃尺寸土地与主权，便是中华民族的千古罪人。"

20 日，汪精卫主持庐山谈话会，29 日讲演"最后关头"，大谈牺牲，说：我们是弱国，所谓抵抗，内容只是牺牲。如不牺牲，那就只有做傀儡了。所以，"我们要使每一个人，每一块地，都成为灰烬。""我们牺牲完了，我们抵抗之目的也达到了。"

27日，蒋介石会见德国驻华大使陶德曼，请转达德国政府，中国希望德国出面调停中日战争。10月下旬起至年底，日本向陶德曼、德国驻日大使狄克逊摆出的与中国和谈条件，越来越苛刻。蒋介石没接受。汪精卫主张接受。

31日，为探寻与日方和谈途径，蒋介石会见汪精卫和亚洲司司长高宗武。高提出一个改变中日关系的计划，汪同意，蒋不置可否。之后，高曾在南京与上海同日本有关人员联系。

8月12日，国民党中央常务委员会决定撤销国防委员会，设立国防最高会议，仍为全国国防最高决定机关，对中央政治委员会负责。主席由军事委员长即蒋介石担任，副主席由中政会主席即汪精卫担任。11月16日，国民党中央常务委员会决议由国防最高会议代行中央政治委员会职权，中政会停止开会。

13日，八一三事变。上海抗战爆发。

14日，国民政府发表自卫抗战声明书。

9月22日，国民党中央通讯社发表《中共中央为公布国共合作宣言》。次日，蒋介石为发表该宣言讲话。标志国共合作正式形成。

11月17日，国防最高会议议决：中央党部、国民政府迁至重庆办公。20日，国民政府发表迁都宣言。

12月13日，南京沦陷，日军进行惨无人道的大屠杀。

1938年（民国二十七年）

1月1日，蒋介石辞行政院长职，孔祥熙任。

16日，日本近卫政府发表第一次对华声明，宣布今后不以国民政府为交涉对手。随后，中日两国正式断绝外交关系。

2月，蒋介石密派外交部亚洲司第一课长董道宁到日本，探询日本能否改变1月16日声明的方计。董归国后，又派高宗武去香港，与日本商谈条件。

3月29日至4月1日，国民党在武昌召开临时全国代表大会。通过《抗战建国纲领》。决定设国民党总裁、副总裁各一人，选举蒋介石为总裁、汪精卫为副总裁。

4月2日、5月30日、6月中旬，高宗武先后三次回武汉报告与日方接洽"和平"情况。

6月16日，国民党中央常务员会决定，7月1日召开国民参政会，汪精卫、张伯苓为正副议长。

7月5日，高宗武受周佛海密派到日本东京，试探可否以汪精卫为对手谈判。日方的答复是肯定的。

22日，汪精卫在中外各报发表谈话，表示中国愿意接受和平调停。

8月29日至9月4日，军委会政略部秘书主任梅思平，受周佛海委派接替高宗武与日方在香港谈判。10月22日，返回重庆向汪精卫汇报。

10月21日、25日，广州、武汉先后失守。以汪精卫为首的亲日派大肆散布"亡国论"，鼓吹与日本讲"和"。

25日至30日，汪精卫与陈璧君、周佛海、陈公博、梅思平、陶希圣等开秘密会议，讨论对日"和平"条件及逃离重庆另组政府问题。

28日至11月6日，在重庆召开国民参政会第一届第二次会议。会上参政员不顾议长、大会主席汪精卫及其一派的反对，集中讨论反对妥协、坚持抗战到底的议题；通过陈嘉庚的提案："官吏谈和平者以汉奸论罪！"

11月3日，日本近卫政府发表第二次对华声明，修改"不以国民政府为对手"方针。

13日，蒋介石发表演说，表示对中国抗战前途有信心。汪精卫听了，甚为不满，要与蒋"联袂辞职"。蒋严词拒绝。

中旬，高宗武、梅思平作为汪精卫集团全权代表分别到上海，在重光堂与日方的陆军省军务课长影佐祯昭、陆军参谋本部中国课课长今井武夫、议员犬养健及西义显等，谈判汪精卫投降条件和计划。20日签署了向日本出卖领土主权的协议。计划在日本政府批准后，汪精卫一伙逃离重庆，在云南、四川建立伪政府，宣布与日本亲善政策。

26日，梅思平回到重庆，向汪精卫等汇报重光堂"协议"和计划，汪精卫决定"跳火坑"。

12月5日，国民党中宣部代理部长周佛海以视察宣传工作为名飞昆明。

8日，陈璧君派侄儿陈春圃送子女汪文悌、王文恂飞昆明。

9日，蒋介石召集国防最高会议，研究今后抗日问题，汪精卫极力主和。

10日，陶希圣以讲学为名由成都到昆明。

18日，汪精卫以外出演讲为名，偕陈璧君、曾仲鸣、女儿文惺、女婿何文杰、侄儿陈国琦和陈常焘等飞昆明。次日，集中到昆明的汪精卫叛国集团共10余人飞越南河内。

20日，汪精卫电告行政院副院长张群，说："拟对和平及防共问题以去就争"。

21日，国民党四川省党部主任陈公博离开成都，经昆明去河内。

22日，日本近卫政府发表第三次对华声明。要求中国与日本以"建设东亚新秩序"为共同目标，实施善邻友好、共同防共、经济提携三原则。

24日，蒋介石请顾问端纳转告美、英驻华大使，声明：汪精卫无权和任何人谈判和平。中国政府无意与日本谈和。

26日，蒋介石发表演说，痛斥日本的第三次对华声明。

27日，蒋介石致电河内的汪精卫，劝其速回重庆。

28日，汪精卫发出《致中央常务委员会国防最高会议书》，主张接受日本"和平"条件，反共降日。

29日，汪精卫发出"艳电"，响应日本的第三次对华声明。要求重庆政府以之为依据，与日本讲和。

1939年（民国二十八年）

1月1日，国民党中央常务委员会决议永远开除汪精卫的党籍，撤销其一切职务。

17日，军统在香港锄奸，击伤原国民政府立法委员、汪精卫集团的林柏生。

28日，国民党五届五中全会决定改组国防最高会议为国防最高委员会，为战时党政军各部门的最高决定机关和最高执行机关。

2月7日,国防最高委员会成立,蒋介石以国民党总裁的身份担任委员长。

15日，国民党中央执行委员、原改组派成员谷正鼎到河内，向汪精卫转达蒋介石的意思：欢迎汪对国事提出主张；不要去上海、南京，不要另建组织，以免被敌人利用；如赴法国疗养，可送旅费。并带去出国护照。汪拒绝。

3月21日，军统在河内谋刺杀汪精卫，误杀其同伙曾仲鸣。

27日，汪精卫发表《举一个例》。

30日，汪精卫致函龙云，要求龙云公开响应"艳电"主张。5月2日，龙复信拒绝。

5月6日，汪精卫到上海。与日方影佐祯昭、犬养健等会谈，乞求组建傀儡政权。25日，提出《关于收拾时局的具体办法》，主要内容：由汪主持召开伪国民党全国代表大会，产生伪国民政府，"还都"南京，"维新""临时"两伪政府宣布取消。

31日，汪精卫偕周佛海、梅思平、高宗武、董道宁等到日本东京。

6月6日，日本五相决定《树立新中央政府的方针》。其中规定：伪中央政府由汪精卫、吴佩孚和"维新""临时"两伪政权以及改组后的重庆政府等方面组成；同意汪伪傀儡政权用"国民党"和"三民主义"做招牌。

8日，中国政府通缉汪精卫。

10日，日本首相平沼骐一郎召见汪精卫。之后日本其他要员分别与之会面，灌输日本意图。

18日，汪精卫离开日本返国。

5月、6月间，日本与汪精卫密谈并决定建立以汪精卫为中心的伪中央政府的同时，今井武夫派参谋本部中国课铃木卓尔去香港开辟对重庆政权工作的路线。目标是：停战，蒋汪合流，"全面和平"。

8月28日，汪伪中国国民党第六次全国代表大会在上海召开。30日，大会通过和发表宣言，接受日本近卫政府声明中的"三原则"，宣布今后改变国民党的抗战建国纲领为"和平、反共、建国"纲领。汪精卫任伪中央执行委员会主席。

11月1日，汪精卫等开始与日本影佐、犬养健及负责汪精卫集团叛国事宜的"梅机关"其他成员在上海谈判，以日方提出的《日支新关系调整要纲》为基础，用该《要纲》确定汪伪政府与日本的关系。汪精卫承认《要纲》是成立伪中央政府的前提。

　　21日，铃木调到中国派遣军总司令部。以驻香港武官的名义，设立"香港机关"。目标是中央银行理事、以西南运输公司董事长身份常驻香港的宋子良。

12 月 27 日，铃木与"宋子良"开始会谈。代号"桐工作"。

30 日，汪精卫与日本签订《关于调整日中关系协议书》（即日汪密约，包括《日支新关系调整要纲》和《极密谅解事项》）。

12 月至翌年 3 月，蒋介石发动第一次反共高潮。

1940 年（民国二十九年）

1 月 5 日，高宗武和陶希圣叛离汪精卫集团，由上海出逃到香港。7 日，高宗武致信蒋介石，表示悔过，并揭发《日支新关系调整要纲》。

22 日，香港《大公报》发表高宗武、陶希圣来信，刊登《日支新关系调整要纲》及附件的原文照片和译文，及汪日往复文件、高陶二人给汪精卫等人的电报。

23 日，蒋介石发表《告全国军民书》，结合日汪密约内容揭露日本近卫三原则的实质。

24 日，汪精卫发表《关于高、陶事件的谈话》，否认有日汪密约。

2 月 1 日，延安召开军民讨汪大会。各解放区相继举行讨汪大会。

本月，日本华北方面军司令官多田骏等，通过北平燕京大学校长司徒雷登向蒋介石转达：改变容共政策，可与汪精卫合作。24 日，周佛海在上海与司徒雷登会见，沟通双方条件。无结果。

3 月 7 日至 10 日，铃木等与"宋子良"等在香港举行圆桌会议。事先，蒋介石指示：必须取得日本撤兵保证；明确日本的条件；会谈秘密进行。日本提出条件，蒋介石拖延不明确答复。9 月 27 日，日军总司令部中止"桐工作"。

30 日，在南京成立汪伪"国民政府"，曰：还都。汪精卫以"行政院长"身份代理主席；同年 11 月 29 日正式就任"主席"职。

本日，重庆国民政府重申此前对汉奸的通缉。

4 月 15 日，八路军、新四军通电讨汪救国，全军誓为祖国流尽最后一滴血。

11 月 30 日，日本特派大使、前首相阿部信行和汪精卫签订《日本国与中华民国关于基本关系的条约》及附属秘密协约。同时日、汪和伪满签署了

《日满华共同宣言》。日本承认汪伪国民政府。

本日，重庆国民政府悬赏 10 万元，拿办汪精卫。

12 月 1 日，国民政府外交部长王宠惠声明，日汪非法签订的条约全然无效。

本年，黄埔军校毕业生唐生明，受蒋介石派遣，到南京投入汪伪政权，执行"特殊任务"，利用日伪军消灭新四军。汪精卫任命其为伪政府军事委员会委员、"清乡委员会"军务处处长，唐请示蒋介石后接受。

江苏省地方团队旅长杨仲华，带着重庆军统开具的"曲线救国"证明，投靠汪伪，汪精卫授以第二集团军总司令头衔。

1941 年（民国三十年）

1 月，蒋介石发动第二次反共高潮。

3 月 24 日，汪伪决定成立"清乡委员会"，实行以打击共产党和抗日人民为目标的"清乡"，汪精卫自兼委员长。5 月 11 日，"清乡委员会"正式宣告成立。

1942 年（民国三十一年）

10 月，周佛海派人向戴笠转达自首的请求，蒋介石批准。并把重庆的密电码捎给周佛海。

1943 年（民国三十二年）

7 月 7 日，国民党军队炮击陕甘宁边区关中军分区，掀起第三次反共高潮。

本年，河北省主席、国民党河北省党部主任委员、国民党中央监察委员庞炳勋，投靠汪伪，申明此举得到重庆蒋方谅解，可与重庆方面联络。汪任其为第五方面军总司令。并拨给电台，用于通信联络。

12 月 19 日，汪精卫因背部子弹铅毒蔓延，病情恶化，手术取出子弹。

1944 年（民国三十三年）

1 月 1 日，汪精卫旧病再次复发。3 月 3 日飞往日本，次日，在名古屋帝国大学附属医院手术。11 月 10 日，死于日本名古屋。遗体运回南京，葬于南京梅花山。

1945 年（民国三十四年）

8 月 12 日，国民政府军事委员会侍从室奉蒋介石之命，任命周佛海为军事委员会上海行动总队总指挥。20 日，改任其为上海行动总队司令。令其组织伪军与共产党为敌，负责维持上海一带"治安"。

14 日，日本宣布无条件投降。抗日战争胜利。

14 日、20 日、23 日，蒋介石连发三电请中共中央主席毛泽东赴渝面商国家大计。28 日，毛泽东飞抵重庆。10 月 10 日，国共双方共同签署了《政府与中共代表会谈纪要》（即"双十协定"）。

1946 年（民国三十五年）

1 月 10 日，政治协商会议在重庆开幕。会议先后通过五项协议，于 31 日闭幕。

21 日，军事委员会常务委员、陆军总司令、还都接收委员会主任委员何应钦主持领导，工兵用炸药炸开汪精卫的坟墓，将棺木尸体火化抛弃。

4 月 23 日，陈璧君被判处无期徒刑，终身监禁。1959 年 6 月 17 日病死。

5 月 3 日，蒋介石偕宋美龄飞回南京。5 月 5 日，国民政府宣布还都。

6 月 3 日，陈公博被执行枪决。

26 日，蒋介石撕毁国共协定，下令向中原解放区大举进攻，全国性内战开始。

11 月 7 日，周佛海被判处死刑。翌年 3 月 26 日，蒋介石以国民政府主席的身份发布"准将该犯周佛海原判之死刑，减为无期徒刑"令。1948 年 2 月 28 日周佛海病死。

1949 年（民国三十八年）

4 月 23 日，中国人民解放军解放南京，宣告国民党统治覆灭。

6 月 1 日，蒋介石到达台湾。1975 年 4 月 5 日在台北逝世。

主要参考书目

1. 中国第二历史档案馆编：《中华民国史档案资料汇编》，江苏人民出版社 1981 年 5 月版。

2. 中国第二历史档案馆编：《中国国民党第一、二次全国代表大会会议史料》，江苏古籍出版社 1986 年 9 月版。

3. 中国第二历史档案馆编：《蒋介石年谱初稿》，档案出版社 1992 年 12 月版。

4. 荣孟源主编：《中国国民党历次代表大会及中央全会资料》，光明日报出版社 1985 年 10 月版。

5. 邹鲁编著：《中国国民党史稿》，台湾商务印书馆股份有限公司 1976 年 10 月版。

6. ［日］古屋奎二编著：《蒋总统秘录——中日关系八十年之证言》，台北《中央日报》社译印，1974—1978 年。

7. 蒋总统集编辑委员会编：《蒋总统集》，台北市，"国防研究院" 1963 年版。

8. 董显光著：《蒋总统传》，台北市，中华文化出版事业社 1960 年 10 月版。

9. 秦孝仪主编：《中国国民党九十年大事年表》，台北市，中国国民党中央委员会党史委员会 1984 年 11 月 24 日版。

10. 李敖著：《蒋介石研究》，华文出版社 1988 年 2 月版（内部发行）。

11. 张同新著：《国民党新军阀混战史略》，黑龙江人民出版社 1982 年 11 月版。

12. 张同新编著：《蒋汪合作的国民政府》，黑龙江人民出版社 1988 年 4 月版。

13. 胡汉民著：《胡汉民自传》，台北市传记文学出版社 1982 年 9 月版。

14. 胡汉民著：《胡汉民自传续编》［M］.《近代史资料》总第 52 号。

15. 黄美真、张云编：《汪精卫国民政府成立》，上海人民出版社 1984 年 4 月版。

16. 黄美真主编：《汪伪十汉奸》，上海人民出版社 1986 年 10 月版。

17. 朱子家著：《汪政权的开场与收场》，香港《春秋》杂志社 1965 年 8 月版。